Im Wandel der Jahre

zu 44
zu 57
zu 64 für Dienstag
zu 71 für mittwoch
zu 77 für Donnerstag

lesen 156–163

HAROLD VON HOFE

University of Southern California

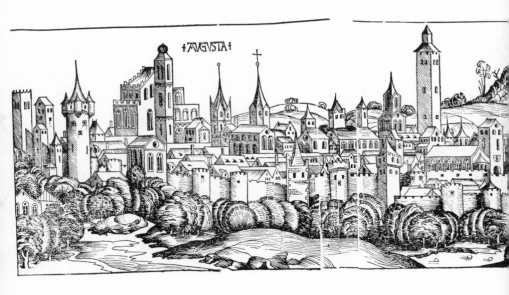

Im Wandel der Jahre

FIFTH EDITION

Deutsches Lesebuch für Anfänger

HOLT, RINEHART AND WINSTON

New York   San Francisco   Toronto   London

ILLUSTRATION CREDITS

Courtesy of German Information Center, New York: Pages iii, x, 6, 25, 38, 49, 67, 74, 80, 83, 84, 89, 90, 96, 101, 103, 110, 111, 113, 118 left, 118/119, 122, 161, 174, 175, 187, 188, 189, 190, 195, 202, 203
Landesbildstelle Württemberg, Stuttgart: Pages 4, 16, 35, 41, 56, 58, 60, 63, 76, 143 left, 154, 157, 165
Jan Lukas: Pages 7, 21, 87, 95, 98, 104, 107 top, 116, 118 right, 119 center and right
Courtesy of Prints Division, The New York Public Library, Astor, Lenox and Tilden Foundations: Pages 32/33, 42/43, 45, 140
Courtesy of Bundesbildstelle, Bonn: Pages 54, 149
Courtesy of Presse- und Informationsamt der Bundesregierung, Bonn: Page 64
Archiv Gerstenberg, Frankfurt am Main: Pages 68/69
Bauhaus-Archiv, Berlin: Page 78
Courtesy of Verkehrsamt der Stadt Köln: Page 85
Courtesy of German National Tourist Information Office, New York: Page 90
Courtesy of N. Muddemann, Münster: Page 92
Deutsche Fotothek, Dresden: Pages 123, 126, 177
Courtesy Austrian National Tourist Office, New York: Pages 128, 129, 130, 134, 137, 138, 145, 146
Bildarchiv der Österreichischen Nationalbibliothek: Page 143 right
Courtesy of Austrian Information Service, New York: Page 153
Courtesy of Landesbildstelle Berlin: Page 182

Illustration and layout by Renate Hiller

Library of Congress Cataloging in Publication Data

Von Hofe, Harold H. 1912–
Im Wandel der Jahre.

1. German language—Readers. I. Title.
PF3115.V6 1974 438'.6'421 73-17459
ISBN 0-03-008166-1

Im Wandel der Jahre, Fifth Edition, by Harold von Hofe

Foreign Language Department
5643 Paradise Drive
Corte Madera, California 94925

Printed in the United States of America
4 5 6 7 8 9 090 9 8 7 6 5 4 3 2 1

TABLE OF CONTENTS

PREFACE

A limited vocabulary, simple syntax, and many marginal notes will enable the English-speaking student of elementary German to read with little difficulty about the relationship of the German language to his own, German cultural history and Germany today, the unique problems of university life in Berlin, Hans and Sophie Scholl's rebellion in the forties, and Vienna of yesterday and today. Whatever grammar the student uses as a parallel text, he will have to look up few words, for the number of words glossed in the margin is large. Newly introduced words and phrases are usually used a number of times, moreover, so as to imprint them more firmly in the mind of the student. When a relatively uncommon word has not been used in a considerable number of pages, it is glossed in the margin a second time. While a few paragraphs of Part I illustrating features of the German language contain no notes, the rest of the text is carefully annotated. Inasmuch as even past tense forms of strong verbs in Part I and subjunctive and passive voice constructions in Parts I and II are glossed as vocabulary, the book can be begun early in the first semester.

A word of explanation about the chapters on Berlin and the Scholls, respectively, is in order. Both are written in the form of short stories but both have a broad basis in fact. The basic material for the Berlin story was furnished by Dr. Kotowski and Eva Heilmann of the Free University. Dr. Kotowski gave me the historical data and Miss Heilmann the insider's viewpoint in the struggle for the creation of the Free University. She played a prominent part in its founding and contributed to the "Colloquium." I express my deep gratitude to both. The characters Hildegard Grüningen, Walther von Nordheim, their student friends as well as their conversations and actions are invented, however. Professor Zulauf is fictitious although the quotations from his lecture are taken verbatim from an Eastern German journal. The other persons mentioned in the story are real.

The story of Hans and Sophie Scholl is factually based, in large part, on the account by Inge Aicher-Scholl in *Die Weiße Rose*. Most of the conversations and some of the descriptions are invented, however. I am deeply grateful to the Verlag der Frankfurter Hefte and to Mrs. Inge Aicher-Scholl for the many courtesies extended to me. From correspondence with her, from conversations with her in Ulm and from conversations in Munich with the parents of Hans, Sophie and Inge, Mr. and Mrs. Robert Scholl, I gleaned revealing and moving information. They are the guardians of a not insignificant heritage.

For the preparation of the manuscript I owe thanks to many. First mention belongs to my wife who, I feel, made the most valuable comments and criticisms. Among my friends and colleagues Ludwig Marcuse helped me to revise for the better on frequent occasions with his characteristically incisive observations, and Stanley R. Townsend was always ready for consultation about vocabulary problems and the formulation of the title. A number of Germans read portions of the manuscript and suggested, each in his own way, this change or that. Mr. Wedding Fricke of Freiburg, Mr. Peter Molt of Stuttgart, and Mr. Guntram Bischoff of Düsseldorf all contributed toward improving the text. Mr. and Mrs. Rudolf Lobell, formerly of Vienna and now librarians at the University of Southern California, were most patient in going over the Vienna chapter and discussing modifications. Miss Carol Small, alert in catching oversights, deserves much credit for the typing of the many versions up to the final one for each chapter. Mr. Stephen Spender graciously gave me permission to quote from the German translation of his "European Witness"; Dr. Richard Friedenthal and Mrs. Friederike Zweig were very kind in authorizing me to quote Stefan Zweig in Part III.

THE FIFTH EDITION

The Fifth Edition has been rewritten more extensively than previous editions.

In Chapter One, we expanded sections on the interrelation of languages, added examples, and wrote new illustrative narratives which are more detailed than those in former editions. The revisions serve to facilitate the expansion of vocabulary.

The survey of German culture has been revised in a traditional way but also modified so as to take into consideration today's problems and concerns.

Accounts of trips in Germany, West and East, reflect changed conditions and trends in recent years. The last portion of the third chapter, the rewritten description of a journey in the German Democratic Republic, is much longer than the comparable section in the Fourth Edition.

The chapter on Vienna, modified, simplified, and shortened, is now Chapter Four, rather than Chapter Six.

Minor stylistic improvements were made in "Studenten gegen Hitler" but the narrative is otherwise unchanged.

We have thoroughly altered the Berlin story. The account portraying the founding of the Free University of Berlin is now approximately one half of its former length. On the other hand, the new description of the "Kritische Jahre," from the explosive demonstrations of 1967 and the creation of red cells to the present time, is twice as long as the abbreviated first part. The final section, "Berlin in den siebziger Jahren," is new. We are deeply indebted to Christof Flügge, who completed his studies at the FU in 1973, for providing a wealth of information. And we are grateful to the President's Office of the FU for furnishing us, both by mail and in person in Berlin-Dahlem, with scores of informative bulletins, brochures, books, and booklets.

Two kinds of exercises have been added. One type focuses on vocabulary study and word building, the other on recognition of noteworthy personalities, movements, or events and sentence building. The book has been entirely reset and supplied with new illustrations.

We should like to express our deep gratitude to Dr. Svein Øksenholt who has made innumerable valuable suggestions, from the First Edition to the Fifth, in the course of many years.

HAROLD VON HOFE

I

Die deutsche Sprache

1

die Sprache *language*

der Mensch *human being*

das Fundament *foundation*

denkbar *conceivable*

stumm *mute, dumb*

am Anfang *in the beginning*

da *since* / kann ... essen *do more than eat bread, be intelligent*

schwarz *black*

etwa *about* / verschieden *different* / bekannt *well-known*

bedeuten *mean*

Ich spreche, also bin ich. Ich spreche, also bin ich ein Mensch. „Der Mensch ist nur Mensch durch die Sprache."

Es gibt keine Kultur ohne die Sprache, denn sie ist die Basis und das Fundament der Kultur. Ohne 5 sie ist der Mensch nicht denkbar.

Die Tiere haben keine Sprache und keine Kultur. Hunde und Katzen, Tiger und Bären können nicht denken, wie die Menschen denken. Die Formen des Denkens sind bei den Stummen der Erde primitiv. 10 Nur der Mensch hat eine Sprache. Am Anfang war das Wort.

Da der Mensch sprechen kann, kann er mehr als Brot essen. Die Sprache hilft ihm beim Denken. Wenn er denkt, spielt er auf einem Sprachinstrument. 15 Es gibt viele Instrumente in der Welt; auf jedem spielt man andere Melodien.

Die Menschen sprechen über dreitausend Sprachen. Die 280 Millionen Schwarzafrikaner sprechen schon etwa eintausend verschiedene 20 Sprachen. Die bekannteste ist Suaheli, eine von hundertfünfzig Bantusprachen. (Ba- bedeutet südafrikanisch, -ntu bedeutet Menschen.) Auf den Kontinenten in der Neuen Welt, in Nord-, Zentral-, und Südamerika gibt es noch etwa hundert Indianer- 25 sprachen und Indianerdialekte.

2

Manche Völker lesen und schreiben nicht. Andere lesen und schreiben, aber haben selber keine große Literatur. Dafür gibt es Übersetzungen aus anderen Sprachen. Auf allen Kontinenten der Welt lesen die 5 Menschen zum Beispiel die Bibel. Von keinem Buch gibt es so viele Übersetzungen. Die englische Organisation „British and Foreign Bible Society" schrieb uns im Jahr 1973 aus London: Es gibt Übersetzungen der Bibel oder Übersetzungen von Teilen der Bibel in 10 tausendfünfhundert (1 500) Sprachen: zweihundertfünfundfünfzig (255) Male die ganze Bibel, dreihundertsechsundvierzig (346) Male das Neue Testament und achthundertneunundneunzig (899) Male Teile der Bibel.

15 Wir wissen nicht, warum es Tausende von Sprachen gibt. Wir wissen nicht, wie lange die Menschen schon sprechen. Mehr als 100 000 Jahre? Wie hat es begonnen? Mit Kommandos und Warnungen?

20 Ob man Deutsch spricht oder Englisch, Japanisch oder Chinesisch, mit Genen hat es nichts zu tun. Kinder lernen die Sprache des Gebietes, wo sie leben. Sie hören sie zu Hause bei ihren Eltern, auf der Straße und in der Schule. Es ist ein Zufall der 25 Geographie.

Unter den Sprachen der Welt sind viele miteinander verwandt. Die Struktur, die Formen und Laute zeigen es uns. Die Worte „Give us today our daily bread" sind aus dem Neuen Testament; wir schreiben 30 den Satz in vier verschiedenen Sprachen.

DÄNISCH	Giv os i dag vort daglige brød.
DEUTSCH	Gib uns heute unser tägliches Brot.
HOLLÄNDISCH	Geef ons heden ons dagelijks brood.
SCHWEDISCH	Giv oss i dag vårt dagliga bröd.

Die ähnlichen Formen, Laute und die Struktur des Imperativsatzes zeigen uns, daß die vier germanischen Sprachen mit dem Englischen verwandt

Glossary:

das Volk *people*
selber *themselves*
dafür *instead* / die Übersetzung *translation*
zum Beispiel *for example*

der Teil *part*

das Mal(e) *time(s)*

die Warnung *warning*
ob *whether*
die Genen *genes*
das Gebiet *area*

der Zufall *coincidence*

verwandt *related* / der Laut *sound* / zeigen *show*

der Satz *sentence*

ähnlich *similar*

GERMANISCHE
HAUSMARKEN

Ur- *original*

sind. Sie gehen auf eine germanische Ursprache, in der Zeit vor Christus, zurück.

der Raum *area*

Der germanische Sprachraum liegt in der Mitte und im Norden Europas. Die Weltsprache Englisch spricht man aber in der ganzen Welt. In Amerika ₅ und England, Schottland und Irland, Kanada, Australien, Neuseeland und Südafrika ist Englisch die Basis der Kultur. Es ist die Muttersprache von über dreihundert Millionen Menschen.

isoliert *isolated*

die Einheit *unit* / gehören
belong / fast *almost*

Die germanischen Sprachen sind keine isolierte ₁₀ Einheit; sie gehören zur indoeuropäischen Familie. Fast die Hälfte aller Menschen, über eintausendfünfhundert Millionen, von Irland bis Indien und Bangladesch, von Skandinavien bis an den Kaukasus, sprechen indoeuropäische Sprachen. Auch sie gehen ₁₅ auf eine Ursprache, Tausende von Jahren vor Christus, zurück.

Indoiranisch *Indo-Iranian*

Von den neun indoeuropäischen Sprachfamilien ist eine, die Indoiranische, in Asien. Fünf europäische sind relativ klein: Albanisch, Armenisch, Baltisch, ₂₀

Griechisch *Greek* / Keltisch
Celtic / folgen *follow*

Griechisch und Keltisch. Es folgen Tabellen für die drei großen Familien.

4

GERMANISCH		ROMANISCH		SLAWISCH	
Afrikaans	4[1]	Französisch	74	Bulgarisch	8
Dänisch	5	Italienisch	58	Polnisch	33
Deutsch	120	Katalanisch	5	Russisch	185
Englisch	320	Portugiesisch	93	Serbokroatisch	17
Friesisch	(300 000)	Provenzalisch	8	Slowakisch	4
Flämisch Holländisch	19	Rätoromanisch	(450 000)	Slowenisch	2
Isländisch	(200 000)	Rumänisch	17	Tschechisch	10
Jiddisch	(5)[2]	Spanisch	175	Ukrainisch	41
Norwegisch	4			Weißrussisch	10
Schwedisch	9				

Von den sieben Sprachen, die je hundert Millionen Menschen oder mehr sprechen, sind zwei nichtindoeuropäisch: Chinesisch und Japanisch. Die anderen fünf sind Spanisch, Russisch, Hindi, Englisch und Deutsch.

    die *which* / je *each, apiece*

Der deutsche Sprachraum liegt in der Mitte Europas. Dänemark, die Nordsee und die Ostsee bilden die Grenze im Norden, Holland und Frankreich im Westen, Italien und Jugoslawien im Süden und Polen, Ungarn und die Tschechoslowakei im Osten. Die deutschsprachigen Staaten zwischen diesen Grenzen sind die Bundesrepublik Deutschland, die Deutsche Demokratische Republik, die Bundesrepublik Österreich, Liechtenstein, Luxemburg und

    die Ostsee *Baltic Sea*
    bilden *form* / die Grenze *boundary* / Frankreich *France* / Ungarn *Hungary*
    -sprachig *speaking*
    Bundes- *Federal*
    Österreich *Austria*

[1] 4 = Vier Millionen Menschen sprechen Afrikaans.
[2] 5 = Fünf Millionen Menschen sprechen Jiddisch als zweite Sprache.

die Schweiz *Switzerland*
das Prozent *percentage*

fremd *foreign*

die Flexion *inflection*
die Aussprache
  pronunciation
der Vokal *vowel*
hingegen *on the other hand*

eins *one thing*

sofort *immediately*

die Schweiz. Die Muttersprache von über siebzig Prozent der Schweizer ist Deutsch.

In deutschsprachigen Ländern ist Englisch die erste Fremdsprache in den Schulen. Für die Menschen dort ist es wohl leichter, Englisch zu lernen als das 5 Lernen des Deutschen für englischsprachige Menschen. Im Englischen gibt es ja nur eine Form des Artikels und keine Adjektivendungen. Durch die Reduktion des Flexionssystems hat man es relativ leicht. Bei der Aussprache des Englischen hört man 10 aber oft, wie schwer es für Deutsche ist, das englische r und die Vokale zu lernen.

Hingegen lernen viele Amerikaner das deutsche r nicht und finden es schwer, „oh", „Ton", „Dom" und „Boot" zu sagen und nicht *o(u)* wie in den 15 englischen Wörtern *oh, tone, dome* und *boat.*

Eins ist am Anfang für den deutschlernenden Amerikaner leicht. Das Lesen verwandter Wörter! Da Deutsch und Englisch verwandte Sprachen sind, versteht man vieles sofort. Wir bringen ein Beispiel. 20

at once

Die große Familie Schmidt

Die Familie Schmidt hat ein altes Haus. Es ist nicht modern, aber groß. Die zwölf Menschen der Familie Schmidt wohnen hier in dem Haus; die Adresse ist Schillerstraße Nummer dreißig.

5   Herr und Frau Schmidt haben sechs Kinder, drei Söhne und drei Töchter. Die Eltern von Frau Schmidt, Herr und Frau Stöhr, die Mutter von Herrn Schmidt und Onkel Hans, der Bruder von Großmutter Stöhr, wohnen auch hier.

10   Die Kinder nennen Großmutter Stöhr Oma, Großmutter Schmidt Omi und Großvater Stöhr Opa. Der Großvater ist der älteste der Familie; er ist achtzig Jahre alt. Der jüngste ist der kleine Max; er ist nur fünf Jahre alt und ist täglich von Montag bis Freitag, 15 von acht bis zwölf, im Kindergarten. Karl ist acht, Brigitte zehn, Evi dreizehn, Ursula fünfzehn und Werner neunzehn.

    Die junge Generation ist von Montag bis Sonnabend in der Schule. Sonnabend geht Max aber nicht 20 in den Kindergarten, und die anderen fünf sind schon zwischen zwölf und eins zu Hause.

    Onkel Hans ist Bäcker. Er bäckt Brot, Brötchen, Kuchen und Biskuits und arbeitet jeden Tag von neun

bis sechs—aber sonnabends nur von neun bis eins—
in der Bäckerei. Herr Schmidt arbeitet in der Bank
und kommt schon um fünf Uhr nach Hause. Frau
Schmidt ist die Hausfrau, aber die zwei Großmütter
helfen ihr bei der Arbeit. Die drei Frauen haben viel 5
zu tun. Sie kochen ja für zwölf Menschen, und die
Kinder haben immer Hunger.

Heute ist keine Schule, heute arbeitet man nicht
in der Bank oder in der Bäckerei, denn es ist Sonntag.
Es ist ein schöner Sommernachmittag im August. Das 10
Wetter ist warm, der Himmel ist blau, die Sonne
scheint.

Die Eltern, Großeltern, Onkel Hans und die
Kinder sitzen auf Gartenbänken an einem langen
Tisch. Sie essen, trinken und sprechen über Schulen 15
und Universitäten, über hohe Preise, über Politik und
politische Fragen in der Welt. Auf dem Tisch stehen
Suppe, Fleisch, Reis, grüne Bohnen, Tomaten, grüner
Salat, frisches Brot und frische Butter. Die jungen
Leute essen zweimal so viel wie die älteren. Zu trinken 20
gibt es Wein, Bier, Milch, Limonade und Mineral-
wasser. ,,Max", sagt Großmutter Stöhr, ,,nimm die
Ellbogen vom Tisch!" ,,Ja, Oma",murmelt Max und
tut es.

Frau Schmidt und die zwei Großmütter gehen in 25
die Küche. Fünf Minuten später bringen sie Schoko-
ladeneis und Kuchen. Der Kuchen ist aus Onkel
Hans' Bäckerei. ,,Den Kuchen habe ich selber
gebacken", sagt er. ,,Ich will eine große Portion",
schreit Max. ,,Sei still, Max", sagt Oma. Eine Kanne 30
Kaffee steht auf dem Tisch, aber Opa trinkt ein Glas
Tee. Und er trinkt ihn ohne Zucker. ,,Wie kann man
Tee ohne Zucker trinken?" fragt Oma. Sie hat es in
ihrem Leben schon hundertmal gesagt. Opa sagt kein
Wort, aber vom anderen Ende des Tisches kommt 35
das Echo: ,,Wie kann man Tee ohne Zucker trinken?"
sagt Max. Oma lacht.

Nach dem Essen gehen Ursula und Werner ins
Haus. ,,Werner ist ein feiner, intelligenter junger
Mann. Geht er im Oktober auf die Universität?" fragt 40

Onkel Hans. „Ja", antwortet der Vater, „er will Soziologie studieren." „Ursula ist auch nicht dumm", sagt die Mutter. „In der Schule ist sie die Beste in der Klasse." „Kein Wunder! Bei solchen Großeltern!" sagt Omi. „Und ich? Habe ich nichts damit zu tun?" fragt laut Herr Schmidt. „Im Kindergarten bin ich der Beste," schreit Max.

Brigitte und Evi sitzen am Ende des langen Tisches und schreiben. Karl und Max spielen, singen und springen im Garten. Im Gras findet Max unter einem Rosenbusch einen roten Ball. „Das ist mein Ball", sagt Karl. „Gib mir den roten Ball!" Max steht da mit offenem Mund und gibt seinem Bruder den Ball. Max ist ja drei Jahre jünger und viel kleiner als Karl. „Da hast du deinen alten Ball", sagt er.

Die älteren Leute gehen ins Haus. Ursula sitzt am Schreibtisch. Auf der einen Seite steht eine Blumenvase, auf der anderen Seite eine Kuckucksuhr und in der Mitte eine Porzellanfigur. Vor ihr liegen Bücher; sie ist ein Bücherwurm. Neben dem Schreibtisch steht eine goldene Lampe. Werner hat auch ein Buch in der Hand, aber er liegt auf dem komfortablen Sofa und denkt an seine Freundin und an ihre Telefonnummer.

Der Name der Freundin ist Hilde. Hilde ist achtzehn Jahre alt, interessiert sich für Wassersport und ist kein Bücherwurm. Sie hat große, runde violettblaue Augen, lange blonde Haare und eine schöne Figur.

Werner telefoniert mit der blonden, blauäugigen Hilde: „Was machst du heute zu Hause? Es ist so warm, auch im Garten. Wir sollten schwimmen gehen." „Wunderbar", sagt Hilde. „Im Wasser ist es nicht so warm. Mein Wagen steht vor der Tür. In zehn Minuten bin ich bei Dir."

In elf Minuten sieht Werner Hildes Sportwagen vor das Haus fahren. Das Auto ist so blau wie ihre Augen. Hilde und Werner fahren an die See und parken den Wagen. Am sandigen Strand ist kein Wind; der Sand ist warm, aber das Wasser ist kühl.

Hilde schwimmt wie ein Fisch, aber Werner schwimmt auch gut. Er ist im Hundertmeterschwimmen der beste Schwimmer seines Sportklubs. Hilde schwimmt auf dem Rücken und auf der Seite; Walter schwimmt Hand über Hand. Beide schwimmen auch lange unter 5 Wasser.

Später liegen sie am Strand und trinken etwas Kaltes. Am Abend sind sie rotbraun von der Sonne. Zwischen sechs und sieben fahren sie nach Hause und essen noch etwas Brot und Butter, Wurst und Käse 10 im Garten der Familie Schmidt. Werners Mutter kocht Kaffee für sie.

Um zehn Uhr sagt Oma: „Für uns ist es schon spät. Wir gehen zu Bett. Gute Nacht!" „Gute Nacht, gute Nacht alle!" sagt Hilde. „ Und ich danke Ihnen 15 für das gute Abendessen, Frau Schmidt." Zu Werner sagt sie: „Ich muß jetzt nach Hause gehen." Bevor sie aber geht, fragt sie mit einem Glitzern ihrer violett-blauen Augen: „Kommst du morgen zu mir, Werner?" „Wenn du sagst, ich soll zu dir kommen, dann komme 20 ich zu dir. Ich bin Wachs in deinen Händen." „Das ist mir neu", lacht Hilde. „Auf Wiedersehen!"

---

bleiben *stay, remain*
sich verändern *change*

kaum *hardly*

der Blick *glance* / die
  Geschichte *history*
der Wortschatz *vocabulary*

Bei Sprachen kann man nicht sagen: Es bleibt alles, wie es war. Laute, Wörter und Formen verändern sich. Schon ein Drama von Shakespeare zeigt 25 uns das. Und tausend Jahre alte englische und deutsche Texte sind im Originaltext heute kaum zu verstehen.

Manche Sprachen verändern sich schneller als andere. Englisch hat sich zum Beispiel sehr verändert. 30 Deutsch ist in der germanischen Sprachfamilie hingegen eine der konservativsten Sprachen. Die Struktur ist heute noch etwa so wie die Struktur des Englischen um das Jahr 1 000. Man findet kaum eine Reduktion des Flexionssystems. Nur manche Laute haben sich 35 verändert. Hier macht ein Blick auf die Geschichte der deutschen Sprache das Lernen eines Wortschatzes leichter.

IM WANDEL DER JAHRE

2

WÖRTER UND LAUTE

In den hundertfünfzig Jahren zwischen 500 und 650 nach Christus veränderten sich einige Laute im Hochdeutschen. Wir beginnen mit den Konsonanten „t", „p" und „k".

einige *some, several*
~~Sound~~

5   Am Anfang des Wortes wurde das „t" im Hochdeutschen zu „z" („ts"). Vergleichen Sie die englischen und deutschen Wörter!

wurde zu *became*

vergleichen *compare*

DEUTSCH	ENGLISCH
Ziegel	*tile*
Zwilling	*twin*
zwischen	*(be)tween*
Zähren (poetisch)	*tears*
Zunder	*tinder*

Die Zahlen zwei, zehn, zwölf und zwanzig sind Beispiele für Wörter mit „z" im Deutschen und „t" im Englischen.

die Zahl *number*

10   Was bedeutet auf Englisch: zu, Zunge, Zange, zahm, zähmen, Zinn, Zapf(en), Zoll, zwitschern?

In manchen Wörtern, wie auch oben, haben sich die Vokale verändert: Zweig, Zwielicht, Zahn, Zehe.

oben *above*

twilight   *toe*

15   Das „t" am Ende eines englischen Wortes wurde oft ein „z" („tz") im Deutschen. Vergleichen Sie!

DEUTSCH	ENGLISCH
Herz	*heart*
schmerzen	*smart (hurt)*
Lenz *(spring)*	*lent*
Weizen	*wheat*
kurz *(short)*	*curt*

Was bedeutet auf Englisch: sitzen, Sitz, setzen, Malz, Salz, salzig, grunzen, schmelzen, kaltherzig, warmherzig, Netz, Filz, Warze, Schnauze, Katze, witzig, Hitze, heizen, schwitzen und glitzern.

Bei manchen Beispielen gibt es verwandte Wörter 5 im Englischen, aber man gebraucht oft ein nicht-verwandtes: Schmerz, Schmutz, schmutzig, Pelz, Witz —wie in den folgenden Sätzen.

Ich habe Schmerzen, ich habe Zahnschmerzen; der Zahn schmerzt.[1]   10

Meine Hände sind schmutzig; es ist viel Schmutz in der Garage.

Viele Tiere haben braunen oder schwarzen Pelz, aber Eisbären haben weißen Pelz.

Es gibt alte und neue, gute und dumme Witze.   15

Der Konsonant „ss" („ß") geht auch auf ein germanisches „t" zurück. In der englischen Sprache von heute steht noch das „t".

DEUTSCH	ENGLISCH
süß	*sweet*
Faß *(barrel)*	*vat*
schießen	*shoot*
Fessel *(chain)*	*fetter*
Kessel	*kettle*

gebrauchen *use*

folgend *following*

---

[1] The cognate word would be "smart," but the word used is "ache" or "pain."

Die Äquivalente der Folgenden sind im Englischen die verwandten Wörter: Wasser, wässerig, Salzwasser, Wasserpfeife, Rassel, rasseln, Straße, hassen, Haß, weiß, heiß, Schweiß, beißen, Biß, besser, essen, 5 vergessen, Nuß, Fuß, Schuß, Floß.

Bei den Folgenden gebraucht man im Englischen manchmal das verwandte Wort: groß, lassen, Gruß, grüßen, bessern, bissig. Manchmal gebraucht man ein nichtverwandtes: Er ist nicht klein, sondern groß. 10 Kann ich das Brot hier lassen? Beste Grüße an deine Mutter. Vergiß nicht, deine Mutter zu grüßen! Er hat sich in der Schule gebessert. Das sind bissige Worte; es ist bissiger Humor.

manchmal *sometimes*

Am Anfang des Wortes wurde der germanische 15 Konsonant „p" im Hochdeutschen zu „pf". Vergleichen Sie die folgenden Beispiele!

DEUTSCH	ENGLISCH
Pflug	*plough*
Pfeiler	*pillar*
Pfote	*paw*
Pfand	*pawn*
Pfad	*path*

Was bedeuten die Folgenden: Pfanne, Pflanze, pflanzen, pflügen, Pfennig, Pfund, Pflaume, Pfuhl, Pflaster und Pfosten?

20 Im Englischen gebraucht man manchmal auch nichtverwandte Wörter: Es ist Wasser auf der Straße; hier ist ein schmutziger Pfuhl.[1] Es ist gutes Pflaster auf der Straße; die Straße ist gut gepflastert. Man macht Butter aus Milch; manche Menschen essen 25 keine Butter, sie essen Pflanzenbutter.

[1] The cognate words for "schmutziger Pfuhl" would, for example, be "smutty pool," but the words used are "dirty puddle."

Die Konsonante „f", „ff" und „pf" in der Mitte
und am Ende des Wortes gehen auch auf „p" zurück.
Im Englischen findet man das „p" immer noch.

DEUTSCH	ENGLISCH
Haufen	*heap*
laufen *(run)*	*leap*
Stufe	*step*
Waffe	*weapon*
Saft *(juice)*	*sap*

Für die Folgenden gibt es im Englischen verwandte Wörter: Schiff, Hilfe, helfen, Pfeffer, Tropfen, ₅
hoffen, Hoffnung, offen, offenherzig, Bischof, Seife,
Pfeife, reif, Reife, Streifen, Apfel, Krampf, Affe,
gaffen, scharf, schärfen, Schärfe, Harfe, tief, Tiefe,
Hüfte, schlüpfen, schlüpfrig, hüpfen, Grashüpfer,
Kupfer.   10

Bei manchen gebraucht man im Englischen nichtverwandte Wörter. Ein Apfel ist reif, aber man spricht
auch von einem reifen Menschen und von der Reife
des Menschen. Das Mädchen reift zur Frau, der Junge
reift zum Mann. Wir trinken Apfelsaft oder Orangen- 15
saft. Wir haben heute eine scharfe Kälte; es ist auch
ein scharfer Wind. Die Schärfe des Windes. Er trinkt
einen scharfen Schnaps.

Der Konsonant „k" veränderte sich; er wurde zu
„ch".   20

DEUTSCH	ENGLISCH
Kuchen	*cake*
suchen	*seek*
riechen	*reek (smell)*
Speiche	*spoke*
nächst	*next (x = ks)*

14   IM WANDEL DER JAHRE

Was bedeuten die folgenden Wörter: machen, wachen, Arche, kochen, Koch, Storch, Joch, Knöchel, Mönch, Buch, Pfannkuchen, Apfelkuchen, brechen, Lerche, Milch, Sichel, Deich, Eiche?

5 Die Laute „p", „t" und „k" veränderten sich nur in der hochdeutschen Sprache. Im plattdeutschen Dialekt findet man noch die alten germanischen Konsonanten. Man spricht Plattdeutsch im flachen Land Norddeutschlands. Im Hochland spricht man
10 Hochdeutsch. „Hoch" und „platt" sind also geographische Bezeichnungen.

Plattdeutsch ist für englischsprachige Menschen leichter zu verstehen als Hochdeutsch.

platt low, flat

flach flat, low

die Bezeichnung *name, designation*

PLATTDEUTSCH	HOCHDEUTSCH	
Över de stillen Straten	Über die stillen Straßen	
Geit klar de Klokkenslag.	Geht klar der Glokkenschlag	klar *clearly* / der Glockenschlag *striking of the hour* / die Glocke *bell*
God Nacht! Din Hart will slapen	Gute Nacht! Dein Herz will schlafen	
Und morgen is ok en Dag	Und morgen ist auch ein Tag.	morgen *tomorrow*

In der Geschichte der germanischen Sprachen
15 veränderten sich zwei andere Konsonanten im deutschen Lautsystem; „t" wurde zu „d" und „th" wurde zu „d". Für deutsch „t" und englisch „d" gibt es viele Beispiele.

DEUTSCH	ENGLISCH
Tag	*day*
Traum	*dream*
taub	*deaf*
triefen	*drip*
Trieb	*drive ("Freudian" instinct)*
Tür	*door*
bieten	*bid (offer)*

Wir bringen weitere Beispiele hierfür im Deutschen.

Garten, Karte, hart, Tanz, tanzen, Sattel, satteln, Schatten, schattig, Schattenpflanze, Spaten, waten, alt, kalt, halten, falten, Bart.

Schulter, unter, Futter, Brut, gut, Flut, Blut, blutig, kaltblütig, warmblütig.

Brot, tot, rot, Wort, Gott, Tochter, Bett, selten, Schwert.

Schlitten, Mitte, Mittag, Mittagbrot, Mitter- nacht.

Seite, Schattenseite, Reiter, reiten, gleiten, treiben, weit, Weite, breit, Breite.

Verbieten.

Laut, Braut.

Kälte, Härte, bärtig, täglich, vorwärts, rückwärts, seitwärts, aufwärts, landwärts.

Wie übersetzt man die folgenden Sätze ins Englische?

Er liegt auf der Seite und hat ein Buch in der Hand; das Buch hat zweihundert Seiten.

Wir spielen heute nicht Karten, denn wir haben Karten für das Theater.

Die Tür ist weit offen. Es ist hundert Kilometer von hier; wir gehen nicht, denn es ist zu weit.

Die Papiere liegen unter dem Buch. Ich weiß nicht, wo das Dokument ist; es ist unter meinen Papieren.

Halten Sie nicht zurück! Die Autos halten vor der Tür.

Die Hände des Diktators triefen von Blut. Der Schweiß trieft den Menschen von den Augenbrauen.

Wir gehen selten zum Zoo, aber jetzt hat man seltene Tiere dort.

DEUTSCH „d"	ENGLISCH „th"
beide	*both*
Dieb	*thief*
Daumen	*thumb*
du	*thou (you)*
dein	*thine (your)*

Für die Folgenden gibt es im Englischen verwandte Wörter: Bad, baden, Dank, danken, dann,
da, Tod, Dorn, dornig, Donner, donnern, Donnerstag, Nord, Süd, Durst, durstig, durch, Bruder, drei,
5 dritt, dreizehn, dreißig, Ding, Distel, dick, dünn,
Mund, Feder, Leder, denken, Erde, irdisch, Niederlande, dies, Schmied.

Die Geschichte, „Die große Familie Schmidt", ist   die Geschichte *story*
für englischsprachige Menschen leicht zu lesen. Die
10 folgende Geschichte ist auch leicht, denn auch hier
sind viele verwandte germanische Wörter. Bei manchen findet man aber eine Veränderung der Laute.

Vor dem Fernsehapparat: Vielleicht wird es interessanter!

der Fernsehapparat
television set

Der letzte Winter war im Norden Deutschlands
milde und nicht kalt. Der Sommer ist dieses Jahr
15 aber kühl und regnerisch. Diese Woche hat es
Montag, Dienstag, Donnerstag und Freitag geregnet.
Selten sieht man an der Nordsee die Sonne. Eine
Woche nach der anderen gibt es graue Tage. Es wird
einem zuviel. Was macht man im Juli am Wochenende,
20 wenn es den ganzen Tag regnet! Einige lesen, manche
spielen Karten, andere gehen ins Kino oder ins
Theater. Die meisten Menschen hassen den grauen
Himmel, wenn die Sonne wochenlang nicht scheint.

Auch heute am Sonnabend regnet es. Die Familie
Witzleben sitzt mit ihren neuen Nachbarn und einigen
alten Freunden vor dem Fernsehapparat. Gestern gab
es einen interessanten, gutgemachten Film. Was
bringt uns der Fernsehsender heute? Das neue 5
Programm beginnt kurz nach sieben Uhr.

Es ist drei Minuten nach sieben. Das Programm
beginnt. Man sieht einen großen, etwas wilden
Garten, viele grüne Pflanzen, blutrote Rosen, goldene
Butterblumen, blaues Vergißmeinnicht, Disteln und 10
Dornen, Eich- und Apfelbäume. Man hört das Zwit-
schern und Trillern von Lerchen, aber man sieht sie
nicht. Ein kleiner Pfad läuft durch den Garten. Im
Schatten der dicken Zweige stehen kleine Stühle und
Bänke. Unter einem Stuhl sitzt eine weiße Katze; 15
neben ihr liegt eine tote Maus. Neben einer Bank
liegt ganz still ein brauner Hund mit einer schwarzen
Schnauze. Er schläft.
Aus einem alten Haus kommen zwei Männer.
Beide haben braune Lederjacken; der eine hat braune 20
Schuhe an; der andere ist barfuß. Der eine ist alt und
hat kurze silbergraue Haare und buschige Augenbrauen; er pflückt Butterblumen und setzt sich auf
einen der Gartenstühle. Der andere, ein junger Mann
mit breiten aber hängenden Schultern, hat schulter- 25
lange, kupferrote Haare und einen kupferroten Bart.
Er steht zwischen zwei Apfelbäumen und sagt: „Mein
vierzehn Jahre alter Sohn träumt jetzt in der Mitte
des Sommers von einem Schlitten. Denkt er an
Schlitten, weil es diesen Sommer so kalt ist?" 30
„Heiß ist es nicht, aber Eis und Schnee haben
wir jetzt im Juli auch nicht."
„Letzten Winter hatten alle seine Freunde
Schlitten, und er hatte keinen. Nun träumt er von
Tag zu Tag von einem Schlitten. Mit offenen Augen!" 35
„Das Schönste ist von diesem Leben nicht, was
man lebt, sondern träumt", meint philosophisch der
weißhaarige Alte.

„Der Mensch hofft, solange er lebt", antwortet der Vater des Vierzehnjährigen ebenso philosophisch.

Der Alte steckt eine schwarze Pfeife in seinen zahnlosen Mund und wischt sich Schweißtropfen von den Augenbrauen. Er schwitzt, denn die Lederjacke ist auch bei dem kühlen Wetter zu warm. „Was kosten Schlitten?"

„Ich weiß nicht." Er hält ein dünnes Buch in der Hand. Es ist der Katalog einer Firma. Er öffnet das Buch auf Seite zwanzig. „Hier auf Seite zwanzig bis dreißig stehen Preise. Ein Moment!" Er liest: „Bälle: Fußbälle, Golfbälle, Handbälle, Tennisbälle, Tischtennisbälle; Boote, Netze, Rollschuhe, Schlitten! Von neunundvierzig Mark fünfzig Pfennig bis hundertneunzehn Mark und fünfzig Pfennig. So hoch sind die Preise? Ich finde vielleicht einen für sechzig oder siebzig Mark. Nächsten Winter soll er Schlitten fahren."

In der Sekunde kommt eine dicke Dame aus der Küche in den Garten. „Sollen wir dir helfen?" „Nein, nein, ich kann es selber machen." Sie bringt den Männern rote Äpfel, ein Pfund süße reife Pflaumen, Haselnüsse, Walnüsse, Käsekuchen und Pfefferminz-Tee. Sie haben Durst und trinken ein Glas kalte Buttermilch, bevor sie etwas essen. Die Frau stellt Wasser auf den Tisch und wäscht die Pflaumen und Äpfel. „Sie sind nicht schmutzig", sagt der Alte. „Äpfel und Pflaumen muß man waschen", meint die Dicke.

Beide Männer essen; der Bärtige knackt die harten Nüsse mit einem Nußknacker. Der Alte ißt nur Pflaumen. „Wunderbar riecht der frische Käsekuchen", sagt der Alte. „Meine Frau bäckt den besten Käsekuchen. Keine kann so backen wie meine Frau." Beide danken ihr herzlich für alles. „Tausend Dank, mein Liebes, aber bring den Pfefferminz-Tee wieder in die Küche." Er schlürft die kalte Buttermilch.

Nach einer halben Stunde beginnt es zu regnen. Große dicke Tropfen fallen vom grauen Himmel. Ein paar Minuten später regnet es in Strömen; es tropft von den Bäumen. Der Alte und der bärtige junge Mann laufen ins Haus. Das Buch lassen sie auf einem Stuhl liegen.

Die dicke Frau des Alten sieht das Buch auf 5 dem Stuhl liegen und beißt sich auf die Lippen. Es donnert, aber sie läuft bei strömendem Regen in den Garten, bringt den Katalog ins Haus und legt ihn auf den Küchentisch. Sie trieft vom Regen. „Mein Mann vergißt auch alles. Wie kann man so vergeßlich 10 sein!" sagt sie laut, aber die Männer hören es nicht.

„Genug?" fragt Herr Witzleben seine Nachbarn und Freunde. „Vielleicht wird es später interessant, aber wir haben genug. Gestern abend war es besser", meinen die Gäste. 15

Deutsche Texte sind nicht immer so leicht zu lesen. Das Studium der deutschen Sprache wird schwerer. Nur ein kleiner Teil, etwa ein Drittel, des englischen Wortschatzes hat deutschgermanische Äquivalente. Ein großer Teil kommt aus dem 20 **Lateinisch** *Latin* Romanischen—aus dem Lateinischen, aus dem Lateinischen über das Französische und aus dem **weiter** *additional* Französischen—und ein weiterer Teil aus dem Griechischen.

Auch in der deutschen Sprache findet man Wörter 25 **der Ursprung** *origin* nichtgermanischen Ursprungs. In den ersten Seiten **der Ausdruck** *expression* waren über zwanzig solche Ausdrücke: Dialekt, Geographie, Instrument, Basis, Kultur, Prozent, Akzent, Vokal, Konsonant, Republik, demokratisch, Reduktion, Äquivalent, System, Portion, Soziologie, 30 intelligent, Universität, Papier, Dokument, philosophisch, Diktator.

die meisten *most of the* Die meisten Fremdwörter lateinischen oder **das Fremdwort** *word of* griechischen Ursprungs haben Äquivalente im *foreign origin* Englischen. Hier finden englischsprachige Menschen 35 **vielleicht** *perhaps* vielleicht wieder, daß das Lesen eines deutschen Textes kein großes Problem ist. Es folgt ein Beispiel.

GEN *newspapers, "tidings"*

Tickt eine Zeitbombe?

Der Autor des Artikels über radikale Unter-
grundorganisationen will ein objektiver Journalist
sein. Er schreibt konkrete Details und manches, was
neu ist, über orthodoxe und nichtorthodoxe Kom-
5 munisten, Extremisten, Terroristen, Anarchisten und
Neofaschisten. Man findet aber viele Klischees in
seinen Argumenten.

Gibt es zum Beispiel eine revolutionäre Situation
in globaler Dimension? Was bedeutet das? Hier
10 bringt er keine konkreten Details, hier schreibt er
abstrakt. Der demokratisch-liberale Kapitalismus ist
in der Defensive, auch an der ideologischen Front,
ist die Diagnose des anonymen Journalisten. Er

will . . . sein claims to be

schreibt von Inflation mit Stagnation, Defiziten, sterilen Reformprogrammen und liberalen Illusionen. Und die Apathie der Massen ist eine Legende, meint er; sie sind nicht indifferent und passiv. Was ist die Situation heute? Im letzten Paragraphen des Artikels 5 spricht der Autor von Eskalation und Katastrophen: Permanente Revolution! Oft hört und sieht man nichts, aber es tickt eine Zeitbombe. Sein Essay endet mit einer Fanfare wie das Kommunistische Manifest von Karl Marx und Friedrich Engels: „Die Revolu- 10 tion endet mit einem Triumph der Massen."

„Wer sind diese Massen?" fragt der Psychologie-student Ulrich Hasenkamp. „Es gibt Proteste und Demonstrationen, aber es sind keine Massenproteste und Massendemonstrationen. Der Mann steht in 15 keinem Kontakt zu den Massen, spricht von Pro-blemen und Konflikten in der Welt, aber nicht von seinen Neurosen. Dieser neurotische Mensch hat Komplexe und Halluzinationen."

„Du und deine psychologischen Analysen", sagt 20 Helmut Schlagintweit. „Schon Bismarck hat gesagt: Die Politik ist keine exakte Wissenschaft. Aber wir müssen objektiv sein, auch wenn der heißblütige Autor dieses Artikels es nicht ist."

„Ich bin objektiv", antwortet Ulrich. „Natürlich 25 haben wir soziale und politische Probleme. Das sind die großen Probleme der Zeit. Denk aber nicht, daß es im Osten keine Konflikte und Probleme gibt."

„Das denke ich nicht, und das sage ich nicht", meint der Student der Politik. „Dort stehen Menschen 30 auch in Opposition zu den Methoden und der Politik der Regime. Viele Menschen, die die Ostblockstaaten nicht kennen, denken, daß alle Kommunisten einer Meinung sind. Es gibt aber dogmatische und undog-matische Marxisten. Es ist eine Frage der Interpreta- 35 tion und der weltpolitischen Situation, die von Jahr zu Jahr anders wird. Der Marxismus von heute ist nicht der Marxismus von gestern."

„Karl Marx war ja selber kein Marxist", kom-mentiert Ulrich. 40

22   IM WANDEL DER JAHRE

„Richtig", meint Helmut. „Der Marxismus begann erst in den letzten Jahren im Leben von Marx. Heute spricht man in der Deutschen Demokratischen Republik mehr vom Marxismus-
5 Leninismus als vom Marxismus. Im ‚Neuen Handlexikon' aus der DDR steht unter Marxismus-Leninismus:,... System der wissenschaftlichen Theorien von Marx, Engels und Lenin; die wissenschaftliche Theorie der internationalen Arbeiterklasse, des
10 Sozialismus und Kommunismus' ".

„Ich weiß mehr über Sigmund Freud und seine Theorien über den Marxismus als über Karl Marx und die Entstehung des Marxismus."

„Was hat Freud über Kommunismus ge-
15 schrieben?"

„Du weißt, was der Aggressionstrieb der Menschen ist! Er spielt eine zentrale, negative Rolle in Freuds Bild der menschlichen Kultur. Nach dem marxistischen Dogma ist der Mensch aber nur
20 aggressiv, weil es privates Eigentum gibt. Das ist eine Illusion, meinte Sigmund Freud. Er sagte auch selber einmal: ‚Kommunismus und Psychoanalyse gehen schlecht zusammen'."

„Die Psychologie ist mir nicht uninteressant, aber
25 ich weiß wenig über Freud und seine Analysen. Über Politik weiß ich mehr. Im Winter war ich auf einem Ost-West Kongreß, wo man ökonomische und politische Fragen diskutierte. Vor dem Haus des Kongresses waren täglich Demonstrationen militanter
30 Antikommunisten. Aber in dem Haus selber waren Dialoge, Debatten und Diskussionen zwischen Delegationen aus achtzehn bis neunzehn Ländern.

„Aus welchen Ländern waren die Delegationen?"

„Nach dem Alphabet aus Belgien, Bulgarien,
35 Dänemark, Deutschland Ost und West, Finnland, Frankreich, Holland, Italien, Jugoslawien, Norwegen, Österreich, Polen, Rumänien, Schweden, der Schweiz, der Tschechoslowakei, den USA und der UDSSR. Am letzten Tag war das Thema ‚Exporte, Importe,
40 Kredite' auf dem Programm."

wissenschaftlich *scientific*

die Entstehung *origin*

das Eigentum *property*

diskutieren *discuss*

„Man hörte kein Ticken einer Zeitbombe? War bei den Diskussionen keine Propaganda und keine Agitation?" fragt der Psychologe Ulrich.

"Wo beginnt und wo endet die Propaganda?" fragt der Student der Politischen Wissenschaften. 5

„Also schönste Harmonie unter den Delegationen aus Ost und West?"

„Nicht schönste Harmonie! Man hörte selten Komplimente, aber man hörte auch keine Explosionen." 10

---

während *during*

typisch *typical*

die Erklärung *explanation*

Die Dialoge und Paragraphen über radikale Organisationen, Kommunismus und Psychoanalyse, Propaganda und Agitation bieten Amerikanern keine linguistischen Komplikationen. So bleibt es während des Studiums aber nicht, denn unsere Beispiele sind 15 für die deutsche Sprache nicht typisch und charakteristisch. Die Erklärung dafür ist historisch.

3

ENGLISCH UND DEUTSCH

Noch im Jahr 400 nach Christus lebten die Angeln
und Sachsen mit den anderen Germanen auf dem europäischen Kontinent. Die Sprachen der germanischen
Völker waren nicht sehr verschieden voneinander.
5 In den nächsten hundert Jahren kamen die Angelsachsen nach Britannien. Aus dem alten germanischen
Wortschatz findet man noch viele Wörter in der
englischen Sprache von heute. Die Teile des menschlichen Körpers sind ein Beispiel dafür.

die Angeln *Angels*
die Sachsen *Saxons*

der Körper *body*

Von den Haaren bis zum Kinn

DEUTSCH	ENGLISCH
Haar	hair
Bart	beard
Ohr	ear
Auge	eye
Augenbraue	eyebrow
Augenlid	eyelid
Nase	nose
Mund	mouth
Lippe	lip
Oberlippe	upper lip
Unterlippe	lower lip
Zunge	tongue
Zahn	tooth
Gaumen	gum
Kinn	chin

Vom Nacken bis zum Fingernagel

DEUTSCH	ENGLISCH
Nacken	neck
Genick	
Schulter	shoulder
Oberarm	upper arm
Arm	arm
Unterarm	forearm
Ellbogen	elbow
Knöchel	knuckle
Hand	hand
Faust	fist
Daumen	thumb
Finger	finger
Fingernagel	fingernail

Von der Brust bis zur Hüfte

DEUTSCH	ENGLISCH
Brust	breast
Busen	bosom
Herz	heart
Rippe	rib
Leber	liver
Lunge	lung
Hüfte	hip

Vom Knie bis zur Fußsohle

DEUTSCH	ENGLISCH
Knie	knee
Bein	bone (leg)
Zehe	toe
Zehennagel	toenail
Fuß	foot
Fußknöchel	ankle bone
Fußsohle	sole of the foot

IM WANDEL DER JAHRE

Ein weiteres Beispiel sind Verben, die man täglich gebraucht. Ob man kommt oder geht, sitzt oder steht, kniet, liegt oder schläft—die Verben der täglichen Routine sind alte germanische Wörter. Es gibt viele. Die Mutter badet die Kinder; sie wäscht, kocht und bäckt. Die Kinder essen und trinken. Man sieht sie laufen, springen und fallen, man hört sie singen oder weinen. Die Eltern lieben sie, helfen ihnen und lassen sie oft tun, was sie wollen.

ob *whether*

Im Jahr 1066 eroberten die Normannen das angelsächsische England. Ihre Sprache, ein nordfranzösischer Dialekt, vermischte sich mit dem Angelsächsischen. Englisch wurde eine Mischung aus romanischen und germanischen Elementen.

erobern *conquer*

sich vermischen *blend, mix*

die Mischung *mixture*

Welcher Teil des Wortschatzes ist romanisch? Er hat weniger mit der täglichen Routine zu tun und mehr mit geistiger Kultur. Viele abstrakte Ausdrücke im Englischen sind romanischen Ursprungs, während sie im Deutschen germanisch sind.

weniger *less*

geistig *intellectual*

während *while*

DEUTSCH	ENGLISCH	DEUTSCH	ENGLISCH
endlich	*finite*	übermenschlich	*superhuman*
endlos, unendlich	*infinite*	Überbau	*superstructure*
übertreiben	*exaggerate*	Arbeitgeber	*employer*
Einheit	*unity*	Arbeitnehmer	*employee*
Einigung	*unification*	Sprichwort	*proverb*
Einfuhr	*import*	Neuerung	*innovation*
Ausfuhr	*export*	Übergang	*transition*
Gartenbau	*horticulture*	Durchgang	*passage, transit*

Manchmal gibt es in der englischen Sprache einen Ausdruck germanischen und einen Ausdruck romanischen Ursprungs—mit ähnlicher Bedeutung.

ähnlich *similar*

DEUTSCH	ENGLISCH	DEUTSCH	ENGLISCH
väterlich	*fatherly* *paternal*	weltlich	*worldly* *mundane, secular*
mütterlich	*motherly* *maternal*	nackt	*naked* *nude*
brüderlich	*brotherly* *fraternal*	jährlich	*yearly* *annual*
göttlich	*godly* *divine*	nächtlich	*nightly* *nocturnal*
männlich	*manly* *masculine*	herzlich	*hearty* *cordial*
lächerlich	*laughable* *ridiculous*	kirchlich	*churchly* *ecclesiastical*
Schiff	*ship* *vessel*	mächtig	*mighty* *powerful, potent*
Flut	*flood* *deluge*	Geist	*ghost* *intellect, spirit*
Wunsch	*wish* *desire*	antworten	*answer* *reply*
		vergeben	*forgive* *pardon*

zusammengesetzt *compound*

die Phantasie *imagination*

tragen *wear*

Bei zusammengesetzten Wörtern—es gibt viele—
versteht der englischsprachige Mensch manches, wenn
er einen kleinen Wortschatz lernt—und mit Phantasie
liest. Es folgen hier etwa zwanzig Beispiele.

Wenn es im Winter kalt ist, tragen die Menschen 5
Handschuhe an den Händen.

Der *Handarbeiter* arbeitet mit den Händen.

Eine *Handfeuerwaffe* ist keine Kanone; man hat
sie in der Hand, wenn man schießt.

Das *Handschreiben* eines Autors ist ein Schreiben, 10
das er selber geschrieben hat.

IM WANDEL DER JAHRE

In einem *Wörterbuch* stehen Tausende von
Wörtern mit ihren Definitionen.

Ein *Handwörterbuch* ist kein großes, dickes,
sondern ein kleines Wörterbuch.

5 Viele Menschen gebrauchen einen *Fingerhut,*
wenn sie nähen.   nähen *sew*

Taubstumme Menschen gebrauchen *Finger-*
sprache.

Manche Menschen schreiben täglich etwas über
10 die Erlebnisse des Tages in ein *Tagebuch.*   das Erlebnis *experience*

Wie heißt ein Buch, das die *Lebensgeschichte*
eines Menschen ist?

Kleine Kinder sind manchmal in einer *Klein-*
kinderschule, bevor sie in den *Kindergarten* gehen.

15 Der *Kinderarzt* behandelt Kinder.   behandeln *treat*

Der *Frauenarzt* behandelt Frauen.

Zum *Zahnarzt* geht man, wenn man mit den
Zähnen Probleme hat.

Zum *Augenarzt* geht man, wenn man mit den
20 Augen Probleme hat.

Der *Tierarzt* behandelt Tiere.

Manche Tiere (fr)essen Fleisch, andere (fr)essen
Pflanzen. Wir sprechen von *fleischfressenden* und
pflanzenfressenden Tieren.

25 Im Dschungel gibt es noch Menschen, die andere
Menschen essen; sie heißen *Menschenfresser.*

Zehn Jahre sind ein *Jahrzehnt.*

Hundert Jahre sind ein *Jahrhundert.*

Tausend Jahre sind ein *Jahrtausend.*

30 Es gibt längere Wörter im Deutschen als im
Englischen, da es mehr zusammengesetzte Wörter
gibt. Es gibt zum Beispiel die *Europäische Wirtschafts-*
gemeinschaft (EWG), und die Staaten im Osten   EWG *European Economic*
Europas nennt man die *Ostblockstaaten.*   *Union, Common Market*

35 Im Englischen gibt es auch Komposita, wie etwa   Komposita *compound words*
die Äquivalente für „Klassenzimmer", „Tageslicht",
„Handbuch" oder „Hausfrau". Oft schreibt man aber
nicht zusammen, was man in der deutschen Sprache

zusammenschreibt. Es ist eine Frage der Orthographie.

Wie schreiben Sie die folgenden Komposita in der englischen Sprache?

Der Sommersanfang, der Sommermonat, die Sommerzeit, die Sommerschule, das Sommersemester, der Sommersport, der Sommerregen, die Sommerhitze, der Sommertag, die Sommernacht, der Sommernachtstraum.

Der Wintersanfang, der Wintermonat, die Winterzeit, das Wintersemester, der Wintersport, die Winterkälte, der Wintergarten.

Der Sonnenschein, der Abendsonnenschein, das Sonnenlicht, die Sonnenseite, die Sonnenblume, das Sonnenbad, der Sonnengott, die Morgensonne, die Mittagssonne.

Die Mondnacht, der Halbmond, der Mondschein, die Mondscheinsonate.

Das Kinderbett, das Kinderfräulein, der Kindergarten, die Kindergärtnerin, die Kinderjahre, das Kinderspiel, die Kinderreime, der Kinderwagen, der Kinderzahn.

Der Liebesblick, der Liebesbrief, das Liebesglück, der Liebesfrühling, die Liebesgeschichte, der Liebesgott, die Liebesgöttin, liebeskrank.

die Wortstellung *word order (position)* / die Schwierigkeit *difficulty*

Neben dem Flexionssystem bietet die deutsche Wortstellung einige Schwierigkeiten. Man muß wissen, daß das Verb als eins von zwanzig bis dreißig oder vielleicht noch mehr langen oder kurzen Wörtern ganz am Ende eines monumentalen deutschen Satzes steht.

geistreich *witty*

Die geistreiche Französin, Madame de Staël, schrieb in ihrem Deutschlandbuch—„De l'Allemagne"—vom Jahre 1810—über die Stellung des Verbs im deutschen Satz. In einer französischen Unterhaltung kann ein Mensch einen anderen unterbrechen, so viel er will. Eine französische Unterhaltung ist lebhaft und geistreich, denn man kann

die Unterhaltung *conversation* / unterbrechen *interrupt* / lebhaft *lively*

unterbrechen, so oft man Lust hat, etwas zu sagen.   Lust haben *feel like*
In der deutschen Unterhaltung kann man das nicht,
da man nicht weiß, wie das Verb heißt, bis der
Sprecher zum Ende des Satzes kommt. Die deutsche
5 Unterhaltung wird dadurch nicht so lebhaft aber viel
tiefer als die französische, schrieb Frau von Staël.

ENGLISCH UND DEUTSCH   31

II

Der deutsche Sprachraum: Kulturhistorischer Überblick

Rex bohemie   Palatin°rem   Dux saxonie.   Marchio brand.

4

GERMANEN UND DEUTSCHE

selber *itself* / wird genannt
is called

heilig *holy* / römisch *Roman*
das Reich *empire*

der Einwohner *inhabitant*

das Meer *sea*

aus dem Grunde *for that*
reason / die *those*

nah *near*

Der deutsche Teil des germanischen Sprachraums
ist geographisch das Zentrum Europas. Deutschland
selber wird „das Land der Mitte" genannt. Die
Menschen, die im deutschen Sprachraum leben und
Deutsch sprechen, sind in der politischen Bedeutung 5
des Wortes nicht alle Deutsche.

Vor Jahrhunderten gab es das Heilige Römische
Reich Deutscher Nation; hier lebten die Menschen
des deutschen Sprachraums. Heute leben sie in
verschiedenen Staaten. Nur die 61 bis 62 Millionen 10
Einwohner der Bundesrepublik Deutschland und die
17 bis 18 Millionen Einwohner der Deutschen
Demokratischen Republik nennen sich Deutsche.
Die anderen heißen Luxemburger, Österreicher oder
Schweizer. 15

Das Land, das bis 1945 Deutschland oder das
Deutsche Reich hieß, hat wenige natürliche Grenzen.
Im Süden liegen die Alpen, im Norden ist das Meer;
im Osten und im Westen sind die Grenzen offen.
Aus dem Grunde sind die Grenzen von heute nicht 20
die von gestern.

Die Kultur des deutschen Sprachraums ist ein
Teil der europäischen Kultur und nicht sehr alt im
Vergleich mit den Kulturen Ägyptens, des Nahen
Ostens, des Orients und auch der altamerikanischen 25
Kultur der Mayas. Als die Griechen und Römer eine

34

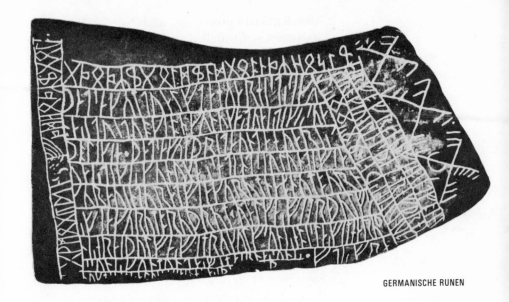

hohe geistige Kultur hatten, waren die Lebensformen
der Völker Mittel-, West- und Nordeuropas primitiv.
Zur Zeit der griechisch-lateinischen Epoche des
Abendlandes lebten die Germanen noch im Zwielicht
5 der Geschichte.

    Erst in den späteren Jahrhunderten entstand die
deutsch-germanische Kultur. Als die Germanen in der
Geschichte erschienen, gab es noch keine Italiener,
Franzosen, Spanier und Engländer. Diese Völker
10 sind erst durch die Vermischung mit den wandernden
Germanen entstanden. Die Germanen, die dort
blieben, wo sie waren, bildeten keine politische
Einheit. Sie gehörten zu vielen Stämmen und lebten
in kleinen Gruppen. Ein Deutschland entstand erst
15 viel später.

    Alle Völker Europas gehören zur Kultur des
Abendlandes, sind kulturell miteinander verwandt
und haben vieles gemeinsam. Das alte, historische

das Abendland *Western
World, Occident*

entstehen *arise, come into
being*

erscheinen *appear*

die Vermischung *inter-
mingling*

der Stamm *tribe*

gemeinsam *in common*

Abendland ist Europa, aber auch Nord-, Mittel- und Südamerika, Australien und Teile Afrikas gehören zur abendländischen Kultur.

abendländisch *Western*

Ohne die Griechen und Römer und ohne die christliche Religion ist die deutsche Kultur nicht 5 denkbar. Die germanischen Elemente spielen eine relativ kleine Rolle. In der Sprache findet man noch Reste von ihnen. Die Namen einiger Wochentage stammen zum Beispiel von den Namen germanischer Götter ab. Dienstag ist der Tag des Himmelsgottes 10 Tius; er ist der Kriegsgott der Germanen. Donnerstag ist der Tag Donars, Thors; er ist der Gott des Donners.—Im Donner zeigte Gott seine Macht!— Freitag ist der Tag Frijas; sie ist die Göttin des Heims, der Liebe und der Ehe. In der englischen 15 Sprache gibt es sogar noch *Wednesday*, den Tag Wodans. In der polytheistischen Religion der Germanen war Wodan der Gott der Götter; er war der Herr von Walhall.

der Rest *vestige, rest*
abstammen *come from*
der Himmel *heaven*
der Krieg *war*

die Macht *power, might*

die Ehe *marriage*
sogar *even*

Walhall *Valhalla*
ursprünglich *originally*

Das Wort „Germanen" war ursprünglich der 20 Name nur eines germanischen Stammes; er war nicht bedeutender als der Stamm der Angeln, Sachsen, Franken, Langobarden[1] oder Alemannen. Auch das Wort für „deutsch" in der französischen, portugiesischen und spanischen Sprache kommt von dem 25 Namen nur eines germanischen Stammes, der „Alemannen".

bedeutend *significant*
die Franken *Franks* / die Alemannen *Alemannic tribes*

Woher kommt das Wort „deutsch", und was ist seine ursprüngliche Bedeutung? Es stammt nicht von einem Personennamen ab wie, zum Beispiel, 30 „Amerika", das von Vespuccis Vornamen Amerigo abstammt. Als Vorname lebt das Wort im Englischen, *Emory*, und im Deutschen „Emmerich", weiter. Das Adjektiv „deutsch" stammt auch nicht vom Namen eines Landes ab, wie bei den Engländern, Franzosen, 35 Italienern und Spaniern. Die Form des jüngsten

der Personenname *proper name* / der Vorname *first name*

weiter *on*

[1] Lombardy, the most populous region of Italy, derives its name from the Langobards who settled there.

europäischen Völkernamens war im neunten Jahrhundert „diutisk"; es stammt von „diot" = „Volk"
ab. Die deutsche Sprache ist also eigentlich die
Sprache des Volkes und Deutschland das Land des
5 Volkes.

    Viel später als England, Frankreich und Spanien
nahm Deutschland politische Gestalt an. Sie veränderte sich immer wieder. Ursprünglich gehörten die
Schweiz, die Niederlande und Teile Belgiens zum
10 Deutschen Reich. Während die Schriftsprache in der
Schweiz Hochdeutsch ist, wurde der germanische
Dialekt der Holländer zur Nationalsprache der
Niederlande. Niederländisch ist eine der zwei offiziellen Sprachen Belgiens. Politisch sind die drei
15 Länder schon lange selbständig.

    Österreich spielte im Heiligen Römischen Reich
Deutscher Nation eine zentrale Rolle, denn Wien
war Jahrhunderte lang die Hauptstadt. Die Muttersprache aller Österreicher ist Deutsch; die österreichische Literatur ist ein wesentlicher Teil der
20 Kultur des deutschen Sprachraums.

    Wenn man von deutscher Geschichte spricht,
so spricht man von einem Land mit wechselnden
Grenzen. Wenn man von deutscher Sprache und
25 Literatur spricht, so handelt es sich um deutschsprachige Kultur. Sie ist mehr als das, was man
jeweils Heiliges Römisches Reich, Deutsches Reich,
Deutschland, Bundesrepublik Deutschland oder
Deutsche Demokratische Republik nennt.

30   Die politische Geschichte der Deutschen beginnt
mit Karl dem Großen. Er wurde 742 geboren,
heiratete vier Frauen—zwei Alemanninnen, eine
Langobardin und eine Fränkin—und hatte elf Kinder
von ihnen. Am 25. Dezember 800 krönte ihn Papst
35 Leo III. in Rom zum Kaiser. Er starb, fast zweiundsiebzig Jahre alt, im Jahr 814 in der Stadt
Aachen. Für sein Aachen hatte er sich die Bausteine
aus alten römischen Bauten in den Städten Trier, Köln
und Aachen selbst geholt. Dort ist sein Grab.

---

eigentlich *actually*

annehmen *assume* / die
Gestalt *form, shape*
immer wieder *again and again*
Schrift- *written*

selbständig *independent*

Wien *Vienna* / ... lang
for ... / die Hauptstadt
capital
wesentlich *essential*

wechseln *change*

sich handeln um *be a question of*

jeweils *at a given time*

heiraten *marry*

krönen *crown* / der Papst
pope

der Baustein *building stone*
die Bauten *buildings*
holen *get, go to get* / das
Grab *grave*

KARL DER GROSSE

entsprechen *correspond to*
das Mitglied *member*

Große Teile der Bundesrepublik Deutschland von heute, Frankreichs, Italiens, Belgiens, Luxemburgs und der Schweiz gehörten zu seinem Reich. Sein Reich entspricht etwa dem Gebiet der ersten Mitgliederstaaten des Gemeinsamen Marktes Europas. 5 Die Franzosen und auch die Deutschen nennen ihn ihren Kaiser. Die französische Form des Namens,

Charlemagne, sowie die italienische und spanische, Carlo magno, kommen von dem lateinischen Namen Carolus Magnus. Seine Muttersprache war ein althochdeutscher Dialekt. Er lernte aber Latein, 5 denn er liebte es als Sprache einer höheren Kultur und der christlichen Religion.

Karl der Große war kein nationaler Kaiser. In seinem Universalreich diente er christlichen, nicht politischen Idealen. In Spanien nannte man ihn 10 „König der Könige des Ostens". Nachdem er im Jahr 800 Kaiser geworden war, nannte man Karl *rex, pater Europae,* „König, Vater Europas", was später zum „Vater des Abendlandes" wurde. Wenn man im zwanzigsten Jahrhundert Pläne für ein vereinigtes 15 Europa entwickelt, denkt man an das Reich Karls des Großen. Seit 1950 verleiht die Stadt Aachen „guten Europäern" die der Idee eines vereinigten Europas gedient haben, den „Karlspreis".

Das Heilige Römische Reich Deutscher Nation 20 entstand im zehnten Jahrhundert. Die erste Blütezeit deutscher Kultur fällt in die Epoche vom elften bis zum dreizehnten Jahrhundert. Das dämonisch-tragische *Nibelungenlied* wurde um 1 200 von einem nicht genannten österreichischen Dichter geschrie-25 ben. Siebenhundert Jahre später erzählte der amerikanische Präsident Theodore Roosevelt einem Deutschen, er liebe die deutsche Sprache und habe das „Meisterwerk Kriemhilds Rache, den zweiten Teil des *Nibelungenliedes,* immer wieder gelesen."

30 Die Geschichte von Siegfried, Kriemhild und Brunhilde gehört zum Lesestoff der Schulen im deutschen Sprachraum. Durch Richard Wagners Opern ist sie in Europa und Amerika bekannt geworden. Der Stoff zweier weiterer Opern Richard 35 Wagners stammt aus Dichtungen der Zeit um 1 200: Wolfram von Eschenbachs Werk christlicher Humanität *Parzifal,* die Sage vom heiligen Gral, und Gottfried von Straßburgs *Tristan und Isolde,* die Geschichte einer absoluten und idealen Liebe, die in 40 den Tod führt.

sowie *as well as*

dienen *serve*

der König *king*

vereinigt *united*
entwickeln *develop*
verleihen *confer on*

die Blütezeit *Golden Age*

das Lied *song*
der Dichter *poet*
erzählen *tell*

das Meisterwerk *masterpiece* / die Rache *revenge*

der Lesestoff *reading matter*

die Oper *opera*

die Dichtung *literary work*

die Humanität *liberal culture* / die Sage *legend*
der Gral *grail*

führen *lead*

Unter den lyrischen Dichtern der Zeit ist Walther von der Vogelweide einer der größten. Schon Gottfried von Straßburg nannte ihn so. Walther beschrieb einmal sich selbst, als er über das Leben philosophierte. Der Originaltext ist Mittelhochdeutsch.

beschreiben describe

⁵

Ich saz uf einem Steine	Ich saß auf einem Steine
und dahte bein mit beine;	Und deckte Bein mit Beine,
dar uf satz' ich den ellenbogen;	Darauf setzt ich den Ellenbogen,
ich hete in mine hant gesmogen	Ich hatte in meine Hand geschmogen
daz kinne und ein min wange:	das Kinn und eine Wange:
do dahte ich mir vil ange	So dachte ich mir recht lange,
wes man zer welte solte leben.	Wie man zur Welt sollte leben.

decken cross

schmiegen cradle

die Wange cheek

recht very

zur in the

Man sieht ihn sitzen, mit dem Ellenbogen auf dem Knie und dem Kopf auf der Hand. Wie soll man weltliches Streben mit christlichen Idealen im menschlichen Leben vereinigen! In seinen Werken, wie in den Werken Wolframs, finden wir ritterlich-christliche Ideale. So auch in der Skulptur! Ein Beispiel dafür ist „Der Bamberger Reiter", von dessen Gesicht man den Blick nicht wenden mag.

der Kopf head

das Streben striving

vereinigen combine

ritterlich knightly

das Gesicht face / wenden turn (away)

¹⁰

40

Die Kultur der Zeit war eine ritterliche Kultur und hatte weltlichen sowie christlichen Charakter. Wenn man von der Blütezeit deutscher Kultur schreibt, muß man bedenken, daß die Ritter nur ein kleiner Teil des Volkes waren. Und das Volk hatte mit der Blütezeit wenig zu tun. Viele Ritter konnten weder lesen noch schreiben. Als Kinder lernten sie reiten, fechten, schwimmen und die ritterlichen Lebensformen. Von vierzehn bis einundzwanzig lernten sie tanzen, singen und jagen. In ihren vielen Burgen war wenig Komfort. Gegen Krankheiten wie Pocken, Lepra, Syphilis und die Pest waren sie hilflos. Während der Kreuzzüge entstanden im Heiligen Land die Ritterorden, „Der Deutsche Orden" schon im Jahr 1190. Die Deutschritter trugen einen weißen Mantel mit einem schwarzen Kreuz. Nach dem Ende der Kreuzzüge im dreizehnten Jahrhundert stellte der

(line numbers: 5, 10, 15)

Glossary (right margin):
bedenken *consider* / der Ritter *knight*

weder ... noch *neither ... nor* / fechten *fence*

jagen *hunt*

die Burg *castle*

die Pocken (pl.) *smallpox*

die Lepra *leprosy* / die Pest *plague* / der Kreuzzug *Crusade* / der Ritterorden *Knights' Order*

Deutsch *Teutonic* / der Mantel *coat, cloak*

WALTHER VON DER VOGELWEIDE

HOLBEINS TOTENTANZ

Papst dem Deutschen Orden eine neue Aufgabe im Osten Europas: Missionsarbeit, die Christianisierung der Slawen. Durch den Deutschen Orden kamen Deutsche weit nach Osten; es entstanden die Städte Danzig und Königsberg, Jahrhunderte später, am 5 Ende des zweiten Weltkrieges, kam ein Teil des Gebietes unter die Administration Polens und ein anderer Teil unter die Administration Rußlands. Man sprach von „Administration", da es keinen Friedensvertrag gab. Seit Dezember 1970 gibt es aber 10 einen Vertrag zwischen der Bundesrepublik Deutschland und der Volksrepublik Polen. Im ersten Artikel steht, daß die Oder-Neiße[1]-Linie „die westliche Staatsgrenze der Volksrepublik Polen bildet". Die Polen nennen Danzig Gdansk, die Russen nennen 15 Königsberg Kaliningrad.

Um die Zeit, als die beiden oben genannten Städte entstanden, wurde Rudolf von Habsburg deutscher Kaiser und Wien die Hauptstadt des

[1] The Oder and the Neiße are rivers.

IM WANDEL DER JAHRE

Heiligen Römischen Reiches Deutscher Nation.
Jahrhunderte lang war Wien die Hauptstadt des
Reiches und das Kulturzentrum des deutschen
Sprachraumes. Im Jahre 1452 wurde Friedrich III.
5 von Habsburg als letzter deutscher Kaiser in Rom
gekrönt, aber die Habsburger blieben bis 1918 als
Kaiser weiter in Wien. In den letzten sechzig Jahren
waren sie Kaiser von Österreich-Ungarn. Das Oberhaupt der Familie ist heute Otto von Habsburg, der
10 1912 geboren wurde.

 Im vierzehnten und fünfzehnten Jahrhundert gab
es immer wieder Naturkatastrophen; es war eine
Zeit der Pest und des Schwarzen Todes. In den drei
Jahren von 1347 bis 1350 starb etwa ein Viertel der
15 europäischen Bevölkerung. Da weitere Epidemien
folgten, war man wie gebannt von der Gewalt des
Todes über den Menschen. Es zeigt sich in Kunst
und Literatur. Die späteren Holzschnitte Hans
Holbeins sind bekannte Beispiele für den „Toten-
20 tanz" in der Kunst.

das Oberhaupt *head*

wie gebannt *as though*
bewitched / die Gewalt
power / die Kunst *art*
der Holzschnitt *woodcut*

die Mystik *mysticism*
blühen *flower, flourish*

binden *bind, tie*

wichtig *important*
die Kirche *church*

die Kleider *clothes*

der Ort *place*

der Handwerker *workman*
die Bürger *middle class
people, citizens*

die Fakultät *school,
faculty* / Jura *law*

die Siedlung *settlement*

das Zentrum *center*

flourished

Die Mystik blühte zu dieser Zeit. Kein Wunder
vielleicht! Der größte deutsche Mystiker ist Meister
Eckhart. Moderne Philosophen und Theologen sowie
Menschen, die religiös interessiert aber an kein
Dogma gebunden sind, lesen Meister Eckhart gern ⁵
Ohne Dogma gibt es keine Religion; ohne Dogma
gibt es aber Religiosität. Was hat Meister Eckhart zu
sagen? Was wir sind, schrieb er, ist wichtiger als das,
was wir tun. Soll man zum Beispiel in die Kirche
gehen? Es ist besser, in der Kirche zu sein als auf der ¹⁰
Straße, meinte er, aber man kann auch religiös sein,
ohne in die Kirche zu gehen. Wenn man ein schönes
Haus und gute Kleider hat, soll man sie weggeben? *to give away*
Nein, antwortete er, aber man soll nicht nach
weltlichen Gütern streben und an ihnen hängen. Und ¹⁵
was war ihm Gott? ,,Gott ist in allen Dingen und an
allen Orten", schrieb der Mystiker und Dominikaner
Meister Eckhart.

Dominikaner hatten schon im dreizehnten Jahrhundert Schulen. Neben den kirchlichen Schulen ²⁰
entstanden im vierzehnten Jahrhundert auch Stadt-
schulen und deutsche Elementarschulen. Handwerker
und Bürger begannen lesen und schreiben zu lernen.

Die ersten Universitäten des Deutschen Reiches
entstanden zur selben Zeit: Prag 1348, Heidelberg ²⁵
1386, Köln 1388 und Erfurt 1392. Prag ist heute eine
tschechische Universität; Wien ist in Österreich und
nun die älteste deutschsprachige Universität; Heidelberg und Köln sind in der Bundesrepublik Deutschland und Erfurt in der Deutschen Demokratischen ³⁰
Republik. Es begann mit dem Studium der Theologie,
denn die Universitäten waren Töchter der Kirche.
Die Fakultäten für Medizin, Philosophie und Jura *law*
kamen später. Die Sprache der Universitäten war
aber Latein in ganz Europa. ³⁵

Universitäten und Schulen entstehen nicht auf
dem Lande, sondern in Städten. Die Periode der
städtischen Kultur hatte begonnen. Aus den Sied-
lungen und Dörfern, die bei den Burgen lagen,
wurden Städte. Im Zentrum lag der Marktplatz, hier ⁴⁰

44

standen die wichtigsten öffentlichen Gebäude. Die
Bürger der frühesten Städte schufen das Fundament
der modernen Kultur, obwohl die städtischen Lebensformen in Frankfurt oder Hamburg des vierzehnten
5 Jahrhunderts nicht mit denen von heute zu vergleichen
sind.

Das ganze Stadtgebiet war fünf bis zwanzig
Quadratmeilen groß, aber der eigentliche, ein-
gemauerte Teil der Stadt war sehr klein. Er hatte
10 die Form eines Kreises. Die Straßen waren eng,
winkelig und selten gepflastert. In der Altstadt von
Wien oder Bonn, Koblenz oder Köln und vielen
anderen Städten mehr sieht man noch heute die
Jahrhunderte alten engen, winkeligen Straßen; es
15 sind keine Straßen für die Autos unserer Zeit.

Bei dem Schmutz und dem Unrat auf den Straßen
mußte man oft Stelzschuhe tragen. Die nichtindu-
strielle Verschmutzung der Umwelt hatte wohl mit
den Epidemien der Zeit viel zu tun. Die Menschen
20 waren hilflos. Trotz des schwarzen Todes wuchsen
aber die Städte. Im fünfzehnten Jahrhundert hatte
Köln über 30 000 Einwohner, Nürnberg, Straßburg
und Ulm etwa 20 000, Frankfurt, Augsburg, Zürich
und Basel etwas unter 20 000. Im sechzehnten Jahr-
25 hundert wurden sie mächtige wirtschaftliche Zentren.
Das Wachsen der Städte war aber nicht die bedeutendste Entwicklung des sechzehnten Jahrhunderts.

öffentlich *public* / das
Gebäude *building*
schaffen *create*

Quadrat- *square* / ein-
gemauert *walled in*

der Kreis *circle* / eng
narrow / winkelig
twisting

der Unrat *filth and garbage*
die Stelze *stilt*
die Verschmutzung *pollution*
die Umwelt *environment*
wachsen *grow*

wirtschaftlich *economic*

die Entwicklung *develop-
ment*

45

5

DAS REICH UND DER
NATIONALISMUS

Für Deutschland und für die Kultur des Abendlandes begann im Oktober des Jahres 1517 eine neue
Epoche. Der Mönch Martin Luther war vierund-
dreißig Jahre alt und seit 1512 Professor der
Theologie an der Universität Wittenberg. Seine heute 5
bekannten fünfundneunzig Thesen waren eine scharfe
Kritik, die zu einer inneren Reform der Kirche
führen sollte. Sie liefen aber „in vierzehn Tagen
durch ganz Deutschland", schrieb Luther später. Es
wurde eine Bewegung von internationaler Dimension 10
und führte zur Entstehung des Protestantismus, zur
Spaltung der Christenheit und des deutschen Sprachraumes.

Als Protestant spielt Martin Luther eine be-
deutende Rolle in der Geschichte des Abendlandes. 15
Durch die Übersetzung der Bibel ins Deutsche spielt
er in der Geschichte der deutschen Sprache und
Literatur auch eine große Rolle. Wenn man heute
den Satz liest: „Am Anfang schuf Gott Himmel und
Erde", so liest man Luther-Worte. Mit dem Neuen 20
Testament machte er 1521 den Anfang. Schon im
September 1522 erschien *Das Neue Testament
Deutsch*, die sogenannte September-Bibel, mit Holz-
schnitten von Lucas Cranach. In den folgenden
Jahren erschien auch das Alte Testament. Luther 25

die Kritik *critique*

die Bewegung *movement*

die Spaltung *division* / die
Christenheit *Christianity*

sogenannt *so-called*

MARTIN LUTHER

übersetzte aus dem Urtext, das Neue Testament aus
der griechischen, das Alte Testament aus der
hebräischen Sprache. „Ich habe oft vierzehn Tage,   hebräisch *Hebrew*
drei, vier Wochen ein einziges Wort gesucht", sagt   einzig *single*
5 Luther. „Die Sprachen sind die Scheiden, darin das   die Scheide *sheath*
Messer des Geistes steckt."   das Messer *knife*

    Das Arbeiten mit der Sprache der Bibel, den
Worten und dem Stil, hat ihn jahrelang beschäftigt.   der Stil *style* / beschäftigen
Seine Übersetzung ist einfach, klar und sinnreich; sie   *occupy* / einfach *simple*
10 ist jedem Deutschen, dem Arbeiter und dem Intellek-   sinnreich *ingenious*
tuellen, verständlich. Sie ist das erste große Dokument
der sogenannten neuhochdeutschen Schriftsprache
und wurde die Grundlage für das Schriftdeutsch von   die Grundlage *foundation*

heute. Sie war nicht die erste Übersetzung der Bibel ins Deutsche. Eine der populärsten, die Schönsperger Bibel, war im Jahre 1487 erschienen. Es folgen als Beispiel die ersten drei Verse des dreizehnten Kapitels der Korinther-Briefe.

5

SCHÖNSPERGER-BIBEL

1. Ob ich rede in der zunge der engel unnd der menschen—Aber hab ich der liebe nicht ich byn gemachett als ein glogkspeyß lauttend—oder als ein schell klingend—2. Und ob ich hab die weissagung und erkenne alle heymlichkeyt—und alle kunst—und ob ich habe allen gelauben—also das ich übertrage die berge—hab ich aber die liebe nit ich byn nichtz.—
3. Unnd ob ich außteyle alles mein gut in die speyse der armen—und ob ich antwurtet meine leybe also daß ich brinne—hab ich aber der liebe nit—es ist mir nichtz nücz.

LUTHER-BIBEL

1. Wenn ich mit Menschen- und mit Engelzungen redet, und hette die Liebe nicht, so were ich ein donend Erz, oder ein klingende Schelle. 2. Und wenn ich weissagen kundt, und wuste alle Geheimnis und alle Erkenntnis, und hette allen Glauben, also daß ich Berge versetzete, und hette der Liebe nicht, so were ich nichts.
3. Und wenn ich alle mein Habe den Armen gebe und ließ meinen Leib brennen, und hette der Liebe nicht, so were mir's nichts nutze.

KING JAMES BIBLE

1. Though I speak with the tongues of men and of angels, and have not charity, I am become as sounding brass, or a tinkling cymbal.
2. And though I have the gift of prophecy, and understand all mysteries, and all knowledge; and though I have all faith, so that I could remove mountains, and have not charity, I am nothing.
3. And though I bestow all my goods to feed the poor, and though I give my body to be burned, and have not charity, it profiteth me nothing.

48

Es gibt einen zweiten Menschen, der in Wittenberg gelebt hatte, dort starb, und dessen Name in der Welt bekannt wurde: Johann Faust.

Der Zauberer und Wahrsager lebte zur Zeit Luthers, reiste von Ort zu Ort in Deutschland, trieb 5 Zauberei und hatte das Talent, von sich reden zu machen. Gegen Ende des Jahrhunderts glaubte ganz Europa an einen Teufelspakt. In der Epoche des Glaubens an Teufel und den Antichrist, Hexen und Dämonen wuchs die Legende. Faust habe aus 10 Wissensdurst und aus Hunger nach Macht und Geld auf vierundzwanzig Jahre den Pakt mit dem Teufel gemacht.

Im Jahre 1587 erschien in Frankfurt die *Historia von D. Johann Fausten.* In dem grausigen letzten 15 Kapitel endet die Geschichte mit einem Triumph der Hölle. Faust war am Abend des letzten Tages des vierundzwanzigsten Jahres mit Freunden, einigen Studenten, in einem Wirtshaus bei Wittenberg zusammen. ,,Laßt euch mein schreckliches Ende ein 20 warnendes Beispiel sein. Habt Gott vor Augen! Fallt nicht von Ihm ab!" erklärt Faust den Studenten. Sie gehen zu Bett, aber können nicht schlafen. Kurz nach Mitternacht bricht ein Sturm los, Faust beginnt um

der Zauberer *magician* / der Wahrsager *fortune-teller*

von sich reden machen *cause a great stir*

der Teufel *devil*
die Hexe *witch*

grausig *gruesome*

das Wirthaus *inn*
schrecklich *horrible*
abfallen *turn away*

losbrechen *break out*

Hilfe zu schreien, aber nur mit halber Stimme. Bald
hört man ihn nicht mehr. Als es Tag wurde, gingen
sie in Fausts Zimmer, fanden ihn aber nicht. Der
ganze Raum war mit Blut bespritzt. Seine Augen und
5 einige Zähne lagen auf dem Boden. Der Körper lag
draußen auf einem Misthaufen.

Die Liste der Dichter, die seit 1587 über Faust
schrieben, liest sich wie ein „Wer ist Wer in der
Literatur". Der bedeutendste Faust, der von Goethe,
10 sollte erst einige Jahrhunderte später, in der Periode
der zweiten Blütezeit deutscher Kultur, geschrieben
werden.

Während Luthers Leben wurden viele Deutsche
zu Protestanten, aber in der zweiten Hälfte des
15 sechzehnten Jahrhunderts verlor der Protestantismus
einige Gebiete. Der Norden des Reiches war hauptsächlich protestantisch geworden, der Süden und das
Rheinland waren hauptsächlich katholisch geblieben.
Im Reich Karls V. von Habsburg (1519–1556) wurde
20 der letzte Versuch—bis heute—gemacht, eine politische und religiöse Einheit des Abendlandes zu
schaffen. Das entstehende Staatensystem europäischer Nationen und die vielen deutschen Territorial-
fürsten verhinderten es.

25 Das Heilige Römische Reich Deutscher Nation
existierte nur noch dem Namen nach. Die Macht lag
aber bei den einzelnen territorialen Staaten, nicht bei
Kaiser und Reich. Es entstanden zwei Lager: die
protestantische Union und die katholische Liga.

30 Während England, Frankreich und Spanien
Großmächte wurden, führten religiöse und politische
Konflikte zum Dreißigjährigen Krieg, 1618–1648, auf
deutschem Boden. Da die deutschen Territorial-
fürsten am Ende des Krieges volle Souveränität
35 bekamen, war das Reich nun nichts als ein loser
Staatenbund von über dreihundert einzelnen Staaten.
Die mächtigsten waren Österreich, Bayern, Hanno-
ver, Sachsen und Brandenburg, das später Preußen
wurde. Politisch wurde Preußen im achtzehnten Jahr-
40 hundert der führende deutsche Staat.

mit halber Stimme *in an
undertone*

bespritzt *splashed*
der Boden *ground, floor*
draußen *outside* / der Mist
manure

verlieren *lose*

hauptsächlich *mainly*

der Versuch *attempt*

der Fürst *prince*
verhindern *prevent*

dem Namen nach *in name*

das Lager *camp*

der Boden *soil*

nichts als *nothing but*
der Staatenbund *federation
(of states)*

Preußen! Wenn man das Wort ausspricht, kommen die Reflexbewegungen: Militarismus, Stechschritt. Der sogenannte Soldatenkönig, Friedrich Wilhelm I. von Hohenzollern (1713–1740), schuf das preußische Heer. Er schuf aber auch das preußische 5 Beamtentum, das bis in die jüngste Zeit als unbestechlich galt.

König und Kaiser des achtzehnten Jahrhunderts hatten gern Luxus um sich. Der frugale Soldatenkönig trank nicht Champagner, sondern Bier, er aß nicht 10 Kaviar und Rebhühner, sondern Schweinefleisch und Sauerkraut. Er führte kaum Kriege, denn Kriege kosten Geld, aber das preußische Heer wurde das beste Europas. Man erzählt eine charakteristische Anekdote. Als Friedrich Wilhelm I. auf dem 15 Sterbebett lag und der Pastor aus der Luther-Bibel las: „Ich bin nacket von meiner Mutter Leib kommen, nacket werde ich wieder dahinfahren", rief er: „Nein, nein, ich werde meine Uniform anhaben.

Friedrich Wilhelm war ein einfacher Mann, ein 20 gläubiger Christ, der sich für das Militär, aber nicht für Bücher und Musik interessierte. Sein Sohn Friedrich war ein skeptischer Rationalist, dem das

BACH

FRIEDRICH DER GROSSE

Militär langweilig war und der viel las, schrieb und die Flöte spielte. Dieser Sohn, den die Geschichte Friedrich den Großen nennt, war eine seltsame Mischung von Realismus und Idealismus. Als er 1740
5 nach dem Tod des Vaters König von Preußen wurde, machte er von der Armee, dem „Instrument der Politik", doch Gebrauch. Seine Erfolge gegen die Russen und Franzosen und seine Erfolge in der Administration Preußens waren so groß, daß die
10 Deutschen zum ersten Mal in ihrer Geschichte ein stolzes Nationalgefühl hatten. Engländer, Franzosen und Spanier kannten es schon lange.

Das große Zeitalter der deutschen Musik hatte begonnen mit Johann Sebastian Bach, der 1747 an
15 dem Hofe Friedrichs des Großen für den König und seine Gäste spielte. Über fünfzig Mitglieder der Familie Bach haben in der Musikgeschichte und im Musikleben Deutschlands eine Rolle gespielt. Der bedeutendste ist Johann Sebastian. Seine Barock-
20 musik, ein Kind der Reformation, wurzelt in tiefem christlichen Glauben. Seine bedeutendsten Werke entstanden in Leipzig, wo er von 1723 bis an sein Lebensende 1750 Kantor an der Thomaskirche war. In der DDR führt der Thomanerchor in Leipzigs
25 siebenhundertfünfzig Jahre alten Thomaskirche die Musiktradition Bachs fort.

Der zweite große Komponist der Zeit ist Georg Friedrich Händel. Man nannte Händel (1685–1759) und Bach (1685–1750) die Doppelsonne im Reich des
30 Geistes. Händels Werk, vor allem sein *Messias*, wurzelt auch in Religiosität. Händel war aber Weltmann. Während Bach wenig reiste und sein Leben in der Heimat verbrachte, reiste der weltliche Oratorium- und Opern-Komponist sehr viel und
35 verbrachte einen großen Teil seines Lebens als Hofkomponist in England.

Die Baukunst war im Zeitalter des Barocks ein Kind der kirchlichen Gegenreformation und des weltlichen Absolutismus. Der Stil ist prunkvoll. Die
40 dekorativen Linien sind nicht gerade, die Architekten

langweilig *boring*
die Flöte *flute*

die Mischung *mixture*

der Erfolg *success*

stolz *proud*

der Hof *court*

wurzeln *be rooted*

fortführen *carry on*

der Komponist *composer*

Doppel- *dual*
vor allem *above all*

reisen *travel*
verbringen *spend*

die Baukunst *architecture*

prunkvoll *showy, ostentatious* / gerade *straight*

HÄNDEL

der Stuck *stucco* / die
Malerei *painting*

gründen *found*

die Wissenschaft *science*

der Begründer *originator*

-rechnung *calculus*

die Mode *(the) fashion*

sich anpassen *adapt (oneself)*

das Glück *happiness*

spielen mit Licht und Schatten. Barocke Kirchen und weltliche Barockbauten findet man vor allem in den katholischen Gebieten des deutschen Sprachraums. Ein wunderbares Beispiel barocker Kirchen mit ihrer Stuckdekoration und Freskomalerei ist die Kirche 5 der Brüder Asam in München. Die Stuckdekoration des Neuen Rathauses in Bamberg ist ein Beispiel weltlichen Barockstils.

Auf dem Gebiet der Philosophie ist Gottfried Wilhelm Leibniz, ein universeller Geist, der erste 10 große deutsche Philosoph moderner Zeit. Er war Deutscher, Europäer und Weltbürger. Leibniz gründete die Akademie der Wissenschaften in Berlin, war selber Wissenschaftler und Begründer der Differential- und Integralrechnung. Seine optimistische Philo- 15 sophie, die des Rationalismus, ist heute nicht Mode: „Wir finden im Universum Dinge, die uns nicht gefallen, aber wir wissen auch, daß es nicht für uns allein geschaffen ist. Und doch ist es für uns geschaffen, wenn wir nur weise sind: es wird sich 20 uns anpassen, wenn wir uns ihm anpassen, und wir werden unser Glück darin finden, wenn wir glücklich

IM WANDEL DER JAHRE

sein wollen." In dieser „besten aller möglichen Welten" wollte er eine Universalsprache schaffen. Gegen Ende seines Lebens schrieb er über Rußland als Brücke zu China. Aus dem Zusammenwachsen von Europa und Asien würde in der Zukunft eine Weltkultur entstehen, meinte Leibniz.

Auf dem Gebiet der Literatur denkt man vor allem an den Kritiker, Dramatiker und Reformator des Theaters Gotthold Ephraim Lessing. Sein *Nathan der Weise* ist das große Drama religiöser Toleranz in der Weltliteratur. Die Atmosphäre ist orientalisch; es beginnt wie ein Märchen aus Tausendundeiner Nacht. In Jerusalem stoßen am Ende des zwölften Jahrhunderts die christliche, mohammedanische und die jüdische Religion aufeinander. Was will Lessing? In der Form sind die drei Religionen anders, aber im Wert sind sie gleich. Man vergleiche die Gedanken in dem amerikanischen Dokument von 1776, in dem steht, daß alle Menschen gleich geschaffen sind. Alle Menschen sind im Wert gleich. Das ist die Bedeutung des Satzes, denn keine zwei Menschen sind physisch und geistig gleich.

Das moderne deutsche Drama und das deutsche Theaterleben beginnt eigentlich mit Lessing. Im deutschen Sprachraum spielt das Theater im Leben der Menschen eine viel größere Rolle als, zum Beispiel, in Amerika. In der Bundesrepublik gibt es

möglich *possible*

die Brücke *bridge*
die Zukunft *future*

der Dramatiker *dramatist*
der Reformator *reformer*

das Märchen *fairy tale*
aufeinanderstoßen *collide*

jüdisch *Jewish*

der Wert *value* / gleich
 equal / der Gedanke *idea*

physisch *physically*

LEIBNIZ

LESSING · **55**

FREIHERR VOM STEIN

etwa dreihundert Theater. Städte mit einer Bevölkerung über 100 000 haben meist ihr eigenes
Theater, das die Menschen zehn Monate des Jahres
täglich besuchen können.

Kurz nach dem Tode Lessings kam die Fran- 5
zösische Revolution; einige Jahre später begannen die
Napoleonischen Kriege. Das Heilige Römische Reich,
das schon lange eine Fiktion war, lebte bis 1806
weiter. Nach 1806 gab es auch die Fiktion nicht
mehr, sondern nur einzelne deutsche Staaten.　10

Die Epoche war eine Zeit des wachsenden
Nationalismus und des Stolzes auf die Nation. In
der Neuen wie in der Alten Welt mußte der Lokalpatriotismus dem Nationalismus Platz machen. Schon
im Jahr 1775 hatte Patrick Henry im Parlament von 15
Virginia gesagt: „Natürlich bin ich aus Virginia, aber
ich bin vor allem Amerikaner." Kurz vor Ende des
Jahrhunderts sagte George Washington: „Da wir
nun eine Nation sind, muß der Name Amerika mehr
patriotischen Stolz erwecken, als der Name einzelner 20
Staaten oder Gebiete."

meist *usually* / eigen *own*

besuchen *attend, go to*

einzeln *individual*

der Stolz *pride*

Platz machen *give way to*

erwecken *awaken*

56

Auch in Deutschland, das noch kein Nationalstaat war wie England, Frankreich und Spanien,
wuchs der Nationalismus. Auch hier machte der
Lokalpatriotismus dem Nationalismus Platz. Der
5 führende Staatsmann Preußens, Freiherr vom Stein,   der Freiherr *baron*
schrieb: „Ich habe nur ein Vaterland; das heißt
Deutschland." Dichter schrieben patriotische Gedichte, die in der zweiten Hälfte des zwanzigsten
Jahrhunderts unmöglich wären.

10 Die deutschen Staaten, England und Rußland
machten dem Regime Napoleons 1814–1815 ein   ein Ende machen *put an*
Ende. Auf dem Kongreß, der von November 1814   *end to*
bis Juni 1815 in Wien stattfand, hofften die Deutschen   stattfinden *take place*
auf die Geburt einer neuen geeinigten Nation. Es   geeinigt *unified*
15 entstand kein geeinigtes Deutschland. Der Kampf   der Kampf um *struggle for*
um die Einheit wurde bis zum Deutsch-Französischen
Krieg 1870–1871 die zentrale deutsche Frage.

Es gab in dieser Epoche keine große und starke   stark *strong*
deutsche Armee. Kulturell war es aber die be-
20 deutendste Epoche in der Geschichte des deutschen
Sprachraums. Es blühten Musik, Philosophie, Literatur und Kunst.

6

DIE KULTUR UND
DIE POLITIK

GOETHE

Die Blütezeit deutscher Kultur kam später als die der Engländer, Franzosen und Spanier, bei denen politische Macht und kulturelle Blütezeit zusammenfielen. Die Epoche Shakespeares war auch die Epoche des „glücklichen alten England" und der „jungfräulichen Königin Elisabeth". In der Geschichte der französischen Zivilisation findet man dasselbe Zusammenfallen von Macht und Kultur wie in der englischen: das Zeitalter der großen Dichter und Philosophen war das Zeitalter Ludwigs des Vierzehnten. Die spanische Kultur blühte, als das mächtige Spanien einen großen Teil der Neuen Welt kolonisierte. Im deutschen Sprachraum war es anders. Ein Deutschland gab es nicht. Die einzelnen Staaten waren politisch machtlos, aber Symphonien und Lieder, Romane und Novellen, Märchen und Gedichte, Kritiken und Gegenkritiken entstanden in diversen und glänzenden Formen.

„Johann Wolfgang von Goethe", schrieb Ralph Waldo Emerson, war „das letzte Universalgenie des neunzehnten Jahrhunderts." Sein *Faust*, die bedeutendste Dichtung in deutscher Sprache, ist eins der größten Werke der Weltliteratur. Goethes Faust ist kein Sünder wie der des sechzehnten Jahrhunderts, sondern der suchende moderne Mensch, der in dieser Welt alles erleben will; nie ist er zufrieden, aber tätig noch in den letzten Stunden seines langen Lebens. In Goethes Dramen und Romanen und vor allem in seiner Lyrik wurde die deutsche Sprache zu einer der schönsten der Welt.

Goethes Freund Friedrich Schiller ist einer der bedeutendsten Dramatiker deutscher Sprache. Humanität und Freiheit sind die Hauptthemen seiner Werke. Durch alle Werke Schillers, sagte Goethe von ihm, „geht die Idee von Freiheit ... In seiner Jugend war es die physische ... in seinem späteren Leben die ideelle". In seinem Gedicht „Deutsche Größe" spricht er von der Epoche, seiner eigenen, in der Engländer und Franzosen die Erde unter sich aufteilen und ihren Fuß auf den Nacken der

---

zusammenfallen *coincide*

glücklich *merry* / jungfräulich *virgin*

Ludwig *Louis*

der Roman *novel* / die Novelle *short story*

glänzend *brilliant*

das Genie *genius*

der Sünder *sinner*

erleben *experience*

zufrieden *satisfied* / tätig *active*

die Freiheit *freedom*

Haupt- *main*

ideell *ideal, of ideas* / die Größe *greatness*

aufteilen *divide up*

SCHILLER

Value, worth

Deutschen setzen. Die Deutschen haben andere Werte, kulturelle Werte, meinte er; ihre Mission ist es, am „Bau der Menschenbildung zu arbeiten, zu bewahren, was die Zeit bringt". In der Geschichte des neunzehnten und zwanzigsten Jahrhunderts 5 wurde es anders.

Beethoven, Goethe und, zum Teil, Schiller waren die idealen schöpferischen Menschen für die romantischen Komponisten und Dichter. Die Romantik, vom Ende des achtzehnten bis weit ins neunzehnte 10 Jahrhundert hinein, war eine übernationale Bewegung. *movement* In Deutschland war die Wirkung der Romantik aber breiter und tiefer als in anderen Ländern. Romantik gab es nicht nur in der Literatur, sondern auch in der Philosophie und Religion, in der Kunst 15 und Musik, im politischen und wissenschaftlichen Denken.

Für die vielseitige Romantik ist keine einseitige Definition möglich. Romantiker sind antimaterialistisch; der Geist und das Geistige sind von höherer 20 Bedeutung als die Materie. Sie sind antirationalistisch; in der Welt und im Menschen ist viel Emotionales und Irrationales, was man durch

-bildung *cultural development* / bewahren *preserve*

schöpferisch *creative*

die Romantik *romanticism*

über- *supra, more than*

die Wirkung *influence, effect*

die Materie *matters, material*

60

abstraktes Denken und durch die Vernunft nicht
erkennen kann. Sie sind für die Freiheit des Menschen,
vor allem für die souveräne Freiheit des schöpferischen Menschen. Sie sind für natürlich freie und
5 gegen steif konventionelle Lebensformen.

Unter den früheren und späteren Romantikern
gab es Unterschiede. Manche frühe Romantiker
verherrlichten die universale Harmonie des mittelalterlichen Europa, als es „ein christliches Land war,
10 wo eine Christenheit diesen Weltteil bewohnte".

Das Interesse am Mittelalter nahm verschiedene
Formen an. Die mittelalterliche deutsche Kunst und
Dichtung, die Werke Dürers,[1] der Minnesang und
„Das Nibelungenlied", wurden wieder entdeckt.
15 Volkslieder und Tanzlieder, Sagen und Märchen
wurden als Ausdruck des „Volksgeistes" gesungen
und gelesen. Weltberühmt wurden die Brüder Grimm,
deren Märchen (1812–1814) immer wieder gedruckt
und übersetzt wurden. Auch die Dichtung anderer
20 Völker wurde entdeckt und ins Deutsche übertragen:
vor allem die Werke Shakespeares, Dantes, Cervantes'
und Calderóns.

Die Poesie—sie kann Wortmusik werden—war
für die Romantiker eine höhere Form der Kunst als
25 die Architektur. Die Baukunst der Gotik hatte ihnen
noch etwas zu sagen; für die dekorative Architektur
des Barock interessierten sie sich gar nicht. Sie träum-
ten von dem Verschmelzen verschiedener literarischer
Formen und auch von dem Verschmelzen der
30 Dichtung mit anderen Künsten. Es blieb ein Traum,
bis zur Zeit Richard Wagners in der zweiten Hälfte
des neunzehnten Jahrhunderts.

Die Musik galt als die höchste Form der Kunst.
An der Musik konnte man sich berauschen. Noch
35 vor der eigentlichen Romantik war die deutsche
Musik, von Bach bis Mozart, ein bedeutender Teil
der Kultur des Abendlandes geworden. Joseph

die Vernunft *reason*

erkennen *perceive, understand*

steif *stiff, rigid*

der Unterschied *difference*

verherrlichen *glorify*
mittelalterlich *medieval*

bewohnen *inhabit*

entdecken *discover*

berühmt *famous*

drucken *print*

übertragen *translate
(poetically)*

verschmelzen *fuse*

sich berauschen *become
intoxicated*

---

[1] Albrecht Dürer (1471–1528) was born in Nürnberg and is
considered to be the greatest of all German painters.

Haydn war epochemachend in der Entwicklung der Symphonie und des Quartetts. Wolfgang Amadeus Mozart lernte schon mit drei Jahren das Klavierspielen. Mit fünf komponierte das Wunderkind kleine Musikstücke und schrieb bis zu seinem Tode, als er nur fünfunddreißig Jahre alt war, über sechshundert Werke: Serenaden und Symphonien, Kammermusik und Kirchenmusik, Streichquartette und Konzerte. Staunend standen die deutschen Romantiker vor den Eruptionen dieses größten musikalischen Vesuvs. In dem Zauberreich seiner „Zauberflöte" mit der „Königin der Nacht", den guten Geistern und der Liebe beginnt die Tradition der deutschen Oper.

Dachte der Dichter E.T.A. Hoffmann, Autor der „Erzählungen", an Mozart, als er schrieb: „Wo die Sprache aufhört, fängt die Musik an." Beethoven, der dritte der drei Wiener Klassiker, meinte: „Es gibt Momente, wo ich finde, daß die Sprache noch gar nichts ist."

Ludwig van Beethoven gilt bei vielen Menschen als der größte, berühmteste aller Deutschen. Im Rahmen der deutschen Kultur spielt er die Rolle, die Shakespeare in der englischen Kultur spielt. Die Wirkung des vielgespielten Beethoven ist aber breiter als die Wirkung des englischen Dichters. Er gehörte schon zur Romantik, wenn man überhaupt sagen

das Klavier *piano*

Kammer- *chamber*
Streich- *string*
staunend *amazed*

Zauber- *magic*

die Erzählung *tale*
aufhören *stop*

der Rahmen *framework*

überhaupt *at all*

Weisheit und Wahrheit

Heinrich Heine

kann, daß er zu einer Bewegung gehörte. Romantisch
ist es, wenn er meinte, daß „Musik höhere Offenbarung ist als alle Weisheit und Philosophie". Der
vielseitige Komponist las Homer, Shakespeare, Cer-
5 vantes, Goethe und Schiller, hebräische Mysterien
und die Weisheit der Inder. Sein religiöses Denken
war undogmatisch und subjektiv: „Ich bin, was da
ist. Ich bin alles, was war und sein wird." Sein
politisches Denken war liberal und humanistisch.
10 Beethoven liebte Goethe, aber geistig stand er dem
liberaleren, idealistischeren Schiller wohl näher. Es
zeigt sich in dem Einfluß Schillers und seiner „Ode
an die Freude" auf die Neunte Symphonie: „Alle
Menschen werden Brüder". Es ist die Europahymne
15 von heute.

Manche Nichtdeutsche meinen, die Musik ist die
eigentliche Kunst der Deutschen. Zum Teil kennt
man Goethe, Schiller und die Dichter der Romantik
durch ihre Komponisten Schubert, Schumann und
20 Mendelssohn. Das Kunstlied, das Kind der Ehe von
Musik und Lyrik, ist ein Gegenstück zum Volkslied,
das die Romantik wieder entdeckt hatte. Franz
Schubert, der mit einunddreißig Jahren starb, vertonte
über siebzig Goethe- und vierzig Schiller-Gedichte.
25 Er sagte einmal von Mozart, er habe in die Nacht

die Offenbarung *revelation*

die Weisheit *wisdom*

der Inder *Indian (of India)*

näher stehen *be closer to*

die Freude *joy*

werden *let . . . become*

die Ehe *marriage*

das Gegenstück *counterpart*

vertonen *set to music*

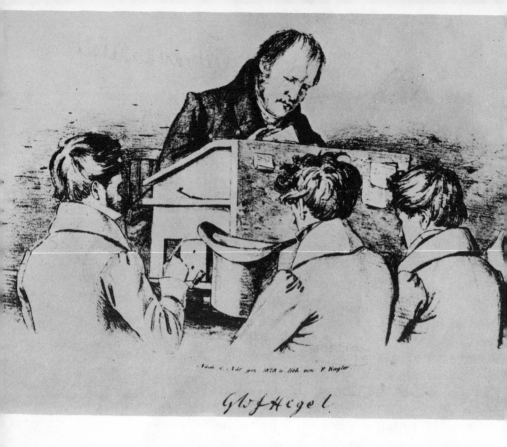

GWF Hegel.

gelten von *apply to*

die Sorge *sorrow* / sich verwandeln *be transformed*

ebenso *just as*

der Raum *space*

binden *tie, restrict*

erfahren *find out, learn*

des Lebens die Hoffnung gebracht. Das gilt von Schubert selbst, der einmal schrieb: „Wollte ich von der Sorge singen, verwandelte es sich mir in Liebe." Kurz vor seinem Tod erschien Heinrich Heines „Buch der Lieder"; sechs dieser Lieder sind in Schuberts 5 „Schwanengesang". Heines Gedichte wurden später dreitausendmal vertont, ein Gedicht, „Du bist wie eine Blume", hundertsechzigmal.

Die deutsche Philosophie der Zeit war ebenso bedeutend wie die deutsche Musik. Für Immanuel 10 Kant war das große philosophische Problem: was kann der Mensch wissen und was kann der Mensch nicht wissen? Das menschliche Denken ist an die Kategorien des Raumes, der Zeit und der Kausalität gebunden, schrieb Kant. Sie gehören zur Struktur 15 des menschlichen Geistes; ohne sie kann der Mensch nichts erfahren.

Bei dem Namen des Philosophen Georg Wilhelm
Hegel denken wir vor allem an seine Philosophie der
Geschichte. Die Marxisten machen bis heute von der
Terminologie Gebrauch: Thesis, Antithesis und
5 Synthesis. Karl Marx schrieb von materieller Pro-
duktion, wo Hegel von Weltgeist schrieb, und schuf
den dialektischen Materialismus. Wie viele Menschen
haben *Das Kapital* gelesen? Wie viele kennen *Das
Kommunistische Manifest*, das mit dem Satz beginnt:
10 ,,Ein Gespenst geht um in Europa"? Das ,,Gespenst"
der Revolution und des Kommunismus ist Wirklichkeit geworden. Die Hälfte der Welt ist marxistisch,
obwohl die meisten Bewohner der marxistischen
Hälfte den Marxismus nicht verstehen. Vor Jahren
15 schrieb Wladimir Iljitsch Lenin: ,,Man kann *Das
Kapital* von Karl Marx nicht verstehen, wenn man
nicht die ganze Logik von Hegel durchstudiert und
verstanden hat. Daher hat nach einem halben Jahrhundert keiner von den Marxisten Marx verstan-
20 den."

Der Anti-Hegelianer Arthur Schopenhauer ist
ein weiterer bekannter Philosoph dieser Epoche.
,,Das Leben ist eine unangenehme Sache", meinte er;
das Elend des menschlichen Lebens zeige, daß diese
25 Welt keineswegs die beste aller möglichen Welten
sei. Das Leben der meisten Menschen sei bedeutungslos; Generationen und Generationen von
Menschen führen Millionen von Leben ,,mit unbe-
deutenden Variationen". ,,Wenn ein Gott diese Welt
30 gemacht hat, so möchte ich nicht der Gott sein; ihr
Jammer würde mir das Herz zerreißen." Da Schopenhauer das aktive Leben, das Leben des Willens,
verwarf, die Kunst und das kontemplative Leben
aber besang, war sein Einfluß auf Dichter und
35 Denker sehr groß.

Deutsche Philosophie, Musik und Dichtung,
besonders die Lyrik, die Novelle und das Drama,
blühten weiter im neunzehnten Jahrhundert. Die
deutsche Kultur galt als die führende Kultur des
40 Abendlandes.

der Weltgeist *world spirit*

das Gespenst *ghost* / um-
gehen in *haunt* / die Wirklichkeit *reality*

daher *for that reason*

unangenehm *unpleasant*
das Elend *misery*

bedeutungslos *insignificant*

der Jammer *misery* / zerreißen *tear to pieces*
verwerfen *reject*
besingen *sing about, praise*

Nun kann man eine Zivilisation nicht nach ihrer Blütezeit charakterisieren. Jede Zivilisation ändert sich von Epoche zu Epoche. Was hat sich die Welt in der Mitte des zwanzigsten Jahrhunderts unter „Deutschland" vorgestellt? Man dachte vor allem an 5 Soldaten, Uniformen, Militarismus. Was hat sich die Welt aber in der ersten Hälfte des neunzehnten Jahrhunderts unter „Deutschland" vorgestellt?

Einige Jahrzehnte bevor deutsche Musik, Philosophie und Literatur weltberühmt wurden, 10 erklärte der Verfasser von *Gullivers Reisen*, Jonathan Swift, daß die Deutschen die dümmsten aller Völker seien. Französische Kritiker meinten, die Deutschen könnten überhaupt keine Dichter, Komponisten oder Philosophen werden. Wie wandelte sich dann das 15 Bild!

Im neunzehnten Jahrhundert schrieb der Engländer Bulwer-Lytton, die Deutschen seien d a s Kulturvolk; er nannte sie „das Volk der Dichter und Denker". Schon Madame de Staël hatte in diesem 20 Sinn über die Deutschen geschrieben. Victor Hugo meinte: „Deutschland ist das Indien des Abendlandes." Der französische Philosoph und Kritiker Hippolyte Taine schrieb: „Alle modernen Ideen entstanden in Deutschland zwischen 1770 und 1830." 25 Der amerikanische Historiker John Lothrop Motley, der an den Universitäten Berlin und Göttingen studiert hatte, ging noch weiter: „Von der Zeit an, als die Germanen ihren Freiheitskampf gegen das Römische Reich begannen, bis zum heutigen Tag ist 30 Deutschland die Hauptquelle der europäischen und amerikanischen Kultur." Ein zweiter amerikanischer Historiker, George Bancroft, der in Heidelberg, Berlin und Göttingen studiert hatte, schrieb, man merke den Einfluß der deutschen Literatur auf den geistigen 35 Charakter Europas und Amerikas an jeder Straßenecke. Henry Wadsworth Longfellow meinte, die deutsche Sprache sei für einen jungen Dichter wichtiger als jede andere. An deutsche Soldaten dachte man nicht. Es gab ja fast gar keine. 40

sich ändern *change*

sich vorstellen unter *imagine to be*

erklären *declare* / der Verfasser *author*

sich wandeln *change*

der Sinn *sense, meaning*

der Freiheitskampf *struggle for freedom*

die Hauptquelle *main source*

merken *notice*

die Ecke *corner*

gar keine *none at all*

66

Strenge Kritik an Deutschland sollte erst im folgenden Jahrhundert kommen. Sie ging oft zu weit, ebenso wie das Lob in der ersten Hälfte des neunzehnten Jahrhunderts zu weit gegangen war. Wie
5 man früher die deutsche Wirklichkeit vor lauter Symphonien und Dichtungen nicht sah, so sah man im zwanzigsten Jahrhundert oft den deutschen Wald vor lauter Nazibäumen nicht.

Im Lauf des neunzehnten und zwanzigsten Jahr-
10 hunderts blühte, neben Philosophie, Musik und Literatur, auch die Wissenschaft. Die große Zeit der Naturwissenschaften begann schon am Anfang des neunzehnten Jahrhunderts. Man betrachtete die Chemie noch nicht als eine wirkliche Wissenschaft,
15 als Justus Liebig im Jahr 1826 sein Laboratorium eröffnete. Dort schufen er und eine Generation von Chemikern die Grundlage der experimentellen Chemie. Von der Zeit Liebigs auf dem Gebiet der Chemie und Georg Ohms auf dem Gebiet der Physik
20 bis zu Röntgen, Max Ehrlich, Robert Koch und Albert Einstein kamen Studenten aus allen Kontinenten der Erde, um unter den deutschen Wissenschaftlern zu studieren. In den ersten vierzehn Jahren, in denen der Nobelpreis verliehen wurde, erhielten
25 vierzehn deutsche Wissenschaftler den Nobelpreis.

streng *severe*

das Lob *praise*

lauter *all the*

der Baum *tree*

die Naturwissenschaft *physical science* | betrachten *regard* | die Chemie *chemistry*

eröffnen *open*

der Wissenschaftler *scientist*

verleihen *grant* | erhalten *receive*

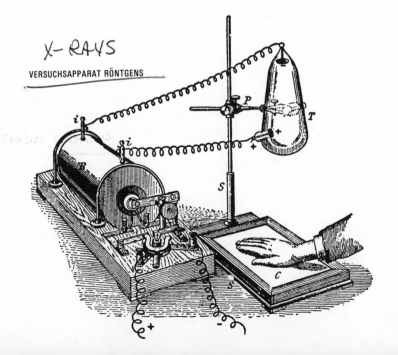

X- RAYS

VERSUCHSAPPARAT RÖNTGENS

67

MITGLIEDER DES PARLAMENTS IN FRANKFURT

die Einigung *unification*

der Zollverein *Customs
Union* / der Vorläufer
forerunner

damals *at that time*

Auf dem Gebiet der Politik war die große
europäische Frage die Demokratie; sie führte zu den
Revolutionen von 1830 und 1848. Die großen deut-
schen Fragen waren Demokratie und die Einigung
Deutschlands. Im Jahr 1834 gründeten deutsche ⁵
Staaten den sogenannten Zollverein. Er war ein
Vorläufer der Benelux-Union (Belgien, Holland, die
Niederlande und Luxemburg) von 1947 und des
Gemeinsamen Marktes von heute. Wie manche heute
glauben, daß der Gemeinsame Markt zu einem ¹⁰
geeinigten Europa führen wird, so glaubten damals

68

viele, daß der Zollverein zu einem geeinigten Deutsch-
land führen würde. Liberale Deutsche hofften auf eine
Revolution, die zu einem demokratisch geeinigten
Deutschland führen sollte. Im Jahr 1848 brach die
5 Revolution aus; das erste deutsche Parlament kam
in der Paulskirche Frankfurts zusammen. Die ersten
Worte des ersten Redners waren: „Wir wollen die
Einheit des Reiches wieder schaffen."
    Eine schwere Frage war: Einheit mit oder ohne
10 Österreich? Der Dichter Ludwig Uhland meinte, ein
Reich ohne Österreich sei undenkbar; er sprach von

ausbrechen *break out*

der Redner *speaker*

wieder schaffen *re-establish*

undenkbar *inconceivable*

die Kraft *vigor*
die Stimme *voice* / Tirol
Tyrol

erreichen *achieve* / bescheiden *modest*

der Kanzler *chancellor*

die Führung *leadership*
der Zweck *purpose* / das
Ziel *goal*

außerhalb *outside (of)*
der Gründer *founder*

die Pflicht *duty*
sorgen *look after*
-versicherung *insurance*

der „Kraft des Geistes" in Österreich und wollte im deutschen Parlament die „Stimmen von den Tiroler Bergen" hören. Andere meinten, die Habsburger hätten in Mitteleuropa zu viele Probleme, die mit Deutschland nichts zu tun haben. 5

In Frankfurt sprach ein Redner nach dem andern über deutsche Einheit und über Demokratie, aber was hat man erreicht? Eine sehr bescheidene Demokratisierung der einzelnen Staaten, aber keine Einheit, weder mit noch ohne Österreich. „Deutsch- 10 land ist Hamlet", sagte der demokratisch-liberale Dichter Freiligrath.

In den nächsten Jahrzehnten wurde Preußen wieder so mächtig, wie es unter Friedrich dem Großen gewesen war. Der Kanzler Preußens hieß 15 Otto von Bismarck. Die Einheit Deutschlands, unter Preußens Führung, war seines Lebens Zweck und Ziel. Der Kaiser von Frankreich, Napoleon III., machte es ihm leicht. 1867 sagte Bismarck: „Wir werden Krieg bekommen, und der Kaiser der 20 Franzosen wird ihn selbst anfangen." Durch den Deutsch-Französischen Krieg 1870–71 kam endlich die deutsche Einigung. Der preußische König wurde deutscher Kaiser. Österreich, das Zentrum des ersten Reiches, blieb außerhalb des zweiten. Bismarck, der 25 Gründer des neuen Reiches, wurde der erste Kanzler.

1870 bis 1890 ist das Zeitalter Bismarcks. Deutschland war auf dem Wege, einer der führenden Industriestaaten zu werden. Die Städte wuchsen und 30 mit den Städten die sozialen Probleme der Zeit. Der Staat habe im Interesse des Staates die Pflicht, für seine Bürger zu sorgen, meinte Bismarck. Die Sozialversicherung der Jahre von 1883 bis 1889 machte Deutschland zum ersten Sozialstaat Europas. 35 England folgte dem Beispiel Deutschlands 1908, Frankreich 1910 und Amerika 1937.

Bismark war kein Militarist, obgleich manche ihn so betrachten. Nach dem Krieg mit Frankreich hatte er erreicht, was er erreichen wollte. „Deutsch- 40 land ist eine europäische Macht", schrieb er, „es ist keine Weltmacht und soll keine sein."

Im Lauf des Deutsch-Französischen Krieges meinte zwar der französische Dichter Rimbaud: 5 „Bismarck ist idiotischer als Napoleon I.", aber es zeigte sich, daß Bismarck keine imperialistische Rolle spielen wollte. Biographen nannten ihn später einen „Löwen", einen „Fuchs" oder einen „Meister der Balance", aber nicht einen Eroberer. 10 Die Deutschen selber, zum ersten Mal in der modernen Geschichte Bürger eines geeinigten Landes, waren berauscht von ihrer Macht. Der Philosoph Friedrich Nietzsche haßte den deutschen Nationalismus. Er verglich die Goethe-Schiller-Zeit mit der 15 Epoche nach 1870–71 und schrieb von der Exstirpation des deutschen Geistes zugunsten des deutschen Reiches. „Sie waren einst ‚das Volk der Denker' ", meinte Nietzsche; „die Deutschen von heute denken überhaupt nicht mehr,— sie haben Besseres zu tun, 20 als zu denken. Die ‚große Politik' verschlingt allen Ernst für wirklich große Dinge." Der französische Historiker und Philosoph Hippolyte Taine reiste zu dieser Zeit durch das Reich und warnte deutsche Freunde, der Deutsche verliere die Weite des 25 kosmopolitischen Geistes und die Toleranz, die er zu Goethes Zeiten besaß. „Bismarck machte Deutschland groß und die Deutschen klein", meinte der englische Staatsmann William Gladstone.

Während das Reich unter Bismarck eine relativ 30 bescheidene Politik trieb, wollte Kaiser Wilhelm II. aus Deutschland eine Weltmacht machen. Manche Patrioten verlangten ein Großdeutschland, so wie Rudyard Kipling in England ein „Greater Britain" verlangt hatte. Wilhelm II. wurde das Instrument 35 ihrer Politik. Mit seinen Paraden und lauten Reden machte er sich viele Feinde. „Wilhelm II. wollte alle Tage Geburtstag haben", sagte Bismarck.

Der deutsche Kaiser sprach 1911 von Deutschlands Anspruch auf einen Platz an der Sonne. Der 40 Wiener Dichter Karl Kraus sollte später schreiben:

sich zeigen *be shown*
der Biograph *biographer*
der Löwe *lion* / der Fuchs
fox / der Eroberer
conqueror

berauscht von *intoxicated with*

die Exstirpation *extirpation*
zugunsten *for the benefit of*
einst *at one time*

verschlingen *devour*
der Ernst *serious concern*

die Weite *breadth*

besitzen *possess*

verlangen *desire, demand*
Großdeutschland *Greater Germany.*

die Rede *speech*
der Feind *enemy* / alle Tage *every day*

der Anspruch *claim, title*

„Der Anspruch auf einen Platz an der Sonne ist bekannt. Weniger bekannt ist, daß sie untergeht, sobald er errungen ist."

Obgleich man in Amerika schon vor dem ersten Weltkrieg vom deutschen Militarismus sprach, 5 genossen deutsche Kultur und deutsche Wissenschaft großes Ansehen. Noch im Jahr 1915 lernten 29,9 Prozent aller amerikanischen Schüler Deutsch, während nur 9,7 Prozent Französisch und 3 Prozent Spanisch lernten. Amerikaner wollten nicht nur 10 deutsche Literatur und deutsche Philosophie lesen, sondern auch die Werke deutscher Wissenschaftler.

Ohne Wilhelm Röntgen und die Röntgenstrahlen, Robert Bunsen und den Bunsenbrenner, Rudolf Diesel und den Dieselmotor kann man sich die 15 moderne Technik nicht vorstellen. Koch, der Vater der Bakteriologie, fand den Tuberkelbazillus; Ehrlich und Behring waren die Begründer der Serumtherapie. Sehr bekannt wurden die sogenannten Barbiturate Adolf von Baeyers; er nannte sie nach 20 seiner Freundin Barbara, denn das Wort läßt sich auch von den lateinischen Wörtern *barbatus* und *urina* ableiten.

Im ersten Jahrzehnt des zwanzigsten Jahrhunderts erschien Albert Einsteins Arbeit über die 25 Relativitätstheorie. Nach Einstein gibt es keinen festen Raum und keine absolute Zeit. Das Universum ist in Bewegung und hat keine „Grenzen"; die Bewegung der einzelnen Teile kann nur relativ beschrieben werden, also zum Beispiel im Verhältnis 30 eines Sterns zu einem andern. Die Zeit ist nur eine Empfindung des Menschen wie, zum Beispiel, die Farbe. Raum und Zeit sind zusammen ein vierdimensionales Kontinuum.

Auf dem Gebiet der Musik machten Richard 35 Wagners Opern aus dem *Nibelungenlied* und anderen Themen aus dem deutschen Mittelalter und der deutschen Geschichte die Runde um die Welt. Richard Wagner wollte ein Gesamtkunstwerk aus dem Geist der Musik schaffen. 40

---

untergehen *set*
erringen *reach*

genießen *enjoy*
das Ansehen *respect*
der Schüler *pupil, student*

die Röntgenstrahlen *X rays*
der Brenner *burner*

der Begründer *originator*

läßt sich ableiten *can be derived*

fest *fixed*
die Bewegung *motion*

das Verhältnis *relation*
der Stern *star*
die Empfindung *sensation*
die Farbe *color*

Gesamt- *complete, total*

Als der erste Weltkrieg 1914 begann, sprach die
Welt nicht vom Volk der Dichter und Denker,
sondern vom Volk der Soldaten und Militaristen. Im
Jahr 1914 ging eine Epoche europäischer Geschichte
5 zu Ende. Die erste Hälfte des zwanzigsten Jahrhunderts steht im Schatten der beiden Weltkriege, in
denen die Deutschen eine zentrale Rolle spielten. In
den folgenden Jahrzehnten veränderte sich die Gestalt
Deutschlands vier-, Österreichs dreimal. Der erste
10 Weltkrieg machte dem Kaiserreich Deutschland und
der Doppelmonarchie Österreich-Ungarn ein Ende.
Deutschland und Österreich wurden demokratische
Republiken. Beide hatten ein kurzes Leben.

Die deutsche Republik hatte mit schweren
15 Problemen zu kämpfen. Radikale Parteien, rechts
und links, machten es der neuen Republik sehr
schwer. Musik, Kunst, Theater, Literatur und die
Wissenschaft blühten aber im deutschen Sprachraum
weiter. Oft ging man ganz neue Wege.

20 Schon Paul Hindemith modifizierte die klassischen Formen der Musik in seinen Klavierstücken,
Liedern und Opern. Es war aber Arnold Schönberg,
der die neue atonale Zwölfton-Musik komponierte.
Die Musik Schönbergs war die Parallele zum
25 Expressionismus in der Kunst und in der Literatur.
Bei manchen Expressionisten spürt man den Einfluß
von Karl Marx, bei den meisten den Einfluß
von Sigmund Freud. Antibürgerlich sind die Expressionisten fast alle.

30 Für den Expressionismus, wie auch für die
Romantik, ist keine einfache Definition möglich.
Die Expressionisten waren gegen die Traditionen
und Konventionen in der Kunst und im Leben,
gegen die heutigen Formen der Technik und der
35 Bürokratie, gegen die heutige Form der National-
staaten. Zum Beispiel, erklärten Expressionisten,
verdammt man in der Welt des zwanzigsten Jahrhunderts den Krieg, aber man rüstet weiter zum
Krieg. Wofür waren die Expressionisten? Für welt-
40 weite Menschlichkeit und Brüderlichkeit! Als

zu Ende gehen *come to an
end*
beide *two*
die Gestalt *form, shape*

rechts *(to the) right*
links *(to the) left*

neue Wege gehen *use new
approaches* / modifi-
zieren *modify*

spüren *sense* / der Einfluß
influence
bürgerlich *middle class*

heutig *present-day*

verdammen *condemn*
rüsten zu *arm for*

IM WANDEL DER JAHRE

Ausdruck der Zeit entdeckten sie das Groteske, das
bis heute ein Element des Stils ist. Das Groteske wird
zum Protest gegen die Zeit, gegen das Denken und
die Worte der Zeit. Das Groteske dient auch
5 persönlichen Zwecken. Grotesk und absurd wird es,
wenn der Dichter Georg Heym in der „Ballade vom
gebrochenen Herzen" die Sprache selbst verändert.

Balkone viel, die vor den Fenstern ziehn,
sieh dort die Mädchen, jung und wunderschin.
Du Blaue dort, mit deinem blonden Haar,
du Rote, der ich treue Liebe schwar.
Ich warf dir eine letzte Kußhand noch,
da, Mittwoch abend, rucks, mein Herze broch.

> der Balkon *balcony*
> zie(e)n *extend* / wunder-
> schin = wunderschön
>
> schwar = schwor *swore*
>
> rucks *suddenly* / broch =
> brach

„Wohin führt das alles, was hier heute denken,
machen, experimentieren?" schrieb Claire Goll in
dem Gedicht „Zwanzigstes Jahrhundert":

O mein Jahrhundert! / An deine Himmel
trommeln die Propeller / Es kämpft der Vogel-
mensch, / Der romantische Abenteurer, mit
Gott. . . ."

> trommeln *beat, drum*
> Vogel- *bird* / der
> Abenteurer *adventurer*

Man will mit Konventionen und Traditionen
brechen. Man sucht Distanz. „Ich bin kein Mensch,
10 ich bin Niemand und Jedermann, Indifferentist. Wenn
Menschen mich verstehen wollen, müssen sie sterben,
vernichtet sein wie ich, indifferenziert. Ich bin der,
auf den der Mensch wartet, ohne daß er es deutlich
weiß", schrieb der Expressionist Mynona (Salomo
15 Friedlaender). Wenn man wissen will, wie der Name
Mynona entstand, lese man ihn von rechts nach
links. Der Expressionismus ist eine subjektive Form
der Kunst, wie die Romantik. „Mein Thema ist
die Innenwelt, mein Ich", schrieb Mynona.
20 Bei manchen Schriftstellern sind die Werke zum
Teil expressionistisch, aber nur zum Teil. Die Sprache

> die Distanz *distance,*
> *perspective*
>
> vernichtet *annihilated*
> indifferenziert *indifferent*
> deutlich *clearly*
>
> die Innenwelt *inner life*

der frühen Stücke Bertolt Brechts war noch expressionistisch, aber „Die Dreigroschenoper" ging schon über den Expressionismus hinaus. Der Stil Brechts ist überhaupt einfacher und realistischer als der Stil der meisten Expressionisten. Durch sein 5 „episches Theater", bei dem das Publikum nicht mit-leiden, sondern mit-denken soll, wurde er international berühmt. Für Brecht war die Funktion der Literatur, die Welt zu verändern.

Zwei moderne Dichter, deren Werke Welt- 10 literatur geworden sind, stammen aus Prag: Rainer Maria Rilke und Franz Kafka. In mystisch-lyrischen Versen findet Rilke die Einheit von Gut und Böse; die Freude und das Leiden, das Leben und der Tod verschmelzen in seinen Gedichten zu einer Einheit. 15 Der zweite Dichter aus Prag, Franz Kafka, ist ein großer Stilist mit expressionistischen Zügen; Hermann Hesse nannte ihn den „heimlichen König der deutschen Prosa". Seine grotesken Erzählungen und Romane sind voll schrecklicher Visionen. Und es 20 gibt keinen Ausweg! Während seines Lebens erschienen Erzählungen, darunter die bekannte „Verwandlung", in der ein Mensch eines Morgens als Ungeziefer aufwacht, „Das Urteil", in der ein Vater den Sohn zum Tode des Ertrinkens verurteilt, 25 und „In der Strafkolonie". Seine Romane erschienen erst nach seinem Tod. Hinter den grotesken Werken stehen private Tragödien, die zu Symbolen werden. Wo sind die Türen, die zum Verstehen der unheimlichen Werke Kafkas führen? 30

Zwei weitere deutsche Dichter des zwanzigsten Jahrhunderts, Nobelpreisträger, die weltberühmt wurden, sind Thomas Mann und Hermann Hesse. Man nennt sie oft zusammen. Beide schrieben in Novellen und Romanen über den Konflikt zwischen 35 Kunst und Leben, Leben und Geist, zwischen der Kunst und den materiellen Werten der bürgerlichen Welt. Die bürgerlichen Figuren Thomas Manns sind weder in der einen noch in der anderen Welt zu Hause. Man lese die Novellen „Tonio Kröger" und 40

IM WANDEL DER JAHRE

„Die Dreigroschenoper"
The Threepenny Opera
hinaus *beyond*

episch *epic*
mit-leiden *sym-pathize, suffer with*

das Leiden *suffering*

der Zug *characteristic*
heimlich *secret*

der Ausweg *way out*

„Die Verwandlung"
Metamorphosis / das
Ungeziefer *bug* / „Das
Urteil" *The Judgment*
das Ertrinken *drowning*
verurteilen *condemn* / Strafpenal

unheimlich *weird*

FRANZ KAFKA

HERMANN HESSE UND THOMAS MANN

„Tod in Venedig" und die Romane *Buddenbrooks,*
Der Zauberberg und *Doktor Faustus.* In den Werken
Hermann Hesses verbinden sich indische und
chinesische Weisheit mit Psychoanalyse und der
5 Kultur des Abendlandes. In großen Auflagen erschienen sein *Demian, Siddharta* und *Der Steppenwolf.*
Hier ist das Hauptthema der Konflikt zwischen
Geist und animalischem Instinkt. Das Paradies haben
wir verloren, meint Hesse; das neue liegt in uns.
10 Alles, woran wir glauben müssen, liegt in uns selber.
    Auf dem Gebiet der Philosophie begründeten
deutsche Denker den sogenannten Existentialismus.
Man denkt vor allem an Karl Jaspers' *Die geistige
Situation der Zeit* und an Martin Heideggers *Sein
15 und Zeit.*
    Neben Philosophie, Literatur, Theater und Musik
übte die deutsche Architektur einen mächtigen
internationalen Einfluß aus. Ein großer Teil der
Baukunst, die man heute modern nennt, geht auf die
20 Architektur des sogenannten Bauhauses von Dessau
zurück. Das Städtchen liegt südwestlich von Berlin
und nordwestlich von Leipzig. Das Bauhaus wurde
von dem Architekten Walter Gropius zusammen mit

Venedig *Venice*

sich verbinden *fuse, be fused*

die Auflage *edition*

glauben an *believe in*

ausüben *exert*

die Baukunst *architecture*

der Stahl *steel* / der Beton *cement*

die Möbel (pl.) *furniture*
die Malerei *painting*
Innen- *interior*

mitarbeiten *cooperate*
die zwanziger Jahre *twenties*

zahlen *pay*
kämpfen *struggle*

sparen *save*

sich wagen *dare (to go)*

arbeitslos *unemployed*

L. Mies van der Rohe aus Glas, Stahl und Beton erbaut. Der Stil war klar, einfach und „funktional"; die Formen waren geometrisch. Zum Bauhaus gehörten auch die Möbel aus Stahl, die abstrakte Malerei und überhaupt die funktionale Innen- 5 dekoration. Expressionistische Maler, deren Thema die Innenwelt war, wie die der expressionistischen Dichter, arbeiteten am Bauhaus mit.

Während die Kultur in den zwanziger Jahren blühte, hatte die neue deutsche Republik, die enorme 10 Reparationen zahlen mußte, mit schweren Problemen zu kämpfen. Die Probleme wurden von Zeit zu Zeit immer schwerer. Links- und Rechtsradikale versuchten, die Macht zu übernehmen. Durch Inflation verloren Millionen von Menschen alles, was sie in 15 ihrem Leben gespart hatten; für hundert Mark konnte man kein Pfund Butter kaufen. Zwischen Dutzenden von politischen Parteien fanden tägliche Straßenkämpfe statt. Familien wagten sich nachts nicht auf die Straße. Am Anfang der dreißiger Jahre 20 wurden etwa zwanzig Prozent der arbeitenden Menschen arbeitslos.

Im Jahr 1923 hatte Adolf Hitler im Gefängnis gesessen und „Mein Kampf" geschrieben. Im sechsten

Kapitel des Buches steht vieles über Propaganda:
Zweck, Aufgabe und Psychologie der Propaganda.
Sie sei nur für die Massen. Da das Denken und
Empfinden der Massen primitiv sei, müsse die
5 Propaganda kindisch einfach sein. Immer und immer
wieder müsse man in der einfachsten Form dasselbe
erklären. Hitler sagte: Die Deutschen haben keine
Schuld an Weltkrieg Nummer Eins, sie sind nicht
schlechtere, sondern bessere Menschen als andere;
10 das jüdische Volk, Kommunisten, Sozialdemokraten
und Demokraten überhaupt wollen Deutschland
zerstören. Die Deutschen wollen hingegen nur „Brot
und Arbeit", „Ruhe und Ordnung". Ein weiterer
Slogan, „Die Jugend muß von der Straße weg",
15 bedeutete: Ruhe und Ordnung in den Straßen,
Arbeit für die Jugend, Uniformen für die Jugend.

 Für die Nationalsozialisten Adolf Hitlers stimmte
nicht die Mehrheit des deutschen Volkes, auch nicht
20 in der Zeit der größten Arbeitslosigkeit und des
Chaos in den Straßen der Städte. Es gelang Hitler
aber, im Jahr 1933 die Macht zu übernehmen. Die
Deutschen hatten in kurzer Zeit Brot und Arbeit
und Ruhe und Ordnung. Sie hatten auch Uniformen,
25 Konzentrationslager und Weltkrieg Nummer Zwei.
Deutschland beging politischen Selbstmord.

 In der zweiten Hälfte des zwanzigsten Jahr-
hunderts gibt es kein Deutschland. Vier Jahre nach
Ende des Krieges entstanden die BRD (Bundes-
30 republik Deutschland) und die DDR (Deutsche
Demokratische Republik). Heute ist die Republik im
Osten nach der Sowjetunion der führende Industrie-
staat des Ostblocks; die im Westen ist einer der
führenden Industriestaaten der Welt.
35 Die ersten vierzehn Jahre der BRD waren die
Jahre Konrad Adenauers, von dem Sir Winston
Churchill sagte, er sei der größte Staatsmann seit
Bismarck. Man sprach in dieser Zeit vom deutschen
Wirtschaftswunder; aus den Ruinen war ein Land
40 des Wohlstands entstanden. Die USA hatten dem

das Empfinden *perception*

Schuld haben an *be to
blame for*

überhaupt *in general*

zerstören *destroy*

Ruhe und Ordnung *law and
order* / die Jugend *young
people* / von . . . weg *get
off the streets*

stimmen *vote*

die Mehrheit *majority*

Selbstmord begehen
commit suicide

das Wirtschaftswunder
economic miracle / der
Wohlstand *prosperity*

zerbombt *bombed to pieces*

ankündigen *announce*

-Gedächtnis-Stiftung *Memorial Foundation*

das Verhältnis *condition, relation* / fördern *promote*

dicht besiedelt *densely populated*

zerbombten Land wirtschaftlich sehr geholfen, vor allem durch den Marshallplan. Der Außenminister George Catlett Marshall hatte den Plan am 5. Juni 1947 an der Harvard-Universität angekündigt. Am 5. Juni 1972 kündigte der deutsche Kanzler, Willy 5 Brandt, die deutsche Marshall-Gedächtnis-Stiftung an. Die 150 Millionen Mark der Stiftung sollen vergleichende Studien europäisch-amerikanischer Verhältnisse fördern. Sechs Monate vor der Ankündigung der neuen Stiftung hatte der Kanzler den 10 Friedens-Nobelpreis bekommen.

Da die zwei Teile des früheren Deutschland dicht besiedelte Industriestaaten sind, haben sich beide mit Fragen der Umwelt und der Verschmutzung zu befassen. Auch wurde das Problem des starken 15 Automobilverkehrs in der BRD akut. Die USA ist

WILLY BRANDT

dreißigmal so groß wie die BRD, hat aber nur
fünfmal so viele Fahrzeuge auf den Straßen.

das Fahrzeug *vehicle*

Die Nachbarn der deutschen Staaten haben
ähnliche Probleme, mit Gradunterschieden. Ein
5 Problem haben sie aber nicht: sie leben nicht in
geteilten Staaten. Wegen der politischen Teilung der
Deutschen machen sie sich Sorgen, wenn immer die
Deutschen sich bewegen. Hingegen scheint ihnen, wie
auch der Sowjetunion, ein wiedervereinigtes Deutsch-
10 land von achtzig Millionen Menschen eine größere
Gefahr als ein geteiltes Deutschland.

der Gradunterschied
difference of degree

die Teilung *partition*

sich Sorgen machen *be
worried about*

die Gefahr *danger*

Ist Deutschland ein Schlüsselland für das politische Leben und den Frieden Europas im zwanzigsten
Jahrhundert? Das Oberhaupt des Hauses Habsburg,
15 das fast siebenhundert Jahre lang im deutschen
Sprachraum große Macht in den Händen hatte,

Schlüssel- *key*

bejahen *affirm*

dazu berufen *meant*
der Sinn *tendency, sense*

der Träger *representative*
der Gedanke *concept*

sich abwenden *turn away*
leiden an *be caused
suffering by*

die Gegenwart *present* / die
Lösung *solution* /
entscheidend *prime,
principal* / der Fortschritt
progress

die Zufriedenheit *satisfaction* / die Sendung *mission*

untreu *unfaithful*

der Schritt *step* / die
Richtung *direction*

bejahte am Anfang der siebziger Jahre diese Frage.
Man denkt an Schiller, wenn man seine Worte liest.

Otto von Habsburg schrieb: „Die Geschichte
zeigt, daß Deutschland nicht dazu berufen war, ein
Nationalstaat im Sinne des 19. Jahrhunderts zu 5
werden. Das von den Deutschen besiedelte Gebiet
hat keine natürlichen Grenzen, die Deutschen haben
immer in mehreren Staaten gelebt, sie waren die
Träger des übernationalen Reichsgedankens. Deutschlands Tragödie begann, als es sich von dieser 10
höheren Friedensaufgabe abwandte, seit dieser
Stunde litt Europa an Deutschland.

Das kommende Jahrzehnt bietet uns in diesem
Sinn eine einmalige historische Chance . . . Gelingt
es uns, Europa zu schaffen, finden die schwierigsten 15
Gegenwartsprobleme ihre Lösung und wird die Alte
Welt wieder ein entscheidender Träger des Friedens
und des Fortschrittes der Menschheit. In einem
solchen Europa wird das deutsche Volk eine Stellung
haben, die seinem Genius entspricht; es wird jene 20
innere Einheit und Zufriedenheit wiederfinden, die es
an dem Tag verlor, als es seiner wahren Sendung
untreu wurde.“

Was für ein Europa können und sollen die
Deutschen schaffen? Drei Jahre nach Ende des 25
Weltkrieges Nummer Zwei fand ein Europa-Kongreß
statt. Die Zeit für ein vereinigtes Europa der
germanischen, romanischen und slawischen Völker
sei gekommen, meinten viele. Es war aber zu
spät—oder zu früh. Die Sowjetunion und die Ost- 30
blockstaaten gingen mit der östlichen Hälfte Deutschlands einen Weg, die Staaten des Westens mit der
westlichen Hälfte Deutschlands einen anderen.

Da eine groß-europäische Einigung 1948 nicht
möglich war, begann man mit der Idee einer halb- 35
europäischen Einigung. Die Europäische Wirtschaftsgemeinschaft, der Gemeinsame Markt, ist ein
Schritt in dieser Richtung. Auch für eine klein-
europäische Einigung sind besonders junge Menschen
der BRD und Europas überhaupt. 40

82

In den Jahren nach dem zweiten Weltkrieg fand eine Völkerwanderung von Osten nach Westen statt. Unter den Millionen von Menschen war 1955 ein junger Arzt, Dr. Siegfried Neutra, mit seiner Frau
5 und einem kleinen Sohn.

    In dieser Zeit entstand in der DDR die „Nationale Volksarmee" und in der BRD die „Bundeswehr". Die Bundeswehr ist kein Staat im Staate und hat wenig von altpreußisch deutscher Tradition über-
10 nommen. Ihre Soldaten sind „Staatsbürger in Uniform". Doch wollte Dr. Neutra mit Soldaten und Uniformen überhaupt nichts zu tun haben, wie das bei vielen Deutschen heute der Fall ist. Und da er auch seinen Sohn Thomas nicht uniformiert sehen
15 wollte, blieb er in West-Berlin. West-Berliner sind nicht wehrpflichtig. Die Funktion des heutigen deutschen Soldaten ist in der Epoche nuklearer Waffen absurd geworden, meinte er. Als Thomas groß wurde, sagte er dasselbe.
20   Fünfzehn Jahre nachdem die Familie nach West-Berlin gekommen war, begann er das Studium an der Freien Universität. Nach vier Semestern Studium machte er eine Reise durch die Bundesrepublik. Thomas Neutra besuchte zehn westdeutsche Städte,
25 fuhr aber auch nach Dresden, Meißen und Leipzig in der DDR. Als Großstadtmensch interessierte er sich für städtisches Leben, Kulturgeschichte und sozialpolitische Fragen. Es folgt ein Bericht, den er über die Reise an einen Freund in West-Berlin
30 schrieb.

die Völkerwanderung *mass migration*

die Bundeswehr *Western German Army*

der Fall *case*

wehrpflichtig *liable for military service*

eine Reise machen *take a trip*

der Bericht *report*

III

Eine Reise in der BRD und der DDR

7

VON HAMBURG NACH
MÜNCHEN

Hamburg

die Hafenrundfahrt *harbor round trip*

ankommen *arrive*

besitzen *have*

Sofort- *crash*

der Umweltschutz *protection of the environment*

die Elbe = *Elbe river*

unten *below*

das Frachtschiff *freighter*

EWG = Europäische Wirtschaftsgemeinschaft

Als ich vor zwei Wochen nach Hamburg kam, machte ich eine Hafenrundfahrt. Jedes Jahr sollen etwa 20 000 Schiffe in dem größten und schnellsten Hafen Deutschlands ankommen. Der Reiseführer erklärte, daß Hamburg schon im zehnten Jahrhundert 5 einen Hafen besaß. Auf die Frage, was man gegen die Verschmutzung des Wassers mache, antwortete er: „In den siebziger Jahren begann ein Sofortprogramm für den Umweltschutz."

Einen Tag später war ich bei einem alten Freund 10 meines Vaters, der mir einen Teil des Hafens zeigte, den ich am ersten Tag nicht gesehen hatte. Wir saßen weit vom Stadtzentrum in einem Restaurant, das auf einem kleinen Berg liegt. Vom Süllberg—so heißt der Berg—hat man einen Blick weit über die Elbe bis 15 zur Nordsee. Unten lagen Schiffe: amerikanische Tanker, sowjetische und rotchinesische Frachtschiffe, deutsche Passagierschiffe und Frachter und Tanker der EWG Länder.

Hamburg ist sehr international. Es gibt nur eine 20 Stadt in der ganzen Welt, die mehr Konsulate hat als Hamburg, und das ist New York. In den Restaurants und Hotels trifft man englische Kapitäne,

HAMBURGER HAFEN

italienische Musiker, türkische Importagenten, spanische Offiziere und Touristen aus allen Kontinenten der Erde. Vom Flughafen aus, dem ältesten Europas, hat man Direktverbindungen mit den Großstädten
5 Europas, Amerikas, Asiens und Afrikas. Seit Jahren ist der Hamburger Flughafen der Heimathafen der Lufthansa.

    Unter den vielen internationalen Restaurants sind die amerikanischen Steak-Häuser etwas Neues.
10 Dort sitzen Hamburger Manager, Public Relations-Männer und auch Teenager mit ihren Blazern, sprechen über kompakte Autos und den neuesten Computer, trinken Whisky-pur, essen rosa Steaks und besuchen später heiße Jazz- und Beat-Sessions.
15 Schreibe ich Deutsch oder Englisch? Die Worte sind zum Teil Englisch, aber die Aussprache ist verdeutscht.

    In den letzten zwei Wochen habe ich viel von Hamburg gesehen. Die Geschichte der Stadt begann

vom . . . aus *from* / der
  Flughafen *airport*
-verbindung *connection*

die Heimat *home*

-pur *straight* / rosa *pink*

die Aussprache *pronunciation* / verdeutscht *germanized*

etwa siebenhundert Jahre, bevor man in Europa wußte, daß es Amerika gab. Im Jahr 1189 wurde Hamburg ein freier Stadtstaat. Das ist es auch heute. Das Staatsgebiet ist relativ klein, aber doch fünfmal so groß wie Liechtenstein, das kleinste souveräne 5 Land im deutschen Sprachraum.

mittelalterlich *medieval*

Es gibt hier keine romantischen mittelalterlichen Straßen wie in den Städten des Rheinlands. Hamburg ist eine Industriestadt und das bedeutendste Publikationszentrum der Bundesrepublik. Neben den 10

die Tageszeitung *daily* / die Auflage *circulation* / die Illustrierte *picture magazine* der Mord *murder*

Tageszeitungen mit einer Auflage von sechs Millionen erscheinen hier Illustrierte mit einer Auflage von sechsundzwanzig Millionen. Unter den Zeitungen und Zeitschriften lebt ein großer Teil von Mord- und Sex-Sensationen. Das sozial-liberale Wochenmaga- 15 zin „Der Spiegel" ist aber eine mächtige, kritische Stimme in der Bundesrepublik. Und die Wochenzei-

in der Tat *indeed*

tung „Die Zeit" ist in der Tat für den „denkenden Leser", wie sie sich selber beschreibt.

Dreimal bin ich ins Theater gegangen. In der 20 ersten Woche sah ich ein Stück von Lessing, mit dem die Geschichte des modernen deutschen Theaters begann. Auch sah ich ein modernes experimentelles Stück: es war ein Drittel Sozialkritik, ein Drittel Beat und ein Drittel Diskussion mit dem Publikum. 25 Als ich zum dritten Mal ins Theater ging, verstand ich etwa die Hälfte; es war ein plattdeutsches Stück

„Der rote Unterrock" *The Red Petticoat* / kaufen *buy*

mit dem Titel „De rode Ünnerrock".

Durch den Freund meines Vaters kaufte ich mir einen gebrauchten Wagen, der keiner alten Dame, 30 sondern seinem kranken Onkel gehört hatte. Der Wagen hat keinen Supermotor, aber er hat wenig

verbrauchen *use* / das Benzin *gasoline*

gekostet, verbraucht wenig Benzin und scheint gut zu fahren.

gewöhnlich *usual* / aufstehen *get up*

Auf den Straßen war schon viel Verkehr, da ich 35 wie gewöhnlich zu spät aufgestanden war. Sind wir Deutsche die aggressivsten Autofahrer der Welt? Vielleicht nicht, aber mir scheint es so. Auf der Autobahn Hamburg-Bremen-Ruhrgebiet war fast ebenso großer Verkehr wie in den Straßen Hamburgs. 40

Bremen

Der Stadtstaat Bremen ist das kleinste Land der BRD, aber der älteste deutsche Seehafen und die älteste deutsche Stadtrepublik. Man nannte mir das Jahr 782 als Beginn der Geschichte Bremens.

5 Zur Mittagszeit war ich am Marktplatz, dem Herzen der Stadt. Auf dem Marktplatz steht der mittelalterliche „Roland der Riese am Rathaus zu Bremen". Nachdem ich die plattdeutsche Inschrift über Roland als Symbol der Stadtfreiheit gelesen 10 hatte, wanderte ich durch den fast tausend Jahre alten St. Petri-Dom. Wie jeder Tourist ging ich durch den Bleikeller mit den Mumien von Arbeitern aus dem siebzehnten und achtzehnten Jahrhundert. Die Mumien seien durch eine radioaktive Quelle so gut 15 erhalten, war die modern modische Erklärung.

der Marktplatz *marketplace*

der Riese *giant*
die Inschrift *inscription*

der Dom *cathedral*
der Bleikeller *lead cellar*
die Mumie *mummy*
die Quelle *spring*
erhalten *preserved*
modisch *fashionable*

Auf einer Hafenrundfahrt sah ich die schwimmen-
den Museumsstücke des Museums für deutsche
Schiffart. Das Interessanteste dabei war ein 24 Meter
langes Schiff aus dem fünfzehnten Jahrhundert. Unter
den Schiffen von heute waren zwei 250 000-t-Tanker, 5
die man hier baut. Weiter draußen schwimmt seit
dreihundert Jahren die Tonne mit dem symbolischen
Schlüssel; Bremen nennt sich „Schlüssel zur Welt".

Ich nahm mir zwei Broschüren mit, ging in den
Bremer Ratskeller und dachte an die Worte Heines, 10
die ich in der Schule gelernt hatte:

Glücklich der Mann, der den Hafen erreicht hat
Und hinter sich ließ das Meer und die Stürme,
Und jetzo warm und ruhig sitzt
Im guten Ratskeller zu Bremen.

In den großen Weinfässern sind Weine, die zwei-
bis dreihundert Jahre alt sind. Die Weinkarte ist eine

die Schiffahrt *shipping*

t = Tonne *ton*
draußen *out*
die Tonne *buoy*

die Broschüre *brochure*

glücklich *lucky* / erreichen
    reach

jetzo = jetzt / ruhig *peaceful*

deutsche Weinenzyklopädie. Man kann über fünfhundert verschiedene Weine bestellen. Für eine Mark
dreißig bekommt man schon, in einer braunen
Flasche, einen Rheinwein, oder, in einer grünen
5 Flasche, einen Moselwein. Man kann auch eine
Flasche 1959er Wehlener Sonnenuhr[1] Trockenbeeren-
auslese[2] für dreihundert Mark trinken. In der einen
Brochüre, die ich mitgenommen hatte, stand über
den Ratskeller: „Wir verbinden mit diesem Namen
10 norddeutsche Gemütlichkeit und ein gutes Glas
Wein.“

   In der zweiten Broschüre las ich über aktuelle
Themen: das Kulturleben Bremens und Umweltprobleme. Die Bühnen Bremens bekommen jährlich
15 eine Subvention von etwa zehn Millionen Mark. Die
Bühnen fast aller größeren Städte der BRD bekommen eine Subvention, da die Städte sechzig bis
siebzig Prozent der Kosten tragen. Theater und Musik
spielen im täglichen Leben der Menschen in der BRD,
20 und in der DDR, eine größere Rolle als in anderen
Ländern.
   Im Hafen von Bremen hatte ich die Frage
gestellt, die ich an den Hamburger Reiseführer
gerichtet hatte. „Bei uns in Bremen gibt es ein
25 Sofortprogramm für den Umweltschutz“, sagte auch
der Mann hier. In der Broschüre zitierte man die
Frau Bürgermeister, die mit der Koordinationsstelle
ein dreiteiliges Arbeitsprogramm ausgearbeitet hatte:
1. Situationsanalyse; 2. Programm für Umweltschutz;
30 3. Sofortprogramm. Ich wünsche ihnen Glück.

die Trockenbeere *dry berry,
raisin* / die Auslese
choicest wine

die Gemütlichkeit
amiability

die Bühne *stage*
die Subvention *subsidy*

richten an *address to*

zitieren *quote*
der Bürgermeister *mayor*
-stelle *office* / dreiteilig *three
part*

---

[1] Wehlen, a place-name, consists of 210 acres of vineyards. A
cliff was cut away in the center and painted to form a huge
white sundial. Wehlen and Bernkastel are the two most
distinguished Mosel wine areas. German wines have hundreds
of picturesque and descriptive names, largely geographical in
origin.
[2] The raisined grapes used for „Trockenbeerenauslesen“ are
picked one by one, usually with the aid of a needle or tiny
scissors. These sweet wines are fantastically good, and
fantastically expensive.

Münster

über *via*

vernichten *destroy*

römisch *Roman*

der Held *hero*

Über den Teutoburger Wald fuhr ich am nächsten
Tag nach Münster. Im Jahr 9 nach Christus ver-
nichteten die alten Germanen unter Arminius ein
römisches Heer von etwa 20 000 Mann in diesem
Wald. Für meinen Großvater war Arminius „der 5
erste große Held der deutschen Geschichte, der unser
Volk zur nationalen Einheit führte". Heute lacht man
über solche Sätze, wie sie damals in den nationa-
listischen und historisch falschen Schulbüchern
standen. 10

vorwärtskommen *make
headway* / überholt *anti-
quated* / überfüllt *glutted*

bestehen aus *consist of*

der Luftkissenzug *pneu-
matic cushion train*

Auf der Autobahn Bremen-Münster kam ich bei
dem starken Verkehr sehr langsam vorwärts. „Das
Auto ist überholt", schrieb ein Hamburger Journalist.
Auf den überfüllten Autobahnen und Straßen sterben
jedes Jahr etwa so viele Menschen wie in einem der 15
Kriege des neunzehnten Jahrhunderts. Soll man noch
mehr Straßen und Parkplätze bauen, bis die ganze
Bundesrepublik aus Autostraßen und Parkplätzen
besteht? Man brauche einen Zehn- oder Fünfzehn-
jahresplan für ein modernes rationales Verkehrssy-20
stem, in dem das Auto nur einen bescheidenen
Platz hat. *In* den Städten brauche man Untergrund-
bahnen, und *zwischen* den Städten Luftkissenzüge,

92

die in ganz kurzer Zeit von Bremen nach Münster
oder von Hamburg nach München fahren.

    Als ich endlich nach Münster kam, erinnerten
mich die alten Kirchen daran, daß der Name
5 Münster von dem lateinischen Wort „monasterium"
kommt. Die bekannteste Kirche ist der Dom aus dem
zwölften und dreizehnten Jahrhundert. Berühmt ist
die Domuhr, die den Lauf der früher bekannten
Planeten des Sonnensystems zeigt: Venus, Merkur,
10 Mars, Jupiter und Saturn. In einem Kreis von zweimal
zwölf Stunden geht der Stundenzeiger links herum.
Um zwölf Uhr nachts steht er unten, um zwölf Uhr
mittags steht er oben. Innerhalb des Kreises sind eine
Weltkarte und die astronomischen Bezeichnungen.
15 Links und rechts stehen auch astrologische Bezeichnungen.

    Da ich vom Dom und der Uhr vieles gelesen
hatte, war ich lange in der Kathedrale. Ich hatte
gerade noch Zeit, Blumen zu kaufen, bevor ich zu
20 meinem Onkel und meiner Tante fuhr. Sie hatten
mich zum Essen eingeladen.

    Mein Onkel ist in Münster geboren und besuchte
hier das Paulinum, die älteste deutsche Schule, von
der man liest, daß sie im Jahr 796 eine Domschule
25 war. Später studierte er Medizin an der Universität
Münster. Seit sechs Jahren hat er eine Praxis im
Gebiet des Stadthafens. Onkel Ernst ist Arzt für die
„Allgemeine Ortskrankenkasse" und hat viele
Patienten. Privatpatienten hat er noch nicht viele,
30 aber es kommen manchmal neue zu ihm.

    Meine Tante ist Mitglied des Rates der Stadt
Münster. Es sind sieben Damen im Rat, der aus
einundfünfzig Mitgliedern besteht. Meine vitale Tante
Ilse arbeitet auch für die größte deutsche Frauen-
35 organisation, dem „Deutschen Frauenring", dessen
Sitz hier in Münster ist. Sie ist stolz darauf, daß wir
im Bundestag jetzt eine Präsidentin haben.

    Als ich ihre Wohnung im Gebiet des Stadthafens
fand, war der Tisch schon gedeckt. Auch dafür hat
40 Tante Ilse Zeit. Zum Abendessen gab es die

-zeiger *hand*

unten *below, down*

oben *above, up*

-karte *map* / die Bezeichnung *designation, name*

besuchen *attend*

Allgemeine Ortskranken-
kasse *health insurance
group*

der Rat *council*

-ring *federation*

der Bundestag *Lower House*

der Schinken *ham* | der
Teig *dough*

ähnlich *similar*

versichert *insured*

der Lohn *wages, salary*
DM = Deutsche Mark
der Beitrag *premium* | die
Arznei *medicine*

die Verordnung *pre-
scription* | von vorne
from the beginning

die Sonderbegabung
peculiar endowment | bei-
tragen *contribute* | am
Leben erhalten *keep alive*
gescheit *intelligent*

halten von *think of*

verdienen *earn, make*
indem *by*
vorsingen *sing to*
das Schauspiel *show*

sich sehen *see one another*

Spezialitäten des Landes: Pumpernickel, West-
fälischen Schinken und Wurst in Teig gebacken.
„Der Westfälische Himmel ist voller Schinken und
Würste", sagte sie.

Ein Amerikaner, der an der Universität studiert, 5
war auch zum Abendessen da. Er war als Privat-
patient zu meinem Onkel gegangen, und dieser hatte
ihn eingeladen, da er in meinem Alter ist und
ähnliche Interessen hat. Als Onkel Ernst etwas aus
seiner Praxis erzählte, wollte der Amerikaner, Bob 10
Mason, wissen, was die Arbeiter-Patienten zu zahlen
haben. In Amerika sind ja die Menschen nicht voll
versichert, wie wir es in Deutschland sind. Bob
Mason war erstaunt, als wir ihm erzählten, die
Patienten und ihre Familien haben keinen Pfennig 15
zu zahlen, wenn sie zum Arzt gehen. Er war aber
ebenso erstaunt, als er erfuhr, daß sie bis zu zehn
Prozent ihres Lohnes—Maximum neunzig DM
monatlich—als Beitrag zu zahlen haben. Eine
Erklärung folgte der anderen. Für Arzneien zahlt 20
der Patient zwanzig Prozent der Kosten, aber nie
mehr als 2,50 DM für eine Verordnung.

„Wenn ich von vorne anfangen könnte", sagte
meine Tante, „würde ich Medizin studieren. Die
Sonderbegabung der Frau ist Leben zu schaffen. Als 25
Frau möchte ich dazu beitragen, die Menschen gesund
am Leben zu erhalten."

„,Eine gescheite Frau hat Millionen geborener
Feinde: alle dummen Männer', hat eine deutsche
Dichterin geschrieben." Mein Onkel sagte nicht, was 30
er von gescheiten Frauen hält.

„Das ist anders geworden", meinte sie.

Bob Mason sagte mir, daß er gegen Ende des
Monats nach Heidelberg fährt; dort studieren
Freunde von ihm. Sie verdienen dreißig bis vierzig 35
Mark am Abend, indem sie Touristen Heidelberger
Studentenlieder vorsingen, die Heidelberger Studen-
ten schon lange nicht mehr singen. Das Schauspiel
müsse ich sehen, meinte er. Da ich zur selben Zeit
in Heidelberg bin, sehen wir uns dort wieder. 40

94

Düsseldorf

Von Münster wollte ich nach Köln durchfahren.
Da aber ein Kongreß der Düsseldorfer „Aktion für
Umweltverbesserung" stattfand, übernachtete ich
zweimal, um etwas über die „Aktion" zu erfahren.
5 In der Ausstellung war eine Dokumentation vieler
Umweltprobleme und ihrer biologischen, technolo-
gischen und sozialen Lösungsmöglichkeiten. Die
„Aktion" ist für systematische Kontrolle und für
Gesetze so wie es Verkehrsgesetze gibt.
10 Die schnelle Entwicklung der modernen Indu-
striegesellschaft hat das Gesicht Düsseldorfs, des
Zentrums der deutschen Kohle- und Stahlindustrie,
sehr verändert. Man scheint hier europäisch zu

die Umweltverbesserung
*improvement of the
environment* / die
Ausstellung *exhibition*

die Lösungsmöglichkeit
possibility of solution

das Gesetz *law*

das Gesicht *face*

der Schritt *step*

der Europarat *Council of Europe*

betreiben *pursue*

in den Sinn kommen *come to mind*

denken. Seit über zwanzig Jahren gehört die BRD zur „Vereinigung der europäischen Kohle- und Stahlindustrie". Die Vereinigung war der erste Schritt zur wirtschaftlichen und politischen Vereinigung Europas. Den Anfang internationaler 5 politischer Zusammenarbeit findet man im Europarat, der siebzehn Mitglieder hat. Sogar die Schweiz, die oft eine Art Isolationspolitik betreibt, wurde vor Jahren Mitglied des Europarates.

Während ich in Düsseldorf an europäische 10 Zusammenarbeit dachte, kam mir Heinrich Heine, der hier geboren wurde, wieder in den Sinn. Unter den Deutschen waren Goethe, Beethoven und Heine schon gute Europäer, meinte Nietzsche, der selber

KÖNIGSALLEE

ein guter Europäer war. Wie viele Deutsche des zwanzigsten Jahrhunderts, zum Beispiel Albert Einstein, Bertolt Brecht und Thomas Mann, mußte Heine aus politischen Gründen ins Exil gehen. Im
5 Düsseldorfer Heine-Museum sah ich mir die vielen Heine-Bände, Autographen, Bilder und Dokumente an. In Düsseldorf liegen 50 Prozent der bekannten Heine-Manuskripte.

aus . . . Gründen for . . .
reasons / sich ansehen
look at / der Band
volume

Da Heine ein Meister der Satire war, hatte er
10 Millionen Bewunderer, aber wenige Freunde. Als sein Onkel, der ihm geholfen hatte, schrieb: „Hätte der dumme Junge etwas gelernt, so brauchte er nicht Bücher zu schreiben", antwortete Heine: „Das Beste an ihm ist, daß er meinen Namen trägt." Als ein
15 Kritiker meinte, daß Heine mal dies und mal das Gegenteil schrieb, sagte er: „Ich brauche nicht immer meiner eigenen Meinung zu sein." Er fühlte sehr deutsch, schrieb aber beißende Satiren über die Deutschen. Er war ein Freund des jungen Karl Marx,
20 glaubte Revolutionär zu sein, war aber im Grunde mehr aristokratisch als revolutionär.

der Bewunderer *admirer*

brauchen *need*

tragen *bear, have*

das Gegenteil *opposite*

eigener Meinung *of one's own opinion* / beißend *caustic*

im Grunde *fundamentally*

In Heines musikalischen Versen und in seiner Prosa spürt man ein melancholisch-satirisches Lächeln. Die Komponisten Schubert, Schumann und
25 Mendelssohn, die seine Gedichte in Musik setzten, liebten ihn sehr.

spüren *sense*
das Lächeln *smile*

Am letzten Nachmittag in Düsseldorf nahm ich einen Heine-Band mit und setzte mich an einen Tisch auf einer Kaffeeterrasse. Es war auf der
30 eleganten Königsallee, einer der schönsten Straßen Europas. Ich saß nur fünf Minuten dort, als zwei Düsseldorfer Radschläger vor meinem Tisch erschienen. Sie waren etwa zwölf Jahre alt. Sofort sprangen sie akrobatisch auf die Hände und begannen rad-
35 zuschlagen. Nachdem sie das dreimal gemacht hatten, baten sie nach alter Düsseldorfer Tradition: „Eene Penning." Ich gab ihnen zwanzig Pfennig, wie die meisten Leute es tun.

die Kaffeeterrasse *sidewalk café* / -allee *boulevard*

radschlagen *do cartwheels*

eene Penning = einen Pfennig

Am nächsten Morgen stand ich früh auf und
40 fuhr nach Köln.

IM WANDEL DER JAHRE

Köln

Wenn man den Namen der Stadt hört, denkt
man an die über zweitausend Jahre alte europäische
Kultur. *Qui non vidit Coloniam, non vidit Germaniam.*
hieß es zur Zeit der Römer. Die alte römische
5 „Kolonie" ist im dritten Jahrtausend ihrer Geschichte
ein europäisches Wirtschafts-, Verkehrs- und Kulturzentrum geworden.

Als ich am Domplatz einen Parkplatz gefunden
hatte—es war nicht leicht—stellte ich mich vor den
10 Dom und blickte langsam zum Himmel auf. Den
Blick muß man heben, wenn man davor steht; man
kann nicht anders. Touristen aus deutschen Ländern,
aus Frankreich, England, Skandinavien und Italien
wanderten um den Dom herum, während ich den
15 Turm bestieg—alle fünfhundert Stufen. Jeden Tag
bringen Lehrer Schulklassen hierher. Etwa dreißig
Jungen und Mädchen, dreizehn oder vierzehn Jahre
alt, gingen vor mir die Stufen herauf und zwar
schneller als ich. Oben erklärte der Lehrer seinen
20 Schülern, daß manche Kölner Kirchen älter sind als
der berühmte Dom. Da er nicht teilnahmslos wie
ein Reiseführer, sondern mit menschlicher Wärme
sprach, hörte ich zu.

Der Lehrer zeigte auf die Gebäude der Universi-
25 tät und erklärte, daß Köln, nach München, die
zweitgrößte Universitätsstadt der BRD geworden ist.
Die Universität wurde vor fast sechshundert Jahren
gegründet, aber zur Zeit der Napoleonischen Kriege
im Jahr 1798 geschlossen. Erst 1919 wurde sie neu
30 gegründet; die neue Gründung war das Werk des
Oberbürgermeisters Konrad Adenauer, der 1949
Kanzler der BRD wurde. Nicht weit von der
Universität steht der modernistische Doppelbau
Schauspielhaus und Opernhaus. Im Jahr 1945 war
35 Köln ein zerstörtes Gebiet, nur 40 000 Menschen
lebten in den Ruinen; heute sind es fast eine Million.
Als er mit den Worten schloß: „Jetzt machen wir

Marginal glosses:

Qui . . . *He who hasn't seen Cologne, hasn't seen Germany*

aufblicken *look up*
heben *raise*

der Turm *tower* / besteigen *climb* / der Lehrer *teacher*

herauf *up*

teilnahmslos *indifferent*

zeigen auf *point to*

gründen *found*
schließen *close*

der Oberbürgermeister *lord mayor*

der Doppelbau *dual structure*

zerstört *devastated*

underground (handwritten annotation)

der Spaziergang *walk* / sich vorstellen *introduce oneself*	einen Spaziergang durch die Unterwelt", stellte ich mich vor und fragte, ob ich mitgehen dürfe. „Natürlich", lächelte er. —Unterwelt?

Im Schatten des Domes fuhren wir mit dem Fahrstuhl des Rathauses in die römische „Unter- 5
welt". Hier sind die Reste eines römischen Palastes, der erst 1953 beim Neubau des Rathauses entdeckt wurde. In dem zweiten Teil der „Unterwelt" war ein römischer Speisesaal, den man beim Bauen eines Luftschutzkellers im Jahr 1941 entdeckte. Der 10 Mosaikboden besteht aus über einer Million kleiner und kleinster Steinchen. Die Spaziergänge durch die „Unterwelt" würde ich jedem Besucher in Köln empfehlen. *recommend* (handwritten annotation)

Unten im Dom, zu dem ich noch einmal 15 zurückging, sah ich den Dreikönigenschrein. Hier liegen die Gebeine der Drei Könige, die der Kanzler des deutschen Reiches 1164 nach Köln brachte. Die Drei Könige sind die Stadtpatrone. Auf den kölnischen Münzen des Mittelalters, im Wappen 20 und auf der Fahne der Stadt sieht man ihre Kronen. Im großen Siegel und auf den Diplomen der Universität ist die „Anbetung der Könige" zu sehen. Unten im Dom ist das Gemälde des Malers Stephan Lochner, „Anbetung der Könige". 25

Bevor ich weiterfuhr, wanderte ich durch einige Straßen an dem Zentrum der „Deutschen Welle" vorbei mit der Inschrift: „Die Deutsche Welle sendet 90 Programme in 33 Sprachen, aktuell, interessant und objectiv. Nachrichten *news* (handwritten annotation) und Berichte aus Politik 30 und Wirtschaft. Aus der Welt der Kultur und Wissenschaft, Sport und Musik, Bild des Lebens in Deutschland."

In einem Café in der „Breiten Straße" las ich, während ich einen Kaffee trank: „Hier haben schon 35 die alten Römer Kaffee getrunken." Die Leute haben sich von der Touristen-Propaganda fortreißen lassen. Kaffee gab es erst tausend Jahre später. Von hier nach Bonn ist es nur eine kurze Fahrt. Dort bleibe ich einige Tage lang. 40

Glossary (left margin):
- der Fahrstuhl *elevator*
- der Palast *palace*
- der Speisesaal *dining room*
- der Luftschutzkeller *air raid cellar*
- empfehlen *recommend*
- der Dreikönigenschrein *shrine of the Three Kings*
- die Gebeine *remains, bones*
- die Münze *coin* / das Wappen *coat of arms*
- die Fahne *flag*
- die Anbetung *adoration*
- das Gemälde *painting*
- Deutsche Welle *Voice of Germany, German Wave*
- vorbei *by*
- sich fortreißen lassen *be carried away*

Bonn

„Bonn ist halb so groß wie der Zentralfriedhof von Berlin, aber doppelt so tot", waren die zynischen Worte, die man hörte, nachdem Bonn die Hauptstadt der BRD geworden war. „Bundeshauptdorf" sagten
5 Deutsche, die sich nicht daran gewöhnen konnten, daß die kleine Universitätsstadt am Rhein die Hauptstadt ihres Landes war.

Früher kamen Deutsche und Ausländer nach Bonn, um an der Universität zu studieren, um das
10 Beethovenhaus zu besuchen, um sich die mittelalterlichen Kirchen und Bauten anzusehen und um die Schönheit der Rheinlandschaft zu genießen. Heute kommen sie, um zu schauen, was Bonn in der EWG macht und was für eine Ost- und Westpolitik die
15 Deutschen treiben. Manche fragen sich, ob Bonn aus den Deutschen eine neue Art von Schweizern machen will.

Es kommen immer noch Studenten, Rheinromantiker und Menschen, die die Beethoven-Stätten
20 besuchen wollen. Zu der letzten Gruppe gehöre ich. Nachdem ich einen Spaziergang auf der Rheinpromenade gemacht hatte, setzte ich mich auf eine Bank am Ufer und las, was Beethoven über Bonn schrieb, nachdem er seine Heimatstadt verlassen
25 hatte: „Mein Vaterland, die schöne Gegend, in der ich das Licht der Welt erblickte, ist immer noch so

Margin glosses:

der Zentralfriedhof *main cemetery* | zynisch *cynical*

-dorf *village*

sich gewöhnen an *get used to*

common MARKET

schauen *see*

die Stätte *locale, place*

die Bank *bench* | das Ufer *bank* | verlassen *leave*

die Gegend *area, region*

erblicken *see*

schön und deutlich vor meinen Augen, als da ich Euch verließ; kurz, ich werde die Zeit als eine der glücklichsten Begebenheiten meines Lebens betrachten, wo ich Euch wiedersehen und unseren Vater Rhein begrüßen kann."   5

Warum denke ich hier an Beethoven? Er wurde in Bonn geboren, aber das allein ist es nicht. Es sind auch nicht seine Worte über die Schönheit der Gegend. Beethoven war ein guter Europäer, dem europäische Zusammenarbeit am Herzen lag.   10

Die Episode mit Napoleon und der dritten Symphonie ist für Beethoven charakteristisch. Im Jahr 1803 komponierte er die Symphonie, die wir jetzt unter dem Titel *Sinfonia Eroica* kennen. Wenn Beethoven komponierte, dachte er oft an einen be- 15 stimmten Gegenstand. Bei der Eroica hatte Beethoven an Napoleon Buonaparte gedacht, als dieser noch erster Konsul war. Er schätzte ihn hoch und verglich ihn mit den größten römischen Konsuln. Ein Freund von Beethoven erzählte später: Ich habe diese Sym- 20 phonie auf seinem Tisch liegen sehen. Oben auf dem Titelblatt stand das Wort „Buonaparte" und ganz unten „Beethoven", aber kein Wort mehr. Als ich ihm die Nachricht brachte, Napoleon habe sich zum Kaiser erklärt, rief Beethoven: „Ist der auch nichts 25 anderes wie ein gewöhnlicher Mensch! Nun wird er auch alle Menschenrechte mit Füßen treten . . . Er wird sich nun höher wie alle andern stellen, ein Tyrann werden!" Beethoven strich Napoleons Namen durch und warf das Titelblatt auf die Erde. Er schrieb 30 die erste Seite neu, und nun erst erhielt die Symphonie den Titel: „Sinfonia Eroica".

Wie sieht Beethovens Bonn heute aus? Neben dem über achthundert Jahre alten Münster stehen, etwas unharmonisch, die neuesten Gebäude des 35 zwanzigsten Jahrhunderts. Vor meinem Hotel ist zum Beispiel der Marktplatz; dort kauft man Obst und Gemüse, wie man es vor Jahrhunderten schon getan hat. Links steht das Rathaus. Wenn ich aber eine Straße weitergehe, so sehe ich neben dem Beethoven- 40

Denkmal Geschäftshäuser, die in den letzten Jahren gebaut wurden. Etwas weiter südlich liegen die Regierungsgebäude aus Stein, Stahl und Glas. Die Bibliothek der Universität ist in der Nähe. Wo soll ich im Winter studieren? Wenn ich Zoologe werden will, so spricht vieles für die Universität Bonn und das bekannte Zoologische Forschungsinstitut. Für den Anthropologen gibt es hier das Rheinische Landesmuseum mit den Funden aus vorgeschichtlicher Zeit; der Schädel des Neandertal-Menschen ist zum Beispiel hier. Das Tiermuseum Alexander König ist das größte seiner Art. Professor König brachte durch seine Reisen in die Arktis, nach Afrika und den Kanarischen Inseln eine bedeutende Sammlung zusammen. Am eindrucksvollsten sind die sogenannten Dioramen, welche Tiergruppen in ihrer natürlichen Größe und Umgebung zeigen.

das Denkmal *monument*
Geschäfts- *business*

die Bibliothek *library* / die Nähe *vicinity*

sprechen für *may be said for*
Forschungs- *research*

der Fund *finding*
vor- *pre-* / der Schädel *skull*

die Kanarischen Inseln *Canary Islands* / die Sammlung *collection*
Dioramen (pl.) *dioramas*

IN DER MENSA DER UNIVERSITÄT BONN

die Gebühr *fee*

der Gastarbeiter *(guest)*
foreign worker

Griechenland *Greece*

Ägypten *Egypt* / Lybien
Libya

zahlreich *numerous* / der
Asiate *Asian*

ernstlich *seriously*

der Gärtner *Gardener, God*
sichtbar *visibly* / con
amore (It.) *with love*

Wieviel Geld kostet das Studieren? Die Gebühren sind etwa 140 Mark das Semester. Für Essen und Trinken muß ich 230 bis 250 den Monat ausgeben. Ein Zimmer kostet jetzt 250 Mark den Monat oder auch mehr. Da die vielen Gastarbeiter[1] Zimmer brauchen, sind sie immer teurer geworden.

Von den 18 000 Studenten in Bonn sind über 1 200 Ausländer. Von den 500 Europäern kommen die meisten aus Griechenland und der Türkei. (Man zählt die Türken hier zu den Europäern.) Unter den Afrikanern sind die Gruppen aus Ägypten und Lybien die größten; Studenten aus Afghanistan, Iran und Japan sind die zahlreichsten unter den Asiaten; unter den Studenten aus Nord- und Südamerika kommen die meisten aus den USA.

Soll ich nach Bonn zurückkommen, um hier zu studieren? Neben Heidelberg und München denke ich ernstlich an die Universität Bonn.

In den nächsten Tagen fahre ich nach Mainz. Die Gegend von Bonn nach Mainz ist der Teil des Rheinlands, „an der unser großer Gärtner sichtbar *con amore* gearbeitet hat", schrieb der Dichter Heinrich von Kleist.

[1] The Federal Republic of Germany has had between one and two million, or even more, foreign workers from Italy, Greece, Turkey, Spain and other countries per year.

LORELEI-FELSEN

Von Bonn nach Mainz

Mit dem Wetter hatte ich Glück. Während der Fahrt am Rhein entlang war den ganzen Tag blauer Himmel und warmer Sonnenschein. Als ich die „Weißen Schiffe" auf dem Rhein sah, dachte ich,
5 daß es angenehm wäre, von Bonn oder Köln mit einem „Weißen Schiff" nach Mainz zu fahren. Was soll ich aber mit meinem Wagen machen? Man kann den Wagen zwar auf manchen Schiffen mitnehmen, aber da die Autostraße immer am Ufer des
10 Rheins entlang geht, sieht man ebensoviel wie vom Schiff aus. Auch kann man anhalten, wenn man Lust hat. *indicates resort*

Ich fuhr durch Bad Godesberg, wo viele Diplomaten wohnen, an Schloßruinen vorbei und blieb
15 dann in Koblenz zum Mittagessen. Koblenz gehört zu den ältesten Städten Deutschlands. Schon vor der Geburt Christi gab es in dieser Gegend eine römische Festung, welche die Römer „Confluentes" nannten, da Rhein und Mosel hier zusammenfließen. Vor
20 zweitausend Jahren bauten die Römer hier die ersten Städte.

Ich wanderte durch die Straßen von Koblenz, ging in die Kastor-Kirche aus dem neunten Jahrhundert und fuhr dann über die Brücke auf das
25 andere Rheinufer. Etwas nördlich von der Brücke liegt die alte Festung Ehrenbreitstein, eine von vielen Festungen und Burgen am Rhein. Viele sind heute Touristen-Hotels geworden.

Westlich von Koblenz liegt Trier, die allerälteste
30 Stadt Deutschlands. Das frühere „Rom des Nordens"

das Glück *luck*

am . . . entlang *along*

mitnehmen *take along*

vom Schiff aus *from the ship* / anhalten *stop* / Lust haben *feel like (it)*

Schloß- *castle* / *Burg*

die Festung *fortress*
zusammenfließen *flow together*

aller- . . . *of all*

von dort aus *from there*
regieren *rule*

Porta Nigra (Lat.) *(Roman)*
Black Gate

malerisch *picturesque*
der Felsen *cliff*

abstammen *come from*
die Lure *elf* / die Lei *rock,*
cliff

Haupt- *main*
reimen auf *rhyme with*

sich begeistern für *be*
enthusiastic about
besingen *sing about*
der Pilger *pilgrim*

wie berauscht *as though*
intoxicated

sich Mühe geben *make an*
effort

ist ein Museum der europäischen Geschichte; von dort aus regierten die römischen Kaiser das westliche Europa. In Koblenz sprach ich mit einer alten Frau, die aus Trier kam. Sie erzählte mir von der bekannten Porta Nigra, den römischen Bädern und den mittel- 5 alterlichen Bauten. Von ihr erfuhr ich, daß Karl Marx in Trier geboren wurde.

Zwischen Koblenz und Mainz hielt ich hier und dort an. Es ist eine der bekanntesten und ro- mantischsten Gegenden der Welt. Zu beiden Seiten 10 des Rheins liegen die malerischen Städte, Dörfer, Festungen, Burgen und Felsen, über die es Sagen und Geschichten gibt.

Hoch über der kleinen Stadt St. Goar liegt Burg Rheinfels, die größte Burgruine am Rhein. Dann 15 kam der berühmte Lorelei-Felsen, über den so viele Dichter, nicht nur Heine, geschrieben haben. Eine Studentin, die im Herbst in den Weinbergen dort arbeitet, erklärte mir, der Name „Lorelei" stamme von den alten Worten „Lure" und „Lei" ab, die es 20 in der heutigen Sprache nicht mehr gibt.

In einem vierhundert Jahre alten Hotel des Städtchens Aßmannshausen, wo Goethe gern über- nachtete, trank ich Kaffee. Neben Aßmannshausen liegt Rüdesheim, das Hauptzentrum der Weinindu- 25 strie. Immer noch reimt man „Rhein" auf „Wein". Drei bis vier Millionen Menschen besuchen jedes Jahr das Weinstädtchen Rüdesheim.

Nachdem ich nun die Rheinreise beendet habe, verstehe ich, warum sich so viele Dichter für den 30 Rhein begeistert haben. Der Amerikaner Longfellow besang in seiner „Goldenen Legende", der Engländer Bulwer in seinen „Rheinpilgern" die Romantik des Rheins; in den „Briefen an einen Freund" war der Franzose Victor Hugo wie berauscht von der 35 Schönheit der Rheingegend.

Vor einigen Jahren starben Millionen von Fischen wegen Verschmutzung des schönen Stromes. Man gibt sich große Mühe, daß es nicht wieder geschieht. 40

Mainz ⟶ *Gutenberg*

Bei Mainz bildet der Rhein ein Knie; in seiner Beuge liegt die Stadt. Die Schilder der Straßen, die parallel mit dem Rhein laufen, sind blau, die Schilder derer, die zu ihm hinführen, sind rot.

die Beuge *bend* / das Schild *sign*

derer *of those*

5 Die Geschichte des über zweitausend Jahre alten Mainz geht bis in die Epoche der Römer zurück. Die große Zeit der Stadt ist das Mittelalter, als Mainz die Metropole der deutschen Kirche wurde. Die Erzbischöfe krönten die deutschen Kaiser im Dom zu 10 Frankfurt; Mainz erhielt als Haupt der deutschen Christenheit den Titel „Das goldene Mainz". Die Worte finden sich im Siegel der Stadt. Ein Spaziergang durch Mainz ist ein Gang durch die Epochen der deutschen Geschichte.

die Christenheit *Christendom*

15 Mainz ist vor allem die Stadt Gutenbergs. Im Weltmuseum der Druckkunst habe ich mir die Ausstellung „Was wissen wir von Gutenberg?" angesehen. Im Jahr 1455 verließ das Buch der Bücher die Presse Gutenbergs, nachdem er zwanzig Jahre lang 20 Versuche und Experimente gemacht hatte.

die Druckkunst *art of printing*

Im Jahr 1400 gab es in Europa nur ein paar tausend Manuskripte. Hundert Jahre später gab es neun Millionen Bücher. Gutenberg hat mit seiner

die Erfindung *invention*	Erfindung die Welt verändert; mit ihm beginnt die
tiefgehend *profound*	Neuzeit, unsere Zeit. Wie tiefgehend diese Verände-
	rung ist, wurde mir klar, als ich ein Essay des
das Erlebnis *experience*	Schriftstellers Stefan Zweig über seine Erlebnisse mit
	Büchern las. Zweig schrieb: 5

beinahe *almost* / körperlich *physical*

„Lesen ist für uns . . . eine beinahe schon körper- liche Funktion, ein Automatismus geworden . . . Heute im zwanzigsten Jahrhundert können wir uns unsere innere Existenz nicht mehr denken ohne das Wunder (des Buches) . . . 10

das Wunder *miracle, wonder*

„Ich war . . . etwa sechsundzwanzig Jahre alt, hatte selbst schon Bücher geschrieben . . . Ich reiste . . . auf einem Schiff . . . von Genua nach Neapel . . .

Neapel *Naples*

Ich sprach oft mit einem jungen Italiener von der Mannschaft . . . Er lachte gern, er liebte sein singendes 15 Italienisch und vergaß nie, diese Musik mit lebendigen Gestikulationen zu begleiten . . . Er spürte gleich, daß ich ihn gern hatte und mit niemand anderem auf dem Schiff lieber sprach als mit ihm . . . Wir waren nach zwei Tagen . . . schon etwas wie Freunde oder 20 Kameraden.

die Mannschaft *crew*
lebendig *lively*
begleiten *accompany* / gleich *immediately* / niemand anders *no one else* / lieber *rather*

„Da plötzlich baute sich über Nacht zwischen mir und ihm eine unsichtbare Wand. Wir waren in Neapel gelandet . . . (Er) zeigte mir stolz einen zerknitterten Brief, den er soeben empfangen, und 25 bat mich, ihm den Brief vorzulesen. Ich verstand zuerst nicht gleich. Ich meinte, Giovanni habe einen Brief in einer fremden Sprache erhalten, wahrschein- lich von einem Mädchen—ich verstand, daß dieser Bursch den Mädchen gefallen mußte—und nun wollte 30 er wahrscheinlich, daß ich ihn (den Brief) übersetzte. Aber nein, der Brief war italienisch. Was wollte er also? Daß ich ihn lesen sollte? Nein! . . . Und plötz- lich war mir alles klar . . . Er war ein Analphabet . . .

plötzlich *suddenly*
unsichtbar *invisible* / die Wand *wall* / zerknittert *crumpled* / empfangen *receive* / vorlesen *read aloud*

wahrscheinlich *probably*

der Bursch *fellow*

der Analphabet *illiterate*

„Das war alles . . . Aber das eigentliche Erlebnis, 35 nun erst begann es in mir. Ich legte mich hin in einen Liegestuhl, sah hinauf in die weiche Nacht . . . Ich hatte zum erstenmal einen Analphabeten gesehen, einen europäischen Menschen dazu . . . Ich

der Liegestuhl *deck chair*
hinaufsehen *look up* / weich *soft, mellow* / dazu *besides*

108

versuchte, mir die Situation auszudenken, wie das
sein mußte, nicht lesen zu können; ich versuchte,
mich in diesen Menschen hineinzudenken. Er nimmt
eine Zeitung und versteht sie nicht. Er nimmt ein
5 Buch, . . . und er legt es wieder weg, er weiß nicht,
was damit anfangen . . . Man nennt vor ihm die
heiligen Namen Goethe, Dante, Shelley, und sie
sagen ihm nichts . . .

„Aber da ich ihn innerlich nicht verstand, den
10 Analphabeten, versuchte ich nun, zur Denkhilfe mir
mein eigenes Leben ohne Bücher vorzustellen . . . Nie
war ich den Büchern so nah gewesen wie in dieser
Stunde, da ich keines in Händen hielt und nur an sie
dachte . . . An dem kleinen Erlebnis mit dem An-
15 alphabeten, diesem armen Eunuchen des Geistes . . .
empfand ich die ganze Magie des Buches.“

Das Gutenberg-Denkmal und das Gutenberg-
Museum in Mainz erinnern uns an den Anteil
Gutenbergs an der tiefgehenden Veränderung im
20 Leben der Menschen durch das Buch. Heute abend
bin ich in Frankfurt, das schon zu Gutenbergs
Zeiten ein Zentrum der Buchdruckerkunst wurde.

Nachdem ich mir die Gutenberg-Ausstellung
angesehen hatte, wollte ich nach Frankfurt fahren.
25 Da ich aber hungrig war, besuchte ich ein kleines
Gasthaus und bestellte eine Mainzer Spezialität:
Handkäs' mit Musik. „Musik“ bedeutet in diesem
Fall kleingehackte Zwiebeln, Salz, Pfeffer, Öl und
Essig.

sich ausdenken *imagine*

sich in einen Menschen
hineindenken *put oneself
in a person's shoes*

anfangen *do*

innerlich *inward, mental*
die Denkhilfe *help in
thinking*

nah *close*

empfinden *feel* / die Magie
magic

der Anteil *share*

der Handkäse *handmade
cheese* / gehackte
Zwiebeln *chopped
onions* / Öl und Essig *oil
and vinegar*

109

AUF DER BUCHMESSE

Frankfurt

die Firma *firm, company*

der Fabrikant *manufacturer*

die Filiale *branch*

die Lage *location*

Als ich durch die Straßen Frankfurts fuhr und Namen amerikanischer Firmen las, dachte ich an Bob Mason. Von seinem Vater, einem New Yorker Fabrikanten, hatte er eine Broschüre über amerikanische Firmen in Frankfurt bekommen. Etwa 500 haben Filialen in dieser stark amerikanisierten Stadt.

Frankfurt ist weder die größte noch die reichste Stadt der BRD. Wegen der zentralen Lage und wegen des Flughafens ist es aber eine der bekanntesten Städte der Bundesrepublik. In der Broschüre stand, es gebe dreißig amerikanische Städte mit dem Namen; sogar die Hauptstadt eines Staates[1] heißt so.

[1] The capital of Kentucky is Frankfort.

110

fair

Die Frankfurter Messe, die im Herbst und im Frühling stattfindet, gibt es seit dem dreizehnten Jahrhundert. Die Buchmesse, eine der neueren Frankfurter Messen, ist die größte Buchausstellung der Welt. Letztes Jahr stellten 3581 Verlage aus 66 Ländern der Erde 241 000 verschiedene Bücher aus. Es war keine ruhige, gemütliche Ausstellung für Bücherwürmer; jeder Verlag klagt über die Tyrannei der Bestseller und jeder Verlag versucht, Bestseller herauszubringen.

Zum Essen fuhr ich zu dem Drehrestaurant im Henninger-Turm. Ich saß in dem höchsten der drei Restaurants und sah während des Essens verschiedene Stadtteile Frankfurts. Die meisten historischen Gebäude, die im Zweiten Weltkrieg zerstört wurden, sind wiederhergestellt. Unter den kirchlichen Gebäuden sind es der Dom und die Paulskirche, wo 1848 das erste deutsche Parlament zusammenkam; unter den weltlichen Gebäuden eine Gruppe von acht Bürgerhäusern, die man den Römer nennt und die seit dem fünfzehnten Jahrhundert zusammen das alte Rathaus bilden—und dann das Goethehaus.

Das Geburtshaus Goethes, wo er als junger Mann den *Faust* begann, sieht heute genau so aus, wie es zur Zeit Goethes ausgesehen hat. Nach der Zerstörung in den Kriegsjahren wurde es wiederhergestellt, teilweise mit den Steinen, die in den Ruinen lagen. Ich kam Sonntag in Frankfurt an,

die Messe *fair*

der Verlag *publisher*

klagen *complain* / die Tyrannei *tyranny*

Dreh- *revolving*

zerstören *destroy*

wiederherstellen *restore*

das Bürgerhaus *middle class home*

teilweise *partly*

RÖMER

111

auf *open*	aber das Goethehaus war bis 16 Uhr auf. Sonntag verbrachte ich nicht nur den Nachmittag, sondern auch den Abend in der Welt Goethes, denn es war
die Aufführung *performance*	mir gelungen, eine Karte für die Faust-Aufführung
das Schauspielhaus *playhouse* / im Gegensatz zu stehen *be in contrast to*	im Schauspielhaus zu bekommen. ⁵ Stand das, was ich am Montag sah, im Gegensatz zu Goethes Faust und dem, was Faustisch heißt, oder
die Steigerung *intensification*	war es eine Steigerung desselben? Der 1972 eröffnete „Terminal Mitte" des Frankfurter Rhein-Main-Flughafens ist für die achtziger Jahre gebaut. Im ¹⁰ nächsten Jahrzehnt erwartet man 30 Millionen
der Fluggast *passenger*	Fluggäste, also zwei- bis dreimal so viel wie heute.
gewaltige Ausmaße *(on a) huge scale*	Gewaltige Ausmaße! Und wann wird dieser gigantische Flughafen zu klein sein? Wohin führt das alles?
	Meinen Wagen ließ ich in der Stadt stehen und ¹⁵
der Bahnhof *station*	fuhr vom Frankfurter Hauptbahnhof etwa zehn
der Zug *train*	Minuten mit einem sogenannten Olympia-Zug. Der
Sortier- *sorting, sifting*	„Terminal Mitte", eine gigantische Sortiermaschine
das Gepäck *luggage*	für Menschen und ihr Gepäck, hat etwa 250
der Schalter *ticket counter*	hellorangefarbene Schalter. Informationen kann man ²⁰ in englischer und deutscher Sprache lesen. Für Menschen, die weder Deutsch noch Englisch können, gibt es als Informationshilfe blaue, grüne, rote und
das Piktogramm *pictogram*	weiße Piktogramme. Sprache der Bilder, Sprache der Zukunft! Bevor ich nach Frankfurt zurückfuhr, aß ²⁵ ich ein paar Würstchen, mußte mich aber erst
sich entscheiden *decide*	entscheiden: in welchem Restaurant? „Apollo", „Leonardo",¹ „Ikarus",² „Sputnik" oder „Zeppelin"! Ich entschied mich für „Ikarus".
	Beim Allgemeinen Deutschen Automobil Club ³⁰
die Autokarte *road map*	(ADAC) holte ich mir Autokarten und fuhr dann nach Heidelberg weiter. Mit meinem Wagen bin ich
verbrauchen *use*	zufrieden. Ein Glück, daß er wenig Benzin verbraucht,
teuer *expensive*	denn Benzin ist teuer. Bob Mason sagte mir, daß es in Europa zweimal so viel kostet wie in Amerika. ³⁵

---

¹ Leonardo da Vinci (1452–1519) experimented and wrote about flying.
² According to Greek mythology, Icarus fell into the sea when the wax by which the wings were attached to his body melted as he came too close to the sun.

112

Heidelberg

Das Bild der Altstadt prägt noch heute die Vorstellung vom romantischen Heidelberg, obwohl die Stadt inzwischen nach Süden, nach Westen und nach Norden hinausgewachsen ist. Die neuen Wohn-
5 gebiete und Schulen, Spiel- und Sportplätze, Straßen und Einkaufszentren unterscheiden sich kaum von denen in der Umgebung von Frankfurt, Mainz, Köln und Düsseldorf. Die Altstadt und die älteren Wohn-gebiete Heidelbergs zu beiden Seiten des Neckars
10 lassen sich aber mit keiner mir bekannten Landschaft vergleichen.

prägen *mold*

hinauswachsen *expand, grow* / Wohn- *residential* der Spielplatz *playground* / das Einkaufszentrum *shopping center* sich unterscheiden *differ*

der Neckar *Neckar river*

die Mensa *students'*
restaurant / mensa
(Lat.) = Tisch

die Hemmung *inhibition*
der Fehler *mistake*
dieser *the latter*

immer *ever*

die Wirklichkeit *reality*

genießen *enjoy*
der Rahmen *framework*

vertiefen *deepen*

großartig *magnificent*

der Philosophenweg
Philosopher's Path

Zwei Heidelberger Freunde, die vor zwei Jahren an der Freien Universität Berlin studiert hatten, waren nicht zu Hause. Da es zwischen zwölf und ein Uhr und Zeit zum Essen war, ging ich in die Mensa. Ich hatte Glück. In der Mensa saßen nicht nur meine 5 Freunde, sondern auch Bob Mason und einige andere Amerikaner. Zwei sprachen sehr gut deutsch, einer sprach ohne Hemmungen, obwohl er einen grammatischen Fehler nach dem anderen machte, und einer sagte kein Wort. Mason meinte, dieser könne 10 fast alles verstehen, aber nur „ein bißchen" sprechen. Bob bat ihn, „Richard bricht das Brot" zu sagen. Er lachte laut und sprach: „Rrischard brrischt das Brrout." Während der Unterhaltung lachte er oft, sagte aber nichts außer „isch versteh", wenn immer 15 man ihn fragte, ob er wirklich alles verstehe.

Einer der Amerikaner erzählte uns von einem Heidelberg-Film, den er vor einigen Jahren gesehen hatte. „Heidelberg erschien in einem sentimentalen Licht, das mit der Wirklichkeit nichts zu tun hat", 20 sagte er.

„Wie sieht Heidelberg in Wirklichkeit aus?" fragte ich ihn.

„Ich genieße das Leben und das Studium im Rahmen der Heidelberger Landschaft und Tradition 25 mehr als ich es in . . . genossen habe." Er nannte den Namen eines amerikanischen Staates, aber ich konnte die englischen Vokale nicht verstehen. Er sagte dann: „Die historischen Assoziationen mit dem traditionellen Studentenleben, mit der deutschen 30 Romantik und mit der Blütezeit der deutschen Wissenschaft vertiefen die Freude am Leben und Studieren hier. In meinem Lande gibt es auch großartige Landschaften, aber es fehlen die historischen Assoziationen, die man in Deutschland hat." 35 Er schloß mit den Worten Goethes: „Die Stadt in ihrer Lage und mit ihrer ganzen Umgebung hat, man darf sagen, etwas Ideales."

Nach dem Essen gingen wir über die Neckarbrücke und dann den Philosophenweg entlang, von 40

dem man auf die Altstadt und das alte Schloß blickt. Meine Freunde erklärten, ich sollte hier studieren. Einer der Amerikaner sprach begeistert von der Bibliothek mit ihren seltenen Büchern und alten
5 Handschriften, während Bob Mason hervorhob, daß das Max-Planck-Institut für Kernphysik und das Deutsche Zentrum für Krebsforschung hier in Heidelberg sind.

    Da die Amerikaner Deutschlands schönste Ruine,
10 das Heidelberger Schloß, noch einmal sehen wollten, gingen wir zusammen dorthin. Es ist eine Ruine, für welche die Kriege des zwanzigsten Jahrhunderts nicht verantwortlich sind. Von der Terrasse des Schloßgartens aus hat man eine großartige Aussicht auf das
15 untere Neckartal und in die Rheinebene. Im Schloß selber war man fasziniert von „dem großen Faß", das über zehn Meter lang ist und 236 000 Flaschen faßt. Leute im Schloß erklärten uns die Bedeutung des Fasses. Im späten Mittelalter und in den ersten
20 Jahren der modernen Zeit tranken die Menschen morgens und abends. Unter Aristokraten, aber auch unter Studenten und Professoren, gab es einen Trinkkultus. „Die dicken Figuren des Malers Lucas Cranach", hörten wir einen Reiseführer erklären,
25 „mit ihren roten Gesichtern und kleinen Augen waren zum Beispiel starke Trinker. In dieser Zeit des Trinkens entstanden die großen Fässer, darunter das Heidelberger."

    Am Abend führte uns Bob zu einem Alt-
30 Heidelberg-Fest für Touristen. Das Heidelberg des Studentenprinzen gibt es nicht, aber in der Phantasie der Touristen ist es sehr lebendig. Von Studentendemonstrationen wissen sie nichts, glauben aber, daß die Studenten leben, lieben, duellieren, singen und
35 trinken, wie sie es hier auf der Bühne sehen. Sie zahlen zwölf Mark dafür, daß Studenten in vollem Wichs und blonde Studentinnen in Dirndl-Kleidern ihnen etwas vormachen. Fröhlich ist's, wenn die Studenten zusammen singen: „Wenn das Wasser im
40 Rhein goldner Wein wär" und tränenreich traurig,

begeistert *enthusiastically*

hervorheben *emphasize*
die Kernphysik *nuclear physics* / die Krebsforschung *cancer research*

verantwortlich *responsible*
von ... aus *from* / die Aussicht *view* / das Tal *valley* / die Ebene *plain*
fasziniert *fascinated*

der Trinkkultus *cult of drinking*

stark *heavy*

lebendig *alive*

duellieren *fight duels*

in vollem Wichs *in full students' dress* / einem etwas vormachen *take someone in* / fröhlich *cheerful*
tränenreich *tearfully*
traurig *sad*

mitsingen *join in singing*

das Lokal *inn*

wenn eine blauäugige hellblonde Studentin in blau-
weißem Dirndl auf der Bühne alleine singt: „Ich
weiß nicht, was soll es bedeuten, daß ich so traurig
bin." Am Ende singen die Gäste „Guten Abend, Gute
Nacht" mit—so gut sie können.   5

Später saßen wir noch im Sepp'l, dem historischen
Studentenlokal und sprachen von der Universität, die
in den achtziger Jahren 600 Jahre alt wird. Zwischen
14 und 15 Prozent der Studenten sind Ausländer,
und fast die Hälfte davon kommt aus Amerika.   10

Ich bleibe drei bis vier Tage hier, bevor ich nach
München fahre. Ob ich im Winter hier studieren
werde?

STUDENTEN IN HEIDELBERG

München

Weltstadt mit Herz! Bierstadt! Isar-Athen! Weißwurstmetropole! Ob man es ernst meint oder ironisch, die Worte charakterisieren je eine Seite Münchens. Man kann auch sagen: Hauptstadt Bayerns, Wirt5 schafts- und Verkehrszentrum, Kulturzentrum oder Stadt der Wissenschaften und Schönen Künste.

Vor 150 Jahren sagte König Ludwig I. von Bayern: „Ich will aus München eine Stadt machen, die jeder gesehen haben muß, der Deutschland 10 kennenlernen will." München ist in der Tat die Stadt der Touristen und Fremden geworden. Die Ausländer-Kolonie zählt etwa 185 000 Menschen. Nach einer Meinungsumfrage möchte ein Drittel der Bevölkerung in der BRD gerne in München 15 leben. Der Magnet München wächst doppelt so schnell wie andere deutsche Großstädte. Das Kulturleben wird immer reichhaltiger, aber das schnelle Wachsen der Stadt bedeutet auch, daß die negativen Formen sichtbarer werden. Eine Reihe von „Projekt20 gruppen" widmen sich den Aufgaben, die aus der Verschmutzung der Umwelt entstehen.

Mit dem Verkehr ist es etwas besser geworden, da es seit einigen Jahren eine U-Bahn und eine S-Bahn gibt. Teile des Stadtzentrums, in denen 25 früher Autos fuhren, sind heute Zonen für Fußgänger. Vom Stachus[1] aus, wo eine Fußgänger-Zone beginnt, machte ich einen langen Spaziergang. Ich ging an Barockbauten, Renaissance-Fassaden, dem Richard Strauss-[2]Brunnen und der gotischen Frauen30 kirche vorbei bis zum Marienplatz, dem historischen Herzen Münchens. Kurz vor elf Uhr hörte ich dort das Glockenspiel im Turm des Neuen Rathauses. Die Touristen hatten Kameras in der Hand. Später setzte ich mich in eine Bierstube und bestellte eine Münch35 ner Spezialität, Leberkäs, der weder mit Leber noch

---

Isar-Athens *Athens on the Isar River* / die Weißwurst *white veal sausage* / je *each*

Bayern *Bavaria* / die Wirtschaft *domestic economy* / schön *fine*

die Meinungsumfrage *public opinion poll*

reichhaltig *rich*

sich widmen *devote oneself to*

die U-Bahn = Untergrundbahn *subway* / S-Bahn = Stadt-Bahn / früher *formerly*

einen Spaziergang machen *take a walk* / an ... vorbei *past* / der Brunnen *fountain* -platz *Square*

das Glockenspiel *chime(s)*

die Leber *liver*

---

[1] Stachus, also called Karlsplatz, main square.
[2] Composer Richard Strauss (1864–1949).

FRAUENKIRCHE GLOCKENSPIEL AUF DEM OKTOBERFEST

der Speck *bacon* / der
Rinderbraten *roast beef*

die Zitrone *lemon* / die
Petersilie *parsley*

irreführend *misleading*

die Technik *technology*
vor Augen führen *display*

-druckerei *printing press*

-raum *space*

die Bewegung *motion*

vorführen *demonstrate* / das
Einschlagen *striking*

mit Käse etwas gemein hat. Leberkäs macht man aus Speck und Rinderbraten. Die Weißwürste, die ich dann noch aß, sind aus Kalbfleisch, Salz, Pfeffer, Zitrone und Petersilie. Was ich dazu getrunken habe, brauche ich nicht zu sagen. 5

Am Nachmittag war ich im Deutschen Museum. Der Name ist irreführend, denn es ist kein Tempel der Musen, sondern ein wissenschaftlich-technisches Museum, das uns die Wissenschaft, Technik und Industrie vieler Nationen und Zeiten vor Augen führt. 10 In der ersten Stunde sah ich eine mittelalterliche Alchimisten-Küche und eine Buchdruckerei aus Gutenbergs Zeit, in der letzten Stunde „Mensch und Weltraum".

Das Deutsche Museum ist nicht nur eine 15 Sammlung historischer Apparate und Maschinen denn der Besucher kann sie in Bewegung setzen. Es ist ein Museum zum Spielen und Entdecken. Manches macht man aber nicht selber; es wird vorgeführt. Ich sah zum Beispiel das Einschlagen 20

118

MODERNE GEBÄUDE

NATIONALTHEATER

eines Blitzes von einer Million Volt Stärke in ein Modellhaus. Im Laufe eines Nachmittags sieht man nur ein Teilchen des Ganzen, denn man muß fünfzehn Kilometer laufen, um alles zu sehen.

der Blitz lightning flash

5   In München sind die meisten Straßen groß und breit. Nur·in der eigentlichen Altstadt sind jene engen, mittelalterlichen Straßen, die für viele deutsche Städte charakteristisch sind. In den nächsten Wochen sehe ich mir manche der Kunstsammlungen an, die
10 in den zwei Dutzend Museen und in den privaten Galerien zu finden sind. Ich habe mir eine Liste gemacht. Nummer eins ist die Alte Pinakothek mit den Gemälden von Rubens, Dürer, Cranach, Rembrandt, Raffael und Tizian. Nummer zwei ist die
15 Neue Pinakothek mit den Sammlungen von Gemälden des neunzehnten und zwanzigsten Jahrhunderts. Da das Stadtmuseum für die Kulturgeschichte Münchens wichtig ist, ist es Nummer drei auf meiner Liste.

Ein Museum war gar nicht auf der Liste, aber
20 ich habe es schon besucht, da ich ganz durch Zufall

nächst coming, following

das Dutzend dozen

die Pinakothek (Gr.)
  picture gallery

durch Zufall by chance

die Braukunst *art of brewing* / der Ägypter *Egyptian*

der Heilige *saint* / eröffnen *open* / der Schutzpatron *patron saint*

die Eisenbahn *railroad*
die Fracht *freight, cargo*
flüssig *liquid*

der Fasching *carnival*

Ascher- *Ash*

der Maibock *May bock beer*
die Festspiele *(music and theatre) festivals*

die Saison *season*

die Bude *room, den, „pad"*

die Miete *rent*
lösen *solve*
woanders *somewhere else*

der See *lake*
skifahren *go skiing*

dort vorbeikam und das Wort „Brauerei-Museum" las. Dort wird die Geschichte der Braukunst seit der Zeit der alten Ägypter und Babylonier dokumentiert. Das Museum wurde vor Jahren am 4. Mai, dem Tag des Heiligen Florian, eröffnet. Der Heilige Florian ist 5 der Schutzpatron der Brauer. Jeden Tag lernt man was Neues! Dort habe ich gelesen: zwei Fässer Bier waren 1835 bei der ersten deutschen Eisenbahn die erste Eisenbahnfracht. In den nächsten Tagen besuche ich das Hofbräuhaus; für Bier, das „flüssige Brot" 10 der Bayern, ist München in der Tat bekannt.

Die vielen Feste, die man in München feiert, sind nicht alle Bierfeste. Beim Fasching, der Zeit der 1 000 Maskenbälle, trinkt man meist Wein. Fasching ist jedes Jahr vom 7. Januar bis Aschermittwoch. 15 Kurz danach beginnen die Starkbierfeste. Kaum ist man damit fertig, so werden die Biergärten wieder eröffnet, und man geht zum „Maibock". Im Sommer gibt es Festspiele verschiedener Art. Vier Wochen später folgt das 16 Tage lange Oktoberfest, bei dem 20 Millionen Liter Bier getrunken werden; es beginnt an einem Sonnabend im September und endet am ersten Oktober-Sonntag. Nach dem Septoberfest, wie es manchmal genannt wird, kommt die „stille Saison".

Studenten in Heidelberg hatten mir Adressen 25 und Telefonnummern von Studenten in München gegeben. Als ich mich mit ihnen unterhielt, erzählten sie mir, wie schwer es ist, eine Bude zu finden. Nicht nur in München! Von Jahr zu Jahr gibt es mehr Studenten, aber nicht mehr Zimmer und 30 Wohnungen. Überall stehen Studenten auf der Warteliste. Manche müssen die Hälfte ihres Geldes für Miete ausgeben. Dieses Problem werde ich auch lösen müssen, ob ich in München studiere oder woanders. 35

Unter den Professoren hier sind bedeutende Namen. Von hier aus kann man auch die bayerischen Seen besuchen, Wanderungen in den Bergen machen und im Winter skifahren. Im Augenblick denke ich in erster Linie an die Universität München. 40

IM WANDEL DER JAHRE

8

EINE KURZE REISE IN
DER DDR

„DDR ist die Kurzform für Deutsche Demokratische Republik. Die DDR ist ein sozialistischer Staat, der mit der imperialistischen und militaristischen Vergangenheit gebrochen und für immer ein
5 Bündnis mit der Zukunft geschlossen hat."

ein Bündnis schließen
establish a bond

Die Worte las ich in einem Handbuch, das ich mir in Ost-Berlin gekauft hatte. Weiter hieß es: „Berlin, die Hauptstadt der DDR, gehört zu den weltpolitischen Brennpunkten, wo täglich progressive
10 nationale und internationale Politik im Interesse des Weltfriedens betrieben wird. Seit langem verfolgt die DDR eine realistische konstruktive Politik der friedlichen Koexistenz. Sie verkörpert seit ihrer Existenz alle humanistischen und revolutionären Traditionen
15 des deutschen Volkes." In dem Augenblick brachte mir der Kellner einen Kaffee. Ich saß Unter den Linden[1] im Operncafé. Beim Kaffeetrinken las ich auf der nächsten Seite:

der Brennpunkt *focal point*

betreiben *carry on* / verfolgen *pursue*

verkörpern *embody, represent*

„Die führende Kraft ist die Arbeiterklasse mit
20 ihrer marxistisch-leninistischen Partei, der Sozialistischen Einheitspartei Deutschlands (SED). Die DDR pflegt die Freundschaft mit der Union der

die Einheit *unity*
pflegen *cultivate*

---

[1] Unter den Linden, Berlin's most famous street in former years,
   is in the Eastern portion of the city.

OST-BERLIN, ALEXANDERPLATZ

die Rechnung *check*

je nachdem *according to*

die Vorstellung *idea, conception*

sozialistischen Sowjetrepubliken und den anderen sozialistischen Staaten."

Während der Kellner mir die Rechnung brachte, las ich noch auf der letzten Seite des Büchleins:

„Je nachdem, wo Sie zu Hause sind und welche ⁵ speziellen Interessen Sie haben, werden Sie eine andere Vorstellung von der DDR haben. Vielleicht denken Sie an die Leipziger Messe oder an die Dresdner Gemäldegalerie, vielleicht an die Luther-Stadt Wittenberg oder an die Wartburg,[1] wo er die ¹⁰ Bibel ins Deutsche übersetzt hat, vielleicht denken Sie an Weimar[2] und die klassische deutsche Literatur oder an Meißen und das Porzellan."

[1] Castle on a hill near the city of Eisenach. Luther lived and worked there 1521–1522.
[2] Center of classical German literature in the age of Goethe at the end of the eighteenth and beginning of the nineteenth century.

DRESDEN, ALTMARKT MIT KREUZKIRCHE

In der Tat denke ich an Leipzig und Weimar, Dresden und Meißen. Nach Wittenberg und Eisenach komme ich dieses Mal wahrscheinlich nicht. Ich wollte schon lange die DDR besuchen. Als meine Tante, 5 die Schwester meines Vaters, mich einlud, zu ihr nach Leipzig zu kommen, sagte ich sofort ja.

wahrscheinlich *probably*

Von Ost-Berlin bin ich mit der Eisenbahn nach Leipzig gefahren. Im Speisewagen aß ich Soljanka und Ungarisches Paprikaguulasch, während der Zug 10 durch die sächsische Landschaft raste. Drei der fünfzehn Bezirke, Leipzig, Dresden und Karl-Marx-Stadt,[1] entsprechen dem früheren Sachsen.

der Speisewagen *dining car* Soljanka *(Russian) vegetable soup* / sächsisch *Saxon* / rasen *speed* der Bezirk *district, state* entsprechen *correspond to*

„Als ich in Leipzig ankam, war es gerade Meßzeit . . . besonders zogen meine Aufmerksamkeit 15 an sich, in ihren seltsamen Kleidern, jene Bewohner der östlichen Gegenden, die Polen und Russen." Die

Aufmerksamkeit an sich ziehen *draw a person's attention* / seltsame Kleider *strange clothes*

[1] The city of Chemnitz was renamed Karl-Marx-Stadt in 1953.

Worte sind nicht von mir, sondern von Goethe; sie stehen in seiner Autobiographie *Dichtung und Wahrheit.*

das Geschäft *shop* / überfüllt *very crowded*

In einem Geschäft im überfüllten Bahnhof kaufte ich Blumen und ging sofort zu meiner Tante. Sie 5 hatte Frau Lange, eine Nachbarin, mit ihrem Sohn Uwe eingeladen, da er in meinem Alter ist und da

sich unterhalten *talk, converse*

sie meinte, daß wir uns gut unterhalten könnten. Er studiert Chemie an der Karl-Marx-Universität Leip-

überzeugt *convinced*

zigs, ist überzeugter Sozialist aber keineswegs 10 unkritisch, wenn er über das Regime in der DDR und

der Funktionär *official*

über die Funktionäre der SED spricht.

Leipziger Allerlei *peas, carrots, and asparagus (or other vegetables)* / das Turnen *gymnastics*

Beim Essen, Wiener Schnitzel und Leipziger Allerlei, unterhielten wir uns über Sport. Leipzig ist bekannt als die Stadt der Turn- und Sportfeste der 15 DDR. Schon im Zug hatte ich über die bedeutende Rolle des Sports in der DDR gelesen. In den Kinder- und Jugendsportschulen (KJS) beginnt das Training der Kinder schon mit sieben und acht

die Sichtung *screening*

Jahren. Nach der Sichtung im Kindergarten kommen 20

vielversprechend *very promising*

vielversprechende Jungsportler in die KJS. Später kommen die Besten zu den Sportclubs (SC), Armee-

die Polizei *police*

Clubs (Vorwärts) oder Polizei-Clubs (Dynamo). An den Spartakiaden[1] nehmen drei bis vier Millionen Schüler im Alter von sieben bis achtzehn Jahren teil. 25 Spartakiaden sind Sportfeste der kommunistischen Arbeiterbewegung; solche Feste hat es schon zwischen dem ersten und zweiten Weltkrieg gegeben; heute sind sie *die* Sportfeste der Länder im Osten. Viele Weltmeister sind schon aus den Spartakiaden hervor- 30 gegangen. „Im Geiste des Sozialismus, des Friedens

zur Ehre *to honor*

und der Freundschaft, zur Ehre der Deutschen

zum Ruhme *for the glory*

Demokratischen Republik und zum Ruhme des

der Eid *oath*

Sports" ist der Spartakiade-Eid.

betonen *emphasize*

Uwe Lange betonte immer wieder, wie wichtig 35 der Sport für das Leben aller Menschen sei. Er

zitieren *quote*

zitierte aus dem achtzehnten Artikel der DDR-

---

[1] From Spartacus, Roman slave and gladiator, leader of the uprising of slaves in the Roman Empire.

Verfassung; Körperkultur und Sport, „als Elemente der sozialistischen Kultur, dienen der allseitigen körperlichen und geistigen Entwicklung der Bürger." „Zum ersten Mal wird in einer Verfassung eines
5 Staates das Teilnehmen am Sport zum Bürgerrecht erhoben. ‚Jedermann an jedem Ort jede Woche einmal Sport' ist die Parole bei uns", sagte er.

Als meine Tante und ich später am Abend allein waren, erwähnte ich, daß es unter den Sportlern der
10 DDR in der Tat sehr viele Weltmeister gibt, aber daß sie in den Mannschafts-Sportarten weniger Erfolge haben. „Ist der Grund dafür, daß es hier keine Stars geben darf und daß man in der Mannschaft anonym und nur als Teil eines Kollektivs
15 spielen soll?" fragte ich sie.

„Menschen in meinem Alter können solche Fragen nicht beantworten", sagte sie. „Junge Leute wie Uwe Lange, die unter dem Sozialismus aufgewachsen sind, könnten dir das vielleicht erklären.
20 Ich lebe hier—aber habe vielleicht nicht mehr lange zu leben—bekomme meine Rente, bin oft mit älteren Freunden zusammen und weiß sonst wenig über die Dinge, die sich in der DDR abspielen."

Am nächsten Tag besuchten wir die Leipziger
25 Messe mit ihren 10 000 Ausstellern. Immer wieder lasen wir den Satz: „800 Jahre Leipziger Messe." Ich interessierte mich vor allem für die Buchmessen, in der auch Bücher von einigen Verlegern aus dem Westen ausgestellt waren. „Stadt der Bücher: 100 000
30 Bücher gehen täglich von Leipzig hinaus in alle Welt", stand dort am Eingang. Die Bücher sind bedeutend billiger als im Westen. Seit Ende des zweiten Weltkrieges gibt es in Deutschland zwei große Buchmessen, die von Frankfurt und die von Leipzig.
35 Am Abend waren wir in Auerbachs Keller, den ich aus Goethes *Faust* kannte. In das Zimmer, in dem das Faß[1] stand, konnten wir nicht hinein, da eine

---

[1] Faust who spent an evening in Auerbachs Keller with Mephistopheles left by riding on a barrel.

die Verfassung *constitution*
Körper- *physical* / allseitig *all round*

erheben *extol*
die Parole *motto*

erwähnen *mention*

die Mannschaft *team*

aufwachsen *grow up*

die Rente *pension, social security*

sich abspielen *occur*

der Aussteller *exhibitor*

der Verleger *publisher*
ausstellen *exhibit*

der Eingang *entrance*

DER ZWINGER

MEISSNER PORZELLAN

geschlossene Gesellschaft *private group* / irgendwelche *some*

gewöhnlich *ordinary*

gelten als *be considered to be* / Kern- *nuclear*

staatlich *national, state*

geschlossene Gesellschaft dort zu Abend aß. „Irgendwelche Funktionäre", sagte meine Tante. „Oft findet man geschlossene Gesellschaften in den Restaurants." Wir aßen in dem zweiten, größeren Zimmer, wo das gewöhnliche Volk saß. 5

Nach drei Tagen fuhr ich von Leipzig nach Dresden. Es sind etwa neunzig Kilometer. Dresden gilt als Kultur- und Forschungszentrum der DDR. Im Kernforschungszentrum war ich nicht und auch nicht in den Zentren der Elektrotechnik und der 10 chemischen Industrie. Hingegen besuchte ich die Gemäldegalerie, die Staatlichen Kunstsammlungen und die Graphische Sammlung.

Die Stadt Dresden wurde im Februar 1945 in einem Bomben-Inferno zum großen Teil zerstört; 15 die meisten historischen Bauten sind wiederhergestellt. Der bekannteste Bau Dresdens ist der

Zwinger, das schönste Beispiel für die spielerische
Form der dekorativen Rokoko-Außenarchitektur.
Am Altmarkt hörte ich in der Kreuzkirche ein
Konzert des berühmten Kreuzchors.
5   Die Technische Universität ist die größte dieser
Art im deutschen Sprachraum. Im *Statistischen
Handbuch* der Deutschen Demokratischen Republik
las ich: „Hier sind sogar mehr Studierende als in
Leipzig oder Berlin und natürlich mehr als an der
10 Martin-Luther-Universität in Halle oder der Fried-
rich-Schiller-Universität in Jena." Die Zahl der Stu-
dierenden liegt zwischen 17 000 und 18 000.

Einen Nachmittag fuhr ich auf der Elbe mit
einem Schiff nach Meißen, um die Meißner Porzellan-
15 Fabrik zu besuchen und dort das Porzellan mit den
gekreuzten blauen Schwertern zu sehen. In der Welt
heißt es meist Dresden-Porzellan; seit dem Jahr 1710
wird es in Meißen hergestellt. Von der Elbe aus sah
ich schon von weitem die Silhouette des tausend Jahre
20 alten Meißen mit den Türmen des spätgotischen
Doms. Ich verbrachte den ganzen Nachmittag und
Abend in Meißen. Als ich wieder im Dresdener
Hotel Astoria war, schlug die Uhr zwölf.

Nach zwei weiteren Tagen fuhr ich mit der
25 Eisenbahn von Dresden nach Ost-Berlin und ging
dann über Checkpoint Charlie nach West-Berlin.

der Zwinger *(planned as)*
forecourt / spielerisch
playful / Außen- *exterior*
die Kreuzkirche *Church*
of the Cross

die Elbe *Elbe river*
die Porzellan-Fabrik
porcelain factory

gekreuzt *crossed* / das
Schwert *sword*

herstellen *manufacture*
von weitem *from afar*

IV

Wien von Gestern und Heute

9

WIEN IN DER GESCHICHTE

Die Kaiserstadt

Unter den älteren Menschen Wiens können sich viele an die gute alte Zeit erinnern. Die gute alte Zeit ist die Epoche vor dem ersten Weltkrieg, als Wien die Hauptstadt eines großen Kaiserreiches, und
5 nicht einer kleinen Republik, war. Hier war der glanzvolle Hof mit seinen galanten Offizieren und Diplomaten. Paraden und Feste nahmen kein Ende. Es war ein schönes Leben! So sagt man sich heute jedenfalls.

10 Ja, dazumal hat man gut gelebt! So sagt man. Damals wurde viel gespielt und gesungen und getanzt. Man drehte sich gern—auch nach links, was nicht leicht ist—nach dem Dreivierteltakt der Walzer von Johann Strauß. Gut gegessen hat man auch. Die
15 goldbraunen Wiener Schnitzel und die Mehlspeisen schmeckten besser als heute. So sagt man. Die Orchester Wiens waren die besten der Welt, in der Oper hörte man die schönsten Stimmen Europas, in den Theatern spielten die bekanntesten Schauspieler
20 der Zeit, die Universität war ein Mekka der Wissenschaft.

„Es gibt nur a Kaiserstadt, es gibt nur a Wien", hatte der Lokalpoet Adolf Bäuerle geschrieben und unter den Bürgern der Stadt ein lebhaftes Echo
25 gefunden—besonders, wenn sie beim Heurigen saßen. Beim Heurigen gab es frischen neuen Wein und sentimentale Weaner Lieder, die man nach dem zweiten Glas Wein mitsang. „Ja, so schön wird's nie wieder. Da kamma nix machn." Mit diesen urwiene-
30 rischen Worten der Resignation endet das Gespräch über damals.

Ja, damals! Aber damals hatte auch der österreichische Schriftsteller Hermann Bahr geschrieben: „Hört man den Wiener, so muß hier zu leben, ein
35 Fluch sein. Aber keiner wandert aus . . . Und er tut nichts, Wien zu verändern, oder den Wiener, auch nur den Wiener in sich selbst. Dies versucht er nicht, und wer es versucht, ist sein Feind. Der Wiener ist

glanzvoll *glittering*
kein Ende nehmen *go on forever*

dazumal *in those (good) times*

sich drehen *turn*
der Takt *time*

das Schnitzel *veal cutlet*
die Mehlspeise *(Viennese) pastry*

der Schauspieler *actor*

a = ein

der Heurige *tavern serving new wine*
Weaner = Wiener
mitsingen *join in singing*
kamma = kann man / nix = nichts

der Fluch *curse* / auswandern *emigrate*

elend *miserable*

sich alles gefallen lassen
put up with anything / sich
wehren *put up resistance*

die graue Vorzeit *remote
antiquity* / sich lohnen *be
worthwhile* / ahnen lassen
intimate, suggest
bunt *colorful*

angehören *belong to*

eine Reihe von *a number of*

die Apotheke *pharmacy*

die Rebe *vine, grapes*
die Gasse *street, lane*

ein mit sich sehr unglücklicher Mensch, der den
Wiener haßt, aber ohne den Wiener nicht leben
kann . . . der sich elend, aber eben darin wohl fühlt,
der immer klagt . . . aber sich alles gefallen läßt, nur
nicht, daß man ihm hilft—dann wehrt er sich." 5

Über Wien und die Wiener erzählt man Anek-
doten seit tausend Jahren. Die Geschichte der Stadt
reicht ja bis in die graue Vorzeit zurück. Es lohnt
sich, Wanderungen in der inneren Stadt zu machen.
Da stehen die uralten Gebäude und lassen manches 10
von der bunten Vergangenheit ahnen. Wege durch die
innere Stadt drehen das Rad der Geschichte zurück,
wenn man mit offenen Augen wandert.[1]

In dem Jahrtausend vor Christus waren Kelten
dort, zur Zeit des alten Rom eine Festung, die die 15
Römer Vindobona nannten. In drei Museen findet
man Überreste dieser Epoche, in der erst die XIII.,
dann die X. Legion der Römer hier ihr Lager hatte.
Der Stadtname Vindobona gehört der Geschichte an,
aber im Sprachgebrauch lebt das Wort weiter. Wenn 20
man in den Straßen der Donaustadt herumwandert,
sieht man das Wort immer wieder. Neben einer Reihe
von Vindobonafirmen und -geschäften gibt es zum
Beispiel eine Vindobona Apotheke und ein Vindobona Kino, ein Vindobona Reisebüro und ein 25
Vindobona Informationsbüro. Der Vindobona
Express fährt täglich vom Franz Joseph Bahnhof in
Wien nach Prag, Dresden und Ost-Berlin.

Was das Wort ,,Vindobona" bedeutet, ist nicht
bekannt. Vielleicht kommt es aus dem Keltischen, 30
vielleicht kommt es von dem Namen eines slawischen
Volkes, vielleicht bedeutet es ,,guter Wein". Im
dritten Jahrhundert ließ der römische Kaiser Probus
zwar Reben pflanzen—unter den besten Heurigen des
heutigen Wien sind die in der Probusgasse—aber 35
der Name wurde schon zur Zeit Marcus Aurelius'
gebraucht. Der römische Kaiser und Philosoph

---

[1] For innumerable historical associations, see Siegfried Weyr,
Wien: Magie der Inneren Stadt (Vienna, 1968).

schrieb seine *Meditationen* und starb im Jahre 180
A.D. in Vindobona. In der Inneren Stadt ist eine
Straße nach dem Philosophen, dessen kosmopoli-
tische Toleranz recht wienerisch klingt, benannt.

5 In den Jahrhunderten nach Marcus Aurelius'
Tod überrannten Goten, Vandalen und andere
germanische Völker Vindobona. In der deutschen
Literatur spielt Wien eine bedeutende Rolle. In dem
bekannten *Nibelungenlied* gibt es im zweiundzwan-
10 zigsten Abenteuer eine Episode, deren Schauplatz
Wien ist. Nachdem Siegfried von Hagen erschlagen
wird, heiratet seine Witwe Kriemhild den Hunnenkönig Attila. Im mittelhochdeutschen Originaltext
heißt es: „Diu hohzit was gefallen an einem
15 pfinxtac . . . in der stat ze Wiene."

Die Hunnen waren übrigens kein germanisches,
sondern ein mongolisches Nomadenvolk. Noch
glauben viele, die durch die Propaganda des zwanzigsten Jahrhunderts irregeführt wurden, daß die
20 Hunnen Germanen waren.

Im Jahr 881 erscheint das Wort „Wenia" als
Kampfplatz zwischen Ungarn und Germanen. Als
1030 weitere Kämpfe stattfanden, wurde der Name
„Wienne" geschrieben. Um diese Zeit begann mit der
25 Familie Babenberg der eigentliche Aufstieg Österreichs und seiner Hauptstadt. Einer der größten
Babenberger war Heinrich Jasomirgott, dessen Name
von dem Spruch kommt, den man täglich aus seinem
Munde hörte: „Ja, so mir Gott helfe!"

30 1137 wurde Wien wieder eine Festung, wie zur
Zeit der Römer. Mit den Kreuzzügen gewann es weiter
an Bedeutung, denn ein Weg nach dem Heiligen
Land ging durch die österreichische Hauptstadt. Der
kulturelle Aufstieg ging mit dem materiellen Hand in
35 Hand. An den glanzvollen Hof kamen die Dichter
und Sänger der Zeit und sangen ihre Minnelieder.

Zwei Jahre nachdem der sechsundachtzigjährige
Kaiser Franz Joseph gestorben war, wurde 1918 der
letzte Habsburger, Karl I., abgesetzt. Über 600 Jahre
40 lang hatten sie von Wien aus regiert. Der Gründer

klingen *sound* / benennen
name

das Abenteuer *adventure*
der Schauplatz *setting,*
scene / erschlagen *slay*
die Witwe *widow*

die Hochzeit *wedding*
der Pfingsttag *day in the*
Whitsun holidays

mongolisch *Mongolian*

irreführen *mislead*

der Aufstieg *rise*

der Spruch *saying*

-jährig *year(s) old*

absetzen *depose*

Herrscher- *ruling*

der Habicht *hawk*

das Siegel *seal*

der Schmelztiegel *melting pot*

des Herrscherhauses, Rudolf I. (1273–1291), war schweizerischen Ursprungs.[1] Habsburg ist eine verkürzte Form des Namens seiner Schweizer Burg, der Habichtsburg, die heute noch existiert.

In kurzer Zeit wurde Wien zur kaiserlichen 5 Metropole und zum Kulturmittelpunkt an der Donau. Durch die Kirche wurde 1365 die Universität Wien gegründet; das älteste Siegel der Universität stammt aus dem Jahr der Gründung.

Als Universitätsstadt, Mittelpunkt der Christen- 10 heit, Hauptstadt des Reiches und Residenz der Habsburger wurde Wien die bedeutendste deutsche Stadt Europas. Berlin war Jahrhunderte lang eine Kleinstadt. München und andere Städte hatten lokale Bedeutung; Wien war politisch, kulturell und wirt- 15 schaftlich eine Weltstadt.

Der Höhepunkt des Aufstiegs liegt im siebzehnten Jahrhundert, als Menschen aus allen Ländern Europas nach Wien kamen. Die Metropole an der Donau wurde immer internationaler. Indem sich die 20 Immigranten mit den Deutschen vermischten, wurde die Kaiserstadt ein Schmelztiegel.

[1] There was, of course, no Switzerland as a political entity at this time.

134   IM WANDEL DER JAHRE

Die Wiener und das Wienerische

Die fremden Einflüsse kann man bis heute auf
Schritt und Tritt bemerken, ob man sie in der Sprache,
in der Architektur oder in der Küche sucht. Spanische,
französische und besonders slawische Einflüsse sind
5 sehr sichtbar. In jedem Adreßbuch findet man Tausende von nichtdeutschen Namen; manchmal sind sie
verdeutscht, oft nicht.

Das Wiener Deutsch ist voller Fremdwörter.
Der große Park Wiens, einer der berühmtesten der
10 Welt, hat seinen Namen „Prater" von dem spanischen
Wort *prado*, „Wiese". Der Dialekt hat die nasalen
Laute mit dem Französischen gemein. Vielleicht ist
es italienischer Einfluß, der die Sprache so weich,
breit und angenehm gemacht hat. Obwohl der süd-
15 deutsche Akzent der Wiener manchem Norddeutschen etwas seltsam erscheint, ist Wienerisch
melodisch und weich wie der deutsche Name der Stadt
selbst.

Die Wendungen des Wienerischen sind andere
20 als die in Deutschland. Statt „Guten Tag" sagt man
unter Männern oft „Hab die Ehr". Man sagt einer
Dame nicht „Auf Wiedersehen", sondern „Küß die
Hand", ob man die Hand küßt oder nicht. Am
Telefon beginnt das Gespräch mit „Mein Kompli-
25 ment" und endet mit „Meine Ergebenheit". Man
spricht die Menschen am besten mit einem Titel an:
Herr Direktor, Herr Professor, Herr Hofrat, Herr
Sektionschef, Herr Architekt. Wenn man nicht weiß,
was für einen Titel ein Mensch hat, sagt man auf
30 jeden Fall „Herr Doktor". Wenn man von ganz
berühmten Menschen spricht, gebraucht man aber
nur den Artikel: *der* Freud, *der* Einstein.

Die weiche Sprache und die galanten Wendungen
hängen zusammen mit der Weltanschauung, deren
35 Motto lautet: „Leben und leben lassen." Das ist,
meinen die Wiener, humaner als der kategorische
Imperativ des Nordens. Die deutsche Tüchtigkeit
kannte man aber nicht. Die Norddeutschen, und

auf Schritt und Tritt *at
every step* / bemerken
notice

sichtbar *visible*

die Wiese *meadow*

weich *soft*
angenehm *pleasant*

die Wendung *phrase*

die Ehr' *honor*

meine Ergebenheit *my
respects*
der Hofrat *councillor to the
court*
auf jeden Fall *in any case*

die Weltanschauung *philosophy of life* / lauten *be*

die Tüchtigkeit *efficiency*

die Schlamperei *indifferent
carelessness, slackness*
die Gemütlichkeit *com-
placent amiability* / das
Gegenstück *counterpart*

zu tun wäre *might be done*

der Entschluß *making up of
one's mind, decision*

sich aufregen *get excited*

der Herrscher *ruler*

mildern *mitigate, tone down*

im großen und ganzen *by
and large*

vergehen *go by* / hängen an
be fond of

die Geschäftsstraße *business
street*

romanisch *Romanesque*

selbst die Wiener, sprechen von österreichischer „Schlamperei". Man spricht auch oft von Wiener „Gemütlichkeit" —als Gegenstück zur norddeutschen Tüchtigkeit!

Gemütlichkeit kann bedeuten, daß man nicht 5 pünktlich ist, daß man lebt und leben läßt. Die Wiener denken gern darüber nach, was zu tun wäre. Sie sprechen auch gern darüber. Der Dichter Grillparzer ist wienerisch, wenn er in seinem Drama *Libussa* schreibt: „Das Schwerste dieser Welt ist der 10 Entschluß." Wenn andere über diese Gemütlichkeit wild werden, lächeln die Wiener: „Es läßt sich aber gut hier leben. Warum sich aufregen? Das Leben ist tragisch genug, warum soll man es sich noch schwerer machen?" 15

Wie weit reicht diese Philosophie in die Vergangenheit zurück? Vor drei hundert Jahren gab es den „ Absolutismus". „ Der Staat bin ich", sagten die europäischen Herrscher der Zeit. Auch Leopold von Österreich sagt: „Der Staat bin ich." Der Absolutis- 20 mus in Österreich war aber nicht so absolutistisch wie in anderen europäischen Ländern, erklärte ein Historiker; der Absolutismus der Habsburger sei durch „Schlamperei" gemildert.

In der Zeit des Absolutismus im achtzehnten 25 Jahrhundert standen schon die meisten Denkmäler, Paläste und Kirchen, die sich Touristen heute mit einem Reiseführer in der Hand ansehen. Der bekannte Stephansdom, liegt in der Inneren Stadt. Mit dem Bau des Doms begann man am Ende des dreizehnten 30 Jahrhunderts; 1433 war er im großen und ganzen fertig. Mehr als ein halbes Jahrtausend ist inzwischen vergangen, und am „Alten Steffl" hängen die Wiener sehr. Tausende von Menschen kommen täglich an dem Dom vorbei, da sechs Geschäfts- 35 straßen am Stephansplatz zusammenlaufen.

Manche Kunsthistoriker meinen, der Dom sei ein Mischmasch aus gotischem, romanischem und barockem Stil und daher architektonisch unbedeutend. Die Liebe der Wiener sei nur aus Senti- 40 mentalität zu erklären. Andere meinen, die drei Stile seien zu einer harmonischen Einheit verschmolzen; der Dom sei ein großes Monument europäischer Architektur. So oder so, der Stephansdom ist mit

5 seiner Mischung von Stilen für Wien und sein Völker- und Kulturgemisch symbolisch.

Ein paar hundert Meter vom Stephansdom steht das bekannte Pestdenkmal, ein Andenken an den Kampf gegen die Pest im siebzehnten Jahrhundert.

10 Jeder kennt das bekannte Lied „Ach, du lieber Augustin", aber wenige wissen, daß Augustin etwas mit der Pest zu tun hatte. Man erzählt, Ende des

verschmelzen *fuse, blend*

das Pestdenkmal *monument of the plague*

STEPHANSDOM

siebzehnten Jahrhunderts lebte ein gemütlicher Alkoholiker namens Augustin in Wien. Im Pestjahr 1679 fand man Augustin völlig betrunken und warf ihn als Pestleiche in die Totengrube; am nächsten Morgen erwachte er, frisch und ausgeschlafen. Die Vorüber- 5 gehenden trauten ihren Augen nicht, als Augustin aus der Totengrube herausstieg und singend seiner Wege ging. Noch heute singt man das Lied vom lieben Augustin, der die Menschen zum Lachen brachte, als es wenig zu lachen gab. 10

Wenn man von den berühmten Gebäuden und Kirchen Wiens spricht, so könnte man eine lange Liste machen. Die Karlskirche und das Schloß Schönbrunn zählen zu den bekanntesten. Den Stil vieler Bauwerke Wiens nennt man Barock. Die 15 Architektur des Barock ist ornamentaler als die

die Pestleiche *body of one who died of the plague* die Totengrube *mass grave* / ausgeschlafen *rested*

das Bauwerk *building, edifice*

SCHLOSS SCHÖNBRUNN

IM WANDEL DER JAHRE

Architektur der Renaissance. Auch spielt das
Religiöse eine große Rolle im Zeitalter der Gegenreformation, dem Zeitalter des Barock.

Die Karlskirche ist das Meisterwerk des größten
5 Baumeisters Wiens, eines der größten Baumeister der
Welt, Fischer von Erlach. Auch Menschen, die wenig
von Baukunst verstehen, empfinden die Lieblichkeit
der Karlskirche, die den Triumph der Gegenreformation und den Geist der Stadt symbolisiert. Die
10 klassischen Säulen zu beiden Seiten der Kirche sind
symbolisch zu verstehen, denn Wien war die Hauptstadt des Heiligen Römischen Reiches Deutscher
Nation.

Das Schloß Schönbrunn, Residenz der Habs-
15 burger, wurde von Fischer von Erlach im siebzehnten
Jahrhundert begonnen. Der Name Schönbrunn
kommt von dem „Schönen Brunnen", der in dem
Park liegt, welcher das Schloß umgibt. Die gelb-graue
Farbe des Schlosses ist heute bekannt als Maria-
20 Theresien-gelb. Obwohl Schönbrunn nicht ein archi-
tektonisches Meisterwerk wie die Karlskirche ist, hat
es als Residenz der Habsburger größere historische
Bedeutung. 1815 kamen Kaiser und Könige, Generäle
und Diplomaten aus allen Ländern Europas hier
25 zusammen. Es war das Jahr des Wiener Kongresses,
der die Napoleonischen Kriege beendete.

1955 feierten Tausende jubilierender Gäste hier
das Ende der Besetzung und die Geburt eines
souveränen Staates. 1961 verstanden sich Nikita
30 Chruschtschow und John F. Kennedy im Laufe ihrer
Gipfelkonferenz schlecht, genossen aber den Abend
in Schönbrunn und das musikalische Programm. Es
begann mit zwei Mozart-Kompositionen, der Figaro-
Ouvertüre und einer Arie aus „Don Giovanni"; es
35 folgten Lieder aus Johann Strauß-Operetten und das
Programm endete mit dem sentimentalen Lied, das
bei den Gästen Beifall fand, „Wien, Wien, nur du
allein, sollst stets die Stadt meiner Träume sein". Oft
finden Kongresse und Empfänge im Schloß Schön-
40 brunn statt.

der Baumeister *architect*

empfinden *feel*

die Säule *column*

der Brunnen *fountain*
umgeben *surround*

jubilieren *jubilate, shout
with joy*

sich verstehen *understand
one another*

der Gipfel *summit* / ge-
nießen *enjoy*

Beifall finden *meet with
approval* / stets *(for) ever*

der Empfang *reception*

MOZART AM KLAVIER

Die musikalische Welt

ausgehend *late*

der Dirigent *conductor*
der Laden *store*

entscheidend *decisive,*
crucial

bewohnen *inhabit*

Im ausgehenden achtzehnten und im neunzehnten Jahrhundert wurde die Donaustadt ein Musikzentrum der Welt. Dirigenten und Opernsänger sind bis heute Gesprächsgegenstände in Läden und an Straßenecken. 5

Während die großen Persönlichkeiten der amerikanischen Geschichte politische Figuren sind —Washington, Jefferson und Lincoln—sind die Österreichs Musiker—Gluck, Haydn, Mozart, Beethoven, Schubert, Brahms, Bruckner, Wolf, 10 Mahler und Richard Strauß. Obwohl nicht alle in Wien geboren wurden, verbrachten sie entscheidende Jahre ihres Lebens dort. Manche der von ihnen bewohnten Häuser sind heute Museen.

Am Anfang des neunzehnten Jahrhunderts, im 15 Jahre 1812, nannte ein Musikkritiker Wien schon „die Hauptstadt der musikalischen Welt". Allerdings

findet man in Beethoven- und Schubertbriefen Stellen, in denen die Stadt in weniger rosigen Farben erscheint. Beethoven sagte einmal: „Vom Kaiser bis auf den Schusterjungen sind alle Wiener nichts
5 wert." Ein anderes Mal sagte er zu einem Londoner Freund, der in Wien zu Besuch war: „England steht hoch in der Kultur. In London weiß jeder Mensch etwas und weiß es gut, aber der Wiener, der weiß von Essen und Trinken zu sprechen und singt und
10 klimpert Musik von wenig Bedeutung." Doch waren das Gefühlsausbrüche, die auf sein stürmisches Temperament zurückzuführen sind.

Mit seinem Freund, dem Dichter Grillparzer, saß er einmal in einer Bierstube. Beide schimpften
15 auf die Stadt, aber dann kamen Sätze wie: „Und doch wird außer Wien nirgends in Deutschland etwas Bedeutendes für die Oper geleistet werden." — „Und doch möchte ich nirgend anders leben." — „Und die übrigen Deutschen sind in Pedanterie ertrunken."
20 — „Gefühl ist hier." — „Ich bin trotz allem in Österreich verliebt." Beethoven wurde in Bonn am Rhein geboren und lebte erst seit 1792 in Wien. 1809 wollte ihn der König von Westfalen für seinen Hof. Er schrieb aber dem König von seiner Liebe zu Wien,
25 von seinem „Patriotismus für sein zweites Vaterland" und meinte, er werde sich immer „unter die österreichischen Künstler zählen und ... nie anderwärts seinen Wohnort nehmen".

Gluck lebte von 1756 an in Wien. Johannes
30 Brahms wurde in Hamburg geboren, kam 1862 und verliebte sich in die musikalische Stadt wie Beethoven vor ihm. Richard Strauß lebte von 1919 bis 1924 in Wien. Die anderen oben erwähnten Komponisten waren gebürtige Österreicher.
35 Gluck, der Reformator der Oper, war 1756 von Bayern nach Wien gekommen und wurde Hofkapellmeister. Er war für Klarheit und Einfachheit der Opernhandlung, gegen die italienische Tradition, bei welcher der Virtuosengesang im Vordergrund stand.
40 „Es war meine Absicht", schrieb er, „alle Mißbräuche

Marginal glosses:

rosig *rosy*

der Schusterjunge *shoemaker's apprentice*

zu Besuch *on a visit*

klimpern *play badly*
der Gefühlsausbruch *emotional outburst* /
zurückführen auf *attribute to*
schimpfen auf *grumble about*

nirgends *nowhere*

leisten *do, accomplish*

übrig *remaining, other* / in Pedanterie ertrunken *be drowning in pedantry*

zählen *count* / anderwärts *elsewhere*

erwähnen *mention*

der Kapellmeister *conductor*

die Handlung *plot, action*

die Absicht *intention*

Mißbräuche verbannen
eliminate abuses / lächerlich *ridiculous*

der Schöpfer *creator,*
originator

der Stimmwechsel *change*
of voice / eine Reihe von
a number of / elend
miserable

vollenden *perfect*

Ehre machen *reflect honor*
upon / die Erscheinung
phenomenon

unsterblich *immortal*

der Hochdruck *high*
pressure / erinnern an
remind (one) of / die
Beziehung *respect*

zu verbannen, die aus dem schönsten aller Schauspiele das lächerlichste gemacht haben." Dieses Ziel hat Gluck erreicht; das erste deutsche Musikdrama, in dem Musik und Handlung verschmelzen, ist seine Oper *Orpheus und Eurydike* (1762).   5

Während Gluck als Opernkomponist eine entscheidende Rolle in der Geschichte der Musik spielt, wurde Haydn der Schöpfer der klassischen Symphonie und des klassischen Quartetts. Er kam, da er eine schöne Stimme hatte, mit acht Jahren als 10 Chorknabe an den Stephansdom in Wien, aber als er im Alter von achtzehn Stimmwechsel hatte, wandte er sich nach einer Reihe von elenden Jahren als Musiklehrer der Instrumentalmusik zu. Er tat damit den entscheidenden Schritt seines Lebens, denn er 15 wurde der Schöpfer eines neuen Orchesters und des klassischen Musikstils, den Mozart und Beethoven vollenden sollten.

Mozart wurde neben Haydn und Gluck der dritte unter den großen Wiener Musikern des achtzehnten 20 Jahrhunderts. ,,Daß ich mir und der ganzen deutschen Nation Ehre mache", war seine Parole. Mozart ist die erstaunlichste Erscheinung in der europäischen Musikgeschichte. Haydn schrieb über ihn: ,,Wenn Mozart auch nichts anderes geschrieben hätte als 25 seine Violinquartette und sein Requiem, würde er allein dadurch schon unsterblich geworden sein." ,,Eine Erscheinung wie Mozart bleibt immer ein Wunder, das nicht weiter zu erklären ist", sagte Goethe, der gern einen von Mozart komponierten 30 *Faust* gehört hätte.

Mozart könnte man den Shakespeare der Musik nennen, denn bei ihm wie bei dem englischen Dichter findet man tiefe Intensität und eine feine Mischung von Ernst und Humor. Mozarts eruptive Natur, die 35 immer unter Hochdruck arbeitete, erinnert in dieser Beziehung an den Dichter Friedrich Schiller und den Philosophen Friedrich Nietzsche.

Mozart wurde 1756 in Salzburg geboren, spielte im Alter von drei Jahren Klavier, obwohl er be- 40

GLUCK

HAYDN

sonders kleine Hände hatte. Seit seinem fünften
Lebensjahr komponierte das Wunderkind Piano-
stücke. Schon als kleiner Junge machte er mit seinem
Vater Konzertreisen durch halb Europa. Mit vierzehn
5 wurde Mozart Kapellmeister in Salzburg, ging aber
1781 nach Wien, da er sich in seiner Heimatstadt
unglücklich fühlte.

In seinen Opern suchte er, dasselbe Ideal zu
verwirklichen wie Gluck vor ihm, denn seine Musik   verwirklichen *realize*
10 verschmilzt nicht nur mit der Handlung, sondern auch
mit dem individuellen Charakter der Personen. Er
hatte schwer zu kämpfen, da die italienische Tradition
in Wien stark war. Bei der ersten Vorstellung des
Figaro (1786) sangen die italienischen Sänger ab-   absichtlich *intentional*
15 sichtlich so schlecht, daß das Werk durchfiel. Die   durchfallen *fail*
Intrigen, gegen die er zu kämpfen hatte, waren
zahllos.

Sein erster voller Triumph als Opernkomponist
kam mit dem *Don Giovanni* (1787). *Die Zauberflöte*   Die Zauberflöte *The Magic*
20 (1791), in der er Freiheit, Brüderlichkeit und Welt-   *Flute*
bürgertum besingt, schrieb er kurz vor seinem Tode.   das Bürgertum *citizenship*
Manche Kritiker meinen, Mozart ist als Instrumental-
komponist am größten, größer noch als in der Oper.

fraglos *unquestionably*

Fraglos ist er mit Haydn und Beethoven der Schöpfer der Instrumentalmusik.

Obwohl er von dem Kaiser in Wien nur ein kleines Stipendium bekam, wollte er nirgend anders leben. Als er 1789 eine Reise nach Berlin machte, bot 5 ihm der König von Preußen, Friedrich Wilhelm II., die Stelle eines Kapellmeisters an. Mozart kehrte aber nach Wien zurück, obwohl er dort weniger Geld bekam, als ihm der preußische König in Berlin angeboten hatte. 10

nirgend anders *nowhere else* / anbieten *offer*

Als Liederkomponist ist Mozart nicht so bedeutend, doch zeigt seine Komposition von Goethes „Veilchen", daß sein Talent auch hier sehr groß war. Die deutsche Lyrik begann erst in diesen Jahren zu blühen. Einige Jahrzehnte nach Mozarts Tode fand 15 Franz Schubert die große Lyrik des Goethe-Zeitalters vor. Mozart hatte nur Anfänge davon erlebt.

das Veilchen *violet*

erleben *witness*

1797 in Wien geboren und 1828 dort gestorben, ist Franz Schubert der Musiker, dem wie keinem anderen Liedermelodien in unendlicher Fülle kamen. 20 Die Menschheit weiß erst, was ein Lied ist, seit Schubert, der in einem kurzen Leben über ein halbes Tausend schrieb. Wie die Brüder Grimm das Märchen, so hat Franz Schubert das Lied zum Kunstwerk erhoben. 25

die Fülle *fullness, abundance*

zum Kunstwerk erheben *refine artistically*

Warum sagte der Komponist, dessen Musik gar nicht melancholisch ist, so melancholisch von sich selbst: „Mir kommt es manchmal vor, als gehörte ich gar nicht in diese Welt?" Zu seinen Lebzeiten fanden seine Werke ein sehr kleines Echo, denn 30 wenige kannten und verstanden ihn. Sein ganzes Leben kämpfte er mit der Armut. Eine kurze Zeit war er Hausmusiklehrer bei einem ungarischen Aristokraten, lebte aber im übrigen von seinen Kompositionen, die ihm sehr wenig einbrachten, und 35 von treuen Freunden, die ihm von Zeit zu Zeit halfen und dann und wann die berühmten „Schubertiaden" veranstalteten, Abende des Musizierens, wo seine Lieder gesungen und seine Kompositionen gespielt wurden. In der heutigen Zeit gibt es während der 40

vorkommen *seem to*

die Armut *poverty*

im übrigen *for the rest*
einbringen *bring in (money)*

veranstalten *arrange* / musizieren *play music*

144

Wiener Festwochen jedes Jahr eine „Schubertiade"
im Hof von Schuberts Geburtshaus, Nußdorferstraße   der Hof *courtyard*
54.

Die Namen von fünf der berühmten Wiener
5 Komponisten, Gluck, Haydn, Mozart, Schubert und
Bruckner, findet man in der Geschichte der Wiener
Sängerknaben, die eine 500 Jahre alte Tradition   die Sängerknaben *choir*
hinter sich haben. Von den drei Chören, die es heute   *boys*
gibt, singen zwei in Wien, während der dritte auf
10 Reisen ist. Für die Aufnahme der Knaben, die   die Aufnahme *admission,*
zwischen sieben und fünfzehn sind, ist das Talent das   *acceptance*
einzige Kriterium.

Spricht man von älterer, klassischer Musik, so
denkt man an Wien. Spricht man von modernen
15 Komponisten, zum Beispiel Arnold Schönberg und
Alban Berg, so denkt man an Wien. Spricht man von
Walzer- und Operettenkomponisten, zum Beispiel
Johann Strauß und Franz Lehar, so denkt man an
Wien. Auch heute noch lernen junge Menschen das
20 Walzertanzen. Der ewig junge Wiener dreht und
dreht sich.   sich drehen *rotate*

WIENER SÄNGERKNABEN

KAFFEEHAUS

Die Komponisten und die Dichter sitzen heute wie damals gerne in den Kaffeehäusern. Das Kaffeehaus ist eine österreichische Institution: eine Art demokratischer Klub, wo jeder Gast für den Preis einer Tasse Kaffee stundenlang sitzen, schreiben, [5] diskutieren, Karten spielen und vor allem Dutzende von Zeitungen und Zeitschriften lesen kann. Über die Idee des Kaffeehauses schrieb der Wiener Schriftsteller Alfred Polgar, daß es geschaffen wurde für Menschen, die allein sein wollen, aber dazu [10] Gesellschaft brauchen.

Der Ursprung des Kaffeehauses führt in die Zeit nach der Türken-Belagerung im siebzehnten Jahrhundert zurück. Die Türken hinterließen einige hundert Pfund Kaffee, den ein Serbe namens [15] Koltschinsky an sich nahm und das erste Kaffeehaus gründete. Der Kaffee schmeckte den Wienern, und es wurden weitere Cafés eröffnet.

Die Wiener sind Kaffee-Feinschmecker. In einem Kaffeehaus bestellen nur Nicht-Wiener „Kaffee". [20]

diskutieren *discuss*

dazu *for that*
die Gesellschaft *company*

die Belagerung *siege*

der Feinschmecker *gourmet*
bestellen *order*

146

Die Einwohner bestellen Kaffee mit Schlag(obers), eine Mélange (Kaffee mit viel Milch), einen Kapuziner (eine Demitasse), einen Braunen (Kaffee mit etwas Sahne), eine Schale Gold (Kaffee mit viel Sahne) oder einen Einspänner (schwarzen Kaffee mit Schlagobers, in einem Glas).

Menschen, die nach ihrer Gewohnheit viel Wasser trinken, klagen, daß sie in Europa kein Wasser bekommen. Die österreichische Hauptstadt ist eine Ausnahme. „Hier gibt es das beste Wasser der Welt —aus Alpenschnee", meinen die Wiener. Vor einigen Jahrzehnten entstand das Espresso Café, die Form des Kaffeehauses für Menschen, die es aus unbekannten Gründen immer eilig haben. Die Wiener kamen, bestaunten die Espressos—und verlangten Zeitungen und Zeitschriften. Der italienische Immigrant wurde zum Wiener.

Das Kaffeehausleben war von kultureller Bedeutung, denn hier haben nicht nur gebildete Dilettanten gesessen, sondern Komponisten, Dichter und Kritiker, die ihre Werke hier schrieben. Die Adresse mancher Schriftsteller lautete: Café Soundso, Wien.

Neben Musik und Poesie sprach man gern über das Theater. Nicht nur Intellektuelle, auch Hausfrauen, Friseure und Ladenmädchen interessierten sich für das Theater mehr als für Sport und Politik. Die Tradition hatte ihren Höhepunkt im neunzehnten und frühen zwanzigsten Jahrhundert, aber auch heute ist die österreichische Hauptstadt eine der großen Theaterstädte der Welt.

Glossary (right margin):

das Schlag(obers) *whipped cream*

die Sahne *cream* / die Schale *Austrian for: cup*

nach ihrer Gewohnheit *according to their custom*
klagen *complain*

die Ausnahme *exception*

es eilig haben *be in a hurry*
bestaunen *look at with astonishment* / verlangen *ask for*

gebildet *cultured, refined*

der Friseur *barber, hairdresser* / das Ladenmädchen *shopgirl*

10

WIEN—DIE ÖSTERREI-
CHISCHE HAUPTSTADT

Das Jahr 1806 war epochemachend; am 1.
August erklärte Napoleon, daß das Heilige Römische
Reich Deutscher Nation nicht mehr existierte. Der
Habsburger Franz II., Kaiser des Heiligen Römischen
Reiches, hatte schon 1804 den Titel Franz I., Kaiser ₅
von Österreich, angenommen. Es gab nun ein Österreich und viele kleine deutsche Länder, aber kein
Deutschland. In der Revolution von 1848 machte
man ohne Erfolg den Versuch, ein neues Deutschland
zu gründen. Damals schrieb der norddeutsche Dichter ₁₀
Friedrich Hebbel, der eine Wienerin geheiratet und
seinen Wohnort in Wien genommen hatte: „Die
lieben Österreicher! Sie denken jetzt darüber nach,
wie sie sich mit Deutschland vereinigen können, ohne
sich mit Deutschland zu vereinigen!" ₁₅

Im Jahr 1867 wurde die Doppelmonarchie
Österreich-Ungarn gegründet. Vier Jahre später entstand das deutsche Kaiserreich unter den Hohenzollern, ohne Österreicher.

Die Geschichte dieser Doppelmonarchie, die mit ₂₀
vielen Problemen zu kämpfen hatte, war kulturell
bedeutend. Neben Musik, Theater und Literatur war
es die Wiener Universität, die berühmt wurde. Aus
allen Kontinenten der Erde kamen Studenten, um
unter den großen Ärzten zu studieren. Es war ein ₂₅

der Erfolg *success* / der
Versuch *attempt*

sich vereinigen *unite*

IM WANDEL DER JAHRE

FREUD

Gebiet vor allem, das die Welt des späten neunzehnten und des zwanzigsten Jahrhunderts besonders interessierte: die Psychoanalyse. In der Umgangssprache gibt es viele Wörter, die aus dem Freudschen
5 Wortschatz stammen.

die Umgangssprache
colloquial language

Der Gründer der modernen Psychoanalyse studierte an der Universität Wien und wurde später dort Professor. Dieser Mann, der mehr über das Abnormale geschrieben hat als irgendein anderer,
10 war ein normaler Mensch. Siebzig Jahre wohnte er in derselben Stadt, vierzig Jahre in demselben Haus. Er war glücklich verheiratet, hatte sechs Kinder und verbrachte einen Tag wie den anderen. Jeden Tag machte er von acht bis elf Analysen und arbeitete an
15 seinen Büchern. Mittwoch abend hatte er eine Gruppe von Studenten und Anhängern zu einer Art sokratischen Diskussion bei sich; Samstag abend spielte er Karten. Das war sein Leben! Ein halbes Jahrhundert lang hatte er keinen Helfer, keinen Assistenten und
20 keinen Sekretär. Briefe schrieb er mit der Hand. Der große Neurologe Sigmund Freud, der sein Leben lang mit Problemen zu kämpfen hatte, war nicht nervös.

irgendein anderer *anyone else*

verheiratet *married*

der Anhänger *follower*

Sein erstes Werk schrieb er zusammen mit
25 seinem Freund Josef Breuer; der Titel war: *Über den*

psychischen Mechanismus hysterischer Phänomene.
Das zweite Werk hieß *Studien über die Hysterie.* In
den nächsten Jahren schrieb Freud die Werke, die
auch unter Laien bekannt wurden. Seine Bücher
über die Psychologie der Fehlleistung, über Träume 5
und über die Rolle des Sexuellen im menschlichen
Leben haben zwar nicht alle gelesen, aber man weiß
von ihnen. Die Grundlage seiner Lehre sind die drei
Mächte: das „Es", das „Ich" und das „Über-Ich".
Das „Es" ist alles, was ererbt ist, was man bei der 10
Geburt mitgebracht hat. Das „Ich" steht zwischen
dem „Es" und der Außenwelt und hat die Aufgabe
der Selbstbehauptung. Das „Über-Ich" ensteht unter
dem Einfluß der Familien- und Volkstradition und
wird zum Gewissen. Das „Über-Ich" und das „Es" 15
sind also die beiden Mächte, zwischen denen das
„Ich" liegt und seine Aufgabe zu erfüllen hat.

Obwohl die moderne Wissenschaft nicht alle
seine Ideen akzeptiert, steht Freud in der Geschichte
der Wissenschaft von der Seele noch immer im 20
Mittelpunkt.

Die Wohnung Sigmund Freuds im 9. Bezirk,
Berggasse 9, Tür Nummer 6, ist heute ein Freud-
Museum. Hier hängt sein Hut, und hier steht sein
Spazierstock. Auch die alten Möbel sind da, vor 25
allem das berühmte Sofa, auf dem die Patienten
während der Analyse lagen. Am Hause steht: „In
diesem Haus lebte und wirkte Professor Sigmund
Freud in den Jahren 1891–1938, der Schöpfer und
Begründer der Psychoanalyse." 30

Im Laufe seines dreiundachtzigjährigen Lebens
erlebte Sigmund Freud viele politische Wandlungen.
Mit dem Ende der Doppelmonarchie Österreich-
Ungarn wurden Polen, Jugoslawien, Ungarn und die
Tschechoslowakei 1918 souveräne Länder. Einen Tag 35
nach dem Ende des ersten Weltkrieges erklärte sich
Österreich als Unabhängige Deutsch-Österreichische
Republik. Im zweiten Artikel der Verfassung hieß es,
das neue Österreich sei ein Teil der Deutschen
Republik. In den Verträgen von Versailles und St. 40

---

der Laie *layman*

die Psychologie der Fehlleistung *psychology of error*

das Es *id* / das Ich *ego* / das Über-Ich *superego* / ererben *inherit*

die Außenwelt *external world* / die Selbstbehauptung *self assertion*
das Gewissen *conscience*

erfüllen *fulfill, accomplish*

die Seele *soul, psyche*

der Spazierstock *cane* / die Möbel *furniture*

wirken *work*

die Wandlung *change*

unabhängig *independent*
die Verfassung *constitution*

der Vertrag *treaty*

150

Germain hieß es aber, daß die Deutsche Republik
und die Deutsch-Österreichische nichts miteinander
zu tun hätten, daß Deutsch-Österreich in der Tat   in der Tat *indeed*
„unabhängig" sei. Wien war bis 1918 Hauptstadt
5 einer vielsprachigen Monarchie gewesen, die über
vierzig Millionen Menschen regierte. Nach 1918   regieren *rule, govern*
wurde es die Hauptstadt einer kleinen Republik von
sieben Millionen, die mit ungeheuren wirtschaftlichen
Problemen zu kämpfen hatte, da eine Millionenstadt
10 von einem großen umliegenden Lande abhängig ist.   umliegend *surrounding*
Ein Lied, das man müde und resigniert damals sang,
begann mit den Worten, womit Märchen beginnen:
„Es war einmal ein Walzer, es war einmal ein Wien."   es war einmal *once upon a*
Zur eigenen Aufmunterung spielte man „Wien, Wien,   *time there was* / zur
15 nur du allein, sollst stets die Stadt meiner Träume   eigenen Aufmunterung
sein"; man träumte von der Vergangenheit, die Welt   *for one's own*
träumte begeistert mit, und es entstand die Legende   *encouragement*
von der romantischen Walzerstadt. Die Stimmung   die Stimmung *mood*
der Wiener äußerte sich in den oft wiederholten   sich äußern *be expressed*
20 Worten: „Ja, damals ist es uns noch gut gegangen.   wiederholen *repeat*
Jetzt geht es uns natürlich besser, aber besser wäre,
es ging uns schon wieder gut."

Adolf Hitler hatte auf der ersten Seite seines
Buches *Mein Kampf* geschrieben: „Deutsch-Öster-
25 reich muß wieder zurück zum großen deutschen
Mutterlande." Im Jahre 1938 ließ er deutsche Truppen
in Österreich einrücken, und Österreich wurde ein   einrücken in *march into*
Teil des Dritten Reiches. Achtzehn Monate später
brach der Krieg aus.
30 In der „Moskauer Deklaration der Vier   Moskau *Moscow*
Nationen" proklamierten die USA, Großbritannien,   proklamieren *proclaim*
die Sowjetunion und China als eines ihrer Kriegsziele
die Wiedererrichtung einer selbständigen Republik   die Wiedererrichtung
Österreich.   *reestablishment*
35 Der Krieg brachte viel Zerstörung mit sich. Als
Wien 1945 besetzt wurde und es den Menschen
schlecht ging, meinte der Optimist: „Eines Tages
werden wir alle betteln gehen", während der Pessimist betteln *beg*
fragte: „Ja, aber wo?"

zu Ende gehen *come to an
end* / immerwährend
everlasting

scheitern an *fail because of*
die Assoziierung *association*

der Sitz *seat*

das Bemühen um
endeavors for

entsprechen *be in keeping
with*

die Erinnerung
reminiscence / die
Sicherheit *security*

atomar *atomic*

Herrgott *Lord*

die Wohnstube *living room*
alle *every*

das G'sichterl = das Gesicht
zart *soft*

Als die Besetzung 1955 zu Ende ging, beschloß
die jetzt selbständige Republik die „immerwährende
Neutralität Österreichs". Die Schweizer lächelten und 5
sagten: „Aber *wir* nehmen die Neutralität ernst."
Doch scheiterten Pläne für eine Assoziierung an die
Europäische Wirtschaftsgemeinschaft an der Neu-
tralitätserklärung.

Als Sitz der IAO, der Internationalen Atom- 10
energie-Organisation, ist die österreichische Hauptstadt Weltzentrum für das Bemühen um Atome für
den Frieden. Die übernationale Rolle Wiens als
Mittelpunkt der IAO, in der hundertfünf Nationen
zusammenarbeiten, entspricht dem Geist seiner 15
Geschichte.

Technik, Industrie und Wissenschaft werden in
dem Österreich von heute modernisiert. Es werden
Wohnhochhäuser und Geschäftshäuser gebaut—aber
nicht in der Inneren Stadt Wiens. Das Stadtbild des 20
ersten Bezirks ändert sich nicht. Es sieht noch aus
wie damals. „Damals!" Das ist die Zeit Franz
Josephs vor dem ersten Weltkrieg. Damals, schrieb
Stefan Zweig in seinem Buch der Erinnerungen, *Die
Welt von gestern*, war „die goldene Zeit der Sicher- 25
heit".

Ein Gefühl der Sicherheit, wie es die Menschen
vor siebzig oder achtzig Jahren hatten, kann der
Mensch des atomaren Zeitalters nicht haben. Da sich
in den letzten Jahren aber vieles gebessert hat, 30
materiell und politisch, sagt mancher Wiener von
heute auch das, was der Wiener damals sagte:
„Herrgott, ich möcht' so leben können, wie ich
leb'." Musik und Theater sind erstklassig. Im Kaffeehaus, der Wohnstube des Wieners, bekommt man 35
den besten Kaffee, während der Kellner alle halbe
Stunde ein Glas Wasser und neue Zeitungen bringt.
Die jungen Wienerinnen haben immer noch das liebe
G'sichterl mit dem zarten Lächeln. Die schöne blaue
Donau ist immer noch gelblich braun. 40

V

Studenten gegen Hitler

11

DAS IDEAL UND DIE
WIRKLICHKEIT

Hans Scholl war vierzehn Jahre alt, seine
Schwester Sophie zehn. Vor einigen Monaten waren
sie nach Ulm, der Stadt an der Donau gezogen. Ulm
ist der Geburtsort Albert Einsteins, aber Einstein
war kurz zuvor ins Exil gegangen. Davon wußten 5
sie nichts. Es war in dieser Zeit, daß politische
Ereignisse Deutschland und die Welt erschütterten.

Am 30. Januar 1933 hörten sie in der Schule
Leute sagen: „Jetzt ist Hitler an die Regierung
gekommen." Später am Nachmittag kam durchs 10
Radio: „Nun wird alles besser werden in Deutsch-
land." Die Politik trat in das Leben von Hans und
Sophie Scholl.

In den nächsten Wochen hörten sie viel von
Vaterland und Heimatliebe reden. Natürlich liebten 15
sie ihre Heimat, obwohl sie kaum sagen konnten,
warum. Nun sagte man überall, wie groß dieses
Deutschland sei. Hitler wird nicht ruhen, stand in
der Zeitung, bis jeder einzelne Deutsche ein freier
und glücklicher Mensch ist. Die Kinder fanden das 20
gut. Sobald sie Gelegenheit hatten, traten sie in die
Hitlerjugend ein. Da sie mit Leib und Seele dabei
waren, konnten sie nicht verstehen, daß ihr Vater gar
nicht glücklich war. Er war gar nicht stolz auf seine

---

der Geburtsort *birthplace*
zuvor *before*
das Ereignis *event*
erschüttern *shock*

an die Regierung kommen
  come to power

treten in *enter*

ruhen *rest*

die Gelegenheit *opportunity*
mit Leib und Seele *with
  body and soul* / dabei sein
  take part

HITLERJUGEND

uniformierten Kinder. Es war ihnen unklar, wieso er Hitler mit dem Rattenfänger von Hameln vergleichen konnte. Es war ihnen unklar, was er meinte, als er von Naziverbrechern sprach. Die Worte des Vaters
5 waren in den Wind gesprochen.

    In den nächsten Jahren fühlten sich die Kinder als Teile einer großen Bewegung. Dann und wann kamen allerdings Fragen auf. Eines Abends erklärte jemand, es wäre ja alles sehr schön, nur die Sache
10 mit den Juden wäre ihnen unverständlich. Ein Älterer antwortete: „Hitler weiß schon, was er tut. Um der großen Sache willen muß man manches Schwere und Unverständliche akzeptieren." Obgleich viele mit der Antwort nicht zufrieden waren, hatten

der Rattenfänger von Hameln *Pied Piper of Hamelin* / der Verbrecher *criminal*

dann und wann *now and then*

unverständlich *incomprehensible*

die Sache *cause* / um ... willen *for the sake of*

zufrieden *satisfied*

es die meisten am nächsten Tage wieder vergessen. Hans Scholl dachte aber weiter darüber nach. Auch machte er eine Erfahrung, die ihn sehr persönlich traf. Schon lange hatte er Volkslieder gesammelt, dänische und norwegische, englische und franzö- 5 sische, die seine Freunde gern hörten, wenn er sie zur Gitarre sang. Als ein Hitlerjugendführer das Singen hörte, erklärte er: „Solche Lieder sind verboten. Es gibt genug deutsche Lieder." Hans Scholl legte die Gitarre weg, ging nach Hause, legte sich aufs Bett 10 und konnte stundenlang nicht einschlafen.

Im Jahre 1936 wurde Hans Scholl auserwählt, das Banner seiner Gruppe beim Parteitag in Nürnberg zu tragen. Freunde und Bekannte gratulierten. Mit Begeisterung fuhr er nach Nürnberg. Zu Hause 15 wartete man auf den Bericht über die großen Ereignisse. Als er zurückkam, konnte man zunächst wenig aus ihm herausbringen. Erst mit der Zeit erfuhr man, daß die Wirklichkeit anders aussah, als das Ideal. In Nürnberg hatten die Führer tagaus 20 tagein von Treue geredet, aber zu sehen war nichts als Drill und Uniform.

Einige Wochen später kam er mit einem neuen Verbot nach Hause. Ein höherer Nazi hatte ihm ein Buch von Stefan Zweig aus der Hand genommen mit 25 der Erklärung, daß es verboten sei. Warum? Stefan Zweig war Jude. In derselben Zeit hörte er die Geschichte von einem jungen Lehrer, der plötzlich in ein Konzentrationslager verschwunden war. Als immer mehr zusammenkam, wurde Hans Scholl 30 stiller und ernster. Wenn der Vater nun von Naziverbrechern sprach, hörten er und seine Schwester ernst zu.

Hans Scholl war schon jahrelang Mitglied einer Organisation für Vierzehn- bis Achtzehnjährige, die 35 sich „Jungenschaft" nannte. Die „Jungenschaft" war unter Hitler halb verboten, aber es gab sie noch in manchen Städten Deutschlands. Die Jungen machten Wanderungen zusammen, übernachteten im Freien, saßen vor dem Feuer und sangen. Von Zeit zu Zeit 40

Glossary (left margin):

eine Erfahrung machen *have an experience*
treffen *hit*

auserwählen *select*

gratulieren *congratulate (someone)*

der Bericht *report*

zunächst *at first*

herausbringen aus *get out*

die Treue *loyalty* / nichts als *nothing but*

das Verbot *prohibition*

plötzlich *suddenly*

verschwinden *disappear*

die Jungenschaft *Boys' Club*

im Freien *in the open*

IM WANDEL DER JAHRE

erschienen ihre Fahrtenbücher und Zeitschriften. Plötzlich erklärten die Nazis im Jahre 1938, die Jungen wären eine Gefahr fürs Vaterland. Hunderte, unter ihnen Hans, wurden von der Gestapo ins
5 Gefängnis gesteckt. Er schrieb damals: „Reißt uns das Herz aus dem Leibe—und ihr werdet euch blutig daran verbrennen."

Die Wochen im Gefängnis wurden das entscheidende Erlebnis in seinem Leben. Hitlerjugend
10 und alles, was mit der Hakenkreuz-Partei zusammenhing, wurden ihm verhaßt. Wo stand er? Er wußte es nicht. Er war allein mit sich, als er aus dem Gefängnis kam. Die Fragen fanden keine Antwort. Beziehungen zur politischen Opposition hatte er
15 nicht. Dem Vater wurden oft Schwierigkeiten gemacht; er hatte wenig Zeit für die Kinder.

Hans Scholl begann zu lesen. In der Bibliothek des Vaters standen die Werke der deutschen Dichter und Denker. In der Bibliothek eines älteren Be-
20 kannten entdeckte er die antiken und die modernen französischen Philosophen. Immer wieder kam er auf die Schriften der deutschen Klassiker zurück. Friedrich Schillers Freiheitsdramen, *Wilhelm Tell* und *Don Carlos*, mit den Worten „Geben Sie Gedan-
25 kenfreiheit", gewannen aktuelle Bedeutung. Auch entdeckte er in Schillers politischen Schriften einen frischen Wind. Er verglich Sparta, den militaristischen Staat im alten Griechenland, den Schiller beschrieb, mit dem Deutschland der dreißiger Jahre. In dem
30 Essay standen die Worte: „Sobald das Kind geboren war, gehörte es dem Staat. Vater und Mutter hatte es verloren . . . Dadurch, daß der Staat der Vater seiner Kinder wurde, hörte der natürliche Vater desselben auf, es zu sein. Das Kind lernte nie seine
35 Mutter, seinen Vater lieben." Wird es im heutigen Deutschland nicht auch so?

Lange saß er still am Schreibtisch, bevor er weiterlas. „Das Vaterland war das erste Schauspiel, das sich dem spartanischen Knaben zeigte, wenn er
40 zum Denken erwachte . . . Alles, was um ihn lag, war

---

das Fahrtenbuch *travel book*

die Gefahr *danger*

das Gefängnis *prison* reißen *tear* / sich blutig verbrennen an *be seared for life* / entscheidend *decisive*

das Hakenkreuz *swastika* verhaßt *odious, hated*

die Beziehung *connection* die Schwierigkeit *difficulty*

die Bibliothek *library*

antik *ancient*

die Gedankenfreiheit *freedom of thought* aktuell *up-to-the-minute, timely*

die dreißiger Jahre *the thirties* / sobald *as soon as*

aufhören *to stop*

das Schauspiel *spectacle*

Nation, Staat und Vaterland. Es war der erste Eindruck in seinem Gehirne, und sein ganzes Leben war eine ewige Erneuerung dieses Eindrucks." War es nicht genau so unter Hitler? Im nächsten Paragraphen stand: „Die Idee von Vaterland und vaterländischem 5 Interesse verwuchs mit dem innersten Leben aller seiner Bürger. Noch andre Gelegenheiten, diese Triebe zu entflammen, gaben die öffentlichen Feste." Wo gab es wohl mehr öffentliche Feste? In Sparta oder im nationalsozialistischen Deutschland? „In 10 Sparta gab es keine eheliche Liebe", hatte Schiller weitergeschrieben, „keine Mutterliebe, keine kindliche Liebe, keine Freundschaft—es gab nichts als Bürger, nichts als bürgerliche Tugend."

Es war schon nach Mitternacht; morgen mußte 15 er früh aufstehen. Seine Gedanken ließen ihm aber keine Ruhe. Obgleich es im Hitler-Deutschland noch nicht ganz so weit gekommen war—man war auf dem besten Weg dahin.

Er fragte sich, was Schiller von dem spartanischen 20 Staat hielt. Auf der nächsten Seite fand er die Antwort. „Alles darf dem Besten des Staats zum Opfer gebracht werden, nur dasjenige nicht, dem der Staat selbst nur als ein Mittel dient. Der Staat selbst ist niemals Zweck. Er ist nur wichtig als eine Be- 25 dingung, unter welcher der Zweck der Menschheit erfüllt werden kann. Dieser Zweck ist kein andrer als Ausbildung aller Kräfte des Menschen." Was Hans Scholl dunkel empfunden hatte, war hier klar ausgedrückt. Er gewann Klarheit über die politische 30 Konstellation im Deutschland Hitlers. Doch was er als Einzelner machen könnte, wußte er nicht.

1938 wurde er Student der Medizin an der Universität München. Im Herbst 1939 begann Hitlers Invasion von Polen; einige Tage später erklärten 35 England und Frankreich Deutschland den Krieg. Die Hitlersche Politik hatte zum zweiten Weltkrieg geführt. Ältere Leute saßen ernst am Radio und hörten voller Besorgnis die letzten Nachrichten. Die Jüngeren fragten sich, wann sie an die Front müßten. 40

HANS SCHOLL

SOPHIE SCHOLL

Hans Scholl blieb es einige Monate lang erspart, die Uniform anzuziehen. Doch im Frühling des nächsten Jahres, kurz bevor der Sitzkrieg zum Blitzkrieg wurde, mußte er Soldat werden. Den Feldzug in Frankreich machte er im Mai und Juni 1940 als Sanitäter mit. Da Hermann Göring nach Ende des Feldzuges erklärte, der ganze Krieg sei praktisch gewonnen und viele Soldaten nach Hause schickte, durfte Hans Scholl an die Universität München zurück. Er war in einer Studentenkompanie und verbrachte die Zeit bis 1942 halb als Student, halb als Soldat.

Die Unfreiheit war seit Beginn des Krieges noch größer geworden. Immer wieder hörte man von der Geheimen Staatspolizei, die zwischen fünf und sechs in der Frühe ihre „Besuche" zu machen pflegte. Die „Besuchten" verschwanden oft in Konzentrationslagern, von denen die meisten Deutschen nur wußten, daß sie existierten. Millionen von Deutschen, die wie

erspart bleiben be spared from

der Sitzkrieg sit-down war (term used in 1939–40)
der Feldzug campaign

der Sanitäter member of the ambulance corps

geheim secret

die Frühe morning / pflegen be in the habit of

Hans Scholl empfanden, vertrauten nur den nächsten Verwandten und den intimsten Freunden ihre Gedanken und Gefühle an.

Unter den Studenten der Medizin waren drei, mit denen Hans Scholl Freundschaft schloß. Der 5 eine, Alexander Schmorell, der Sohn eines Arztes, war ein humorvoller, ruhiger Mensch. Der zweite, Christoph Probst, war verheiratet und hatte zwei Kinder im Alter von zwei und drei Jahren. Der dritte, Willi Graf, war ein großer, blonder, schweig- 10 samer Mensch aus dem Saarland. Sie lernten sich in der Studentenkompanie kennen und empfanden schnell, daß sie zusammen gehörten. Ihre Anschauungen über das Hitler-Regime waren die gleichen. Sie studierten zusammen und verbrachten 15 die Freistunden zusammen.

Im Frühling 1942 kam die Schwester Sophie auch nach München, um hier zu studieren. Am 9. Mai, es war ihr Geburtstag, kam sie an. Von zu Hause brachte sie einen Geburtstagskuchen und eine 20 Flasche Wein mit. Ein halbes Jahr hatte sie Arbeitsdienst machen müssen, dann ein weiteres halbes Jahr Kriegshilfsdienst. Unter den vielen Mädchen war sie einsam geworden, denn Sophies Anschauungen über den Staat waren die gleichen wie diejenigen 25 ihres Bruders. Dazu kam die Sorge um den Vater. Eines Morgens hatte er zwischen fünf und sechs in der Frühe „Besuch" bekommen. Drei Männer von der Geheimen Staatspolizei wollten ihn sprechen. Nach vielen Fragen durchsuchten sie das Haus und 30 nahmen den Vater mit. Am Nachmittag durfte er zwar wieder nach Hause gehen, aber die Gestapo-Männer erklärten, sie würden bald wiederkommen. Man hätte erfahren, daß Herr Scholl Adolf Hitler „die Gottesgeißel der Menschheit" genannt hatte. 35

Mit gemischten Gefühlen war Sophie nach München gefahren. Sorge um die Eltern dämpfte die Freude, mit der sie dem neuen Leben und dem Wiedersehen mit dem Bruder entgegensah. Hans Scholl war am Bahnhof, als der Zug ankam. Am 40

Freundschaft schließen
make friends

verheiratet *married*

schweigsam *reserved, silent*

die Anschauung *view,
attitude*

ankommen *arrive*

der Kriegshilfsdienst
auxiliary war service
einsam *lonely*

Sorge um *worry about*

durchsuchen *search*

die Gottesgeißel *scourge of
God*

dämpfen *dampen, deaden*

entgegensehen *look forward
to* / der Zug *train*

Abend kamen die Freunde bei ihm zusammen, um
Sophie kennenzulernen und ihren Geburtstag zu
feiern. Im Mittelpunkt waren Sophie, der Geburtstagskuchen und der Wein. Hans spielte die
5 Gitarre, Alex die Balalaika. Man sang und war
guter Stimmung. In der letzten Stunde sprach man
über Politik und Krieg. Die Stimmung wurde ernst.

„Ist es nicht ein Unsinn", fragte plötzlich einer
der Mediziner, „daß wir in unseren Zimmern sitzen
10 und lernen, wie man Menschen heilt, während der
Staat täglich zahllose Menschenleben in den Tod
treibt? Worauf warten wir eigentlich? Bis eines
Tages der Krieg zu Ende ist und alle Völker sagen,
wir haben eine solche Regierung ohne Widerstand
15 akzeptiert?" Widerstand! Der Gedanke ging allen
durch den Kopf. „Man sollte einen Vervielfältigungs-
Apparat haben", meinte Hans.

Sophie Scholl hatte das Glück, ein Kolleg in der
philosophischen Fakultät bei Professor Kurt Huber
20 zu hören. Er hatte den Ruf, das beste Stück der
ganzen Universität zu sein. Als sie Professor Huber
das erste Mal hörte, war sie begeistert; was er sagte,
war lebendig und aktuell. Obgleich er sich vorsichtig
ausdrückte, war es klar, daß er kein National-
25 sozialist war. Sie machte ihren Bruder und dessen
Freunde mit Professor Huber bekannt. Man fühlte
sofort, daß Gleichgesinnte sich hier gegenüber-
standen. Hans Scholl lud ihn zu sich ein, obgleich er
nicht erwartete, daß der Professor kommen würde.
30 Professoren hatten wenig Zeit für Studenten. Zu
seinem Erstaunen sagte Professor Huber zu.

Einige Tage später waren alle sechs bei Hans
Scholl versammelt. Eine lebendige politische Diskussion kam sofort in Gang. Keiner von den sechs
35 hatte aber politische Erfahrung. Die Frage, wie und
in welcher Form man etwas gegen das Hitler-Regime
unternehmen könnte, fand zunächst keine Antwort.

---

feiern *celebrate* / der
  Mittelpunkt *center*

die Stimmung *mood*

der Unsinn *nonsense*

heilen *cure, heal*
zahllos *countless*

der Widerstand *resistance*

der Vervielfältigungs-
  Apparat *mimeograph
  machine*

das Stück *part*

vorsichtig *careful*

Gleichgesinnte *kindred
  spirits* / sich gegenüber-
  stehen *face one another*
erwarten *expect*

das Erstaunen *astonish-
  ment* / zusagen *accept*
versammeln *gather*
in Gang kommen *start*
die Erfahrung *experience*

12

WIDERSTAND

Vier Wochen später erschütterte ein sensationelles Ereignis die Stadt München. Antinationalsozialistische Flugblätter lagen im Rathaus, in den Universitätsräumen, auf den Straßen. In der Bibliothek, wo Sophie mehrere vorfand, las sie: „Widerstand! Verhindert das Weiterlaufen dieser atheistischen Kriegmaschine, ehe es zu spät ist . . . Alles darf dem Besten des Staates zum Opfer gebracht werden, nur dasjenige nicht, dem der Staat selbst nur als Mittel dient. Der Staat selbst ist niemals Zweck."

Sophie hielt den Atem an. Sie ging zu Hans aufs Zimmer. Er war nicht zu Hause. Sie setzte sich an den Schreibtisch und blätterte durch die Bücher, die darauf lagen. Im einem Band von Schiller las sie mit wachsender Aufregung, als sie zu den Worten kam: „Der Staat selbst ist niemals Zweck." Sie machte das Buch zu und schloß die Augen. Was hatte Heinrich Himmler, Reichsführer der SS und Chef der Gestapo, vor einigen Tagen gesagt? „Wenn jemand dem Führer oder dem Reich nicht treu ist, und sei es nur in Gedanken, so habt ihr dafür zu sorgen, daß dieser Mensch unsere Reihen verläßt. Wir aber werden dafür sorgen, daß er diese Welt verläßt."

Ein Flugblatt hatte sie noch in der Hand, als Hans nach Hause kam. „Weißt du, woher die Flugblätter stammen?" fragte sie. „Man soll heute

---

das Flugblatt *handbill*

verhindern *prevent*

blättern *thumb*

SS = Schutzstaffel *literally: protective echelon; the SS were used originally for the protection of National Socialist speakers* / sorgen für *see to it* / die Reihe *rank*

stammen *come (from)*

164

manches nicht wissen", antwortete er. Sie schwieg
eine Weile, bevor sie langsam sagte: „Allein kann
man so etwas nicht." Kein weiteres Wort wurde
gesprochen.

5 Drei Tage später erschienen Flugblätter zum
zweiten Mal. Es war nicht die Schillersche Sprache,
die man dieses Mal las. Die Worte waren aber einfach
und klar. „Man kann sich mit dem Nationalsozialismus nicht geistig auseinandersetzten, weil er
10 ungeistig ist. Es ist falsch, wenn man von einer
nationalsozialistischen Weltanschauung spricht . . .
Lüge . . . Schreibt doch Hitler selbst: ‚Man glaubt
nicht, wie man ein Volk betrügen muß, um es zu
regieren‘ . . . Jetzt stehen wir vor dem Ende . . .
15 Widerstand! . . . Ein Ende mit Schrecken ist immer
noch besser als ein Schrecken ohne Ende . . . Es ist
noch nicht zu spät."

In den nächsten vier Wochen erschienen weitere
Flugblätter, nicht nur in München, sondern auch in
20 anderen süddeutschen Städten. „Jedes Wort, das aus
Hitlers Munde kommt, ist Lüge . . . Wir müssen das
Böse dort angreifen, wo es am mächtigsten ist, und
es ist am mächtigsten in der Macht Hitlers . . . Unser
heutiger ‚Staat‘ ist die Diktatur des Bösen . . . Die
25 nationalsozialistische Macht muß militärisch gebrochen werden."

sich auseinandersetzen
come to an understanding

die Lüge *lie*
betrügen *deceive, cheat*

der Schrecken *horror*

angreifen *attack* / mächtig
powerful

böse *evil*

PROFESSOR HUBER

165

Alle sechs nahmen nun an der Arbeit teil: die Scholls, Alexander Schmorell, Christoph Probst, Willi Graf und Professor Huber. Einige schrieben, einige vervielfältigten, einige trugen die Blätter aus. Wenn sie in andere Städte fuhren, stellten sie die Koffer im Zug ab, aber nie bei sich. Erst im Augenblick des Aussteigens nahmen sie das Gepäck an sich, denn oft kontrollierte die Gestapo oder die Kriminalpolizei die Koffer. Meistens kamen sie bei Nacht in den Städten an. Manchmal, wenn Fliegeralarm war, mußten sie besonders vorsichtig zu Werke gehen, denn es war dann verboten, auf der Straße zu sein. Trotz großer Schwierigkeiten ging alles gut. Sie kamen immer mit leeren Koffern zurück.

Eine längere Pause trat ein, als die Studentenkompanie Befehl zum Abtransport nach Rußland bekam. Am letzten Abend vor der Fahrt versammelten sich die Freunde noch einmal. Professor Huber und einige Studenten, auf die man rechnen konnte, waren eingeladen. Im Laufe des Abends wurden Pläne für die Zukunft besprochen. Das Endresultat war: Wenn sie das Glück hätten, aus Rußland heimzukommen, wollten sie ihre Tätigkeit zu einer systematischen Widerstandsbewegung erweitern. Zu diesem Entschluß zu kommen, war nicht leicht. Es kostet Kraft, gegen den Strom zu schwimmen. Es ist nicht leicht, dem eigenen Volk die militärische Niederlage zu wünschen.

Die Kompanie war fünf Monate in Rußland. Inzwischen kam die Gestapo wieder zwischen fünf und sechs in der Frühe zu Herrn Scholl. Dieses Mal mußte er vier Monate im Gefängnis sitzen. Sophie gab das Studium auf, packte ihre Sachen und fuhr heim. Das Haus war still geworden. Die Briefe aus Rußland erzählten wenig von den Erlebnissen an der Front und von militärischen Ereignissen, aber viel von schlaflosen Nächten und von dem Wunsch, nach Haus zu kommen, um weiter zu „arbeiten".

Alle vier kamen unverwundet nach Deutschland zurück. Sie hatten Glück, nicht an der Schlacht von

---

austragen *distribute*

abstellen *put down*

aussteigen *get off*
kontrollieren *check*
meistens *usually*
Flieger- *air raid*

eintreten *set in*
der Befehl zum Abtransport *orders to leave*

rechnen auf *count on*

besprechen *discuss*

die Tätigkeit *activity*
erweitern *expand* / zu einem Entschluß kommen *reach a decision*

die Niederlage *defeat*

unverwundet *unharmed*
die Schlacht *battle*

166

Stalingrad teilnehmen zu müssen; sie hatte schon
begonnen. In München kamen sie mit Sophie und
Professor Huber in einem kleinen Häuschen zusammen, das einem Mann gehörte, der selber an die
5 Front mußte. Das Haus stand jetzt leer, und dort
gingen sie wieder an die Arbeit. Nach der großen
Schlacht von Stalingrad war in Tausenden von
Blättern zu lesen: „Der Krieg geht seinem sicheren
Ende entgegen... Hitler kann den Krieg nicht
10 gewinnen, nur noch verlängern!.. ‚Ich kämpfe bis
zum letzten Mann‘, sagt Hitler—der Krieg ist schon
verloren ... Trennt Euch von dem nationalsozialistischen Untermenschentum! Beweist durch die Tat,
daß Ihr anders denkt! Ein neuer Befreiungskrieg[1]
15 bricht an. Der bessere Teil des Volkes kämpft auf
unserer Seite ... Entscheidet Euch, ehe es zu spät
ist ... Glaubt nicht an die nationalsozialistische
Propaganda!"

In diesen Tagen konnte man in der Münchener
20 Ludwigstraße die Worte „Nieder mit Hitler" siebzig
Mal lesen. In der Nacht hatten Hans, Alex und Willi
die Worte an die Häuser gemalt. Zu gleicher Zeit
erschienen Flugblätter in Berlin und Hamburg. In
Berlin hatte ein Medizinstudent, der mit Hans
25 befreundet war, es übernommen, auch dort eine
Widerstandsbewegung zu gründen. Nach Hamburg
hatte eine Studentin ein Münchener Flugblatt gebracht. Dort fand sich eine Gruppe von Studenten,
die es vervielfältigten. Die Münchener Freunde
30 hofften, daß sich der Geist des Widerstandes in
einer Stadt nach der anderen verbreiten werde.

Anfang Februar 1943 arbeiteten Professor Huber
und Hans Scholl an einem weiteren Blatt. Über die
Niederlage von Stalingrad schrieben sie: „Erschüttert
35 steht unser Volk vor dem Untergang der Männer
von Stalingrad ... Wollen wir weiter einem Dilettanten das Schicksal unserer Armeen anvertrauen?"

entgegengehen *move toward*
verlängern *prolong*

sich trennen *divorce oneself*
das Untermenschentum
  subhuman regime / be-
  weisen *prove*
anbrechen *begin*
sich entscheiden *decide*

nieder *down*

zu gleicher Zeit *at the same
  time*

übernehmen *undertake*
gründen *set up*

sich verbreiten *spread*

der Untergang *fall,
  destruction*

das Schicksal *fate, destiny*
anvertrauen *entrust to*

[1] Reference to the German War of Liberation against Napoleon,
  1813–1815.

Über die innerdeutsche Politik schrieben sie: „Im Namen der deutschen Jugend fordern wir vom Staat Adolf Hitlers die persönliche Freiheit zurück . . . Es gibt für uns nur eins: Kampf gegen die Partei!" Die Schrift schloß mit der Forderung: „Studentinnen! Studenten! Auf uns sieht das deutsche Volk! Von uns erwartet es, wie 1813 die Brechung des Napoleonischen, so 1943 die Brechung des nationalsozialistischen Terrors."

Am 17. Februar war man fertig mit der Vervielfältigung von Tausenden von Blättern. In der Frühe des 18. füllten Hans und Sophie einen Koffer, ehe sie zur Universität gingen. Fünf Minuten nachdem die beiden das Haus verlassen hatten, kam ein Freund mit einer Warnung. Da niemand zu Hause war, setzte er sich auf die Treppe und wartete.

Wenige Menschen waren auf der Straße, als sich Hans und Sophie auf den Weg zur Universität machten. Der Himmel war blau und klar. Die Sonne schien. Dann und wann fuhr ein Auto in schnellem Tempo vorbei. Die Läden waren noch zu. Die Türen der Universität waren auf, aber die Hörsäle waren noch geschlossen. Sie hatten alle Hände voll zu tun, die Blätter auszulegen, bevor Studenten und Professoren kamen. Zu Hunderten legten sie sie aus, so schnell sie konnten. Die Zeit verging wie im Fluge. In wenigen Minuten sollten die Hörsäle vom Hausmeister geöffnet werden. Da der Koffer noch halb voll war, gingen sie schnell die Treppen hinauf und leerten vom obersten Stock den Rest in die Eingangshalle hinab. Als sie die Treppe wieder herunterkamen, war die große Tür zu. Sie versuchten eine zweite zu öffnen. Diese war auch geschlossen. Als sie zum zweiten Male an die große Tür kamen, ging sie auf. Auf der Treppe standen sechs Beamte in Uniform. Der Hausmeister hatte die Gestapo telefonisch alarmiert.

Donnerstag, den 18. Februar, um acht Uhr bringt man Hans und Sophie Scholl ins Wittelsbacher Palais, das die Nationalsozialisten als Gestapo-

---

fordern *demand*

erwarten *expect*

fertig *finished*

die Treppe *staircase*

der Hörsaal *lecture room*

auslegen *distribute*
zu *by the*
wie im Fluge *like a flash*
der Hausmeister *janitor*

der oberste Stock *highest floor*

aufgehen *open* / der Beamte *official*

das Wittelsbacher Palais *Wittelsbach palace*

168

Gefängnis benutzen. Hans Scholl kommt in eine, Sophie in eine andere Zelle. In der Zelle Sophies befindet sich ein Mädchen namens Else G. „Nichts eingestehen, wofür sie keine Beweise haben", erklärte
5 Else. „Nein", sagt Sophie ruhig. Zehn Minuten später geht die Zellentür auf. Sophie muß zum Verhör.
    Durch lange Gänge machen Sophie und der Gefängniswärter ihren Weg. Kein Wort wird gesprochen. In einem Büro nimmt sie Platz, während der Wärter
10 die Tür hinter ihr zumacht. Es ist niemand anders im Zimmer. Fünf Minuten vergehen, zehn, fünfzehn. Sophie sitzt auf einem harten Stuhl, ohne sich zu bewegen. Endlich geht die Tür auf. Ein etwa dreißigjähriger Gestapo-Beamter mit eisblauen Augen setzt
15 sich an den Schreibtisch, ohne ein Wort zu sagen. Er blättert in Büchern, liest Briefe, macht Notizen, als ob er im Zimmer allein sei. Sophie bewegt sich nicht. Plötzlich sieht er Sophie in die Augen. „Machen Sie es sich leicht, Fräulein Scholl", sagt er mit einem
20 freundlichen Lächeln, das nur auf den Lippen liegt. Sophie sitzt still da. „Machen Sie es sich leicht", wiederholt er. „Gestehen Sie alles ein, und wir werden sehen, was sich machen läßt." „Ich habe nichts einzugestehen", antwortete Sophie. „Wir
25 haben Dutzende von Flugblättern. Wir haben den Vervielfältigungs-Apparat, den Sie benutzt haben. Der Hausmeister hat gesehen, wie Sie die Blätter in den Gängen der Universität ausgelegt haben. Was wollen Sie mehr?" Sophie wiederholt: „Ich habe
30 nichts einzugestehen." In dieser Weise geht es weiter bis drei Uhr nachmittags. Sophie verliert die Nerven nicht. Der Gestapo-Beamte verliert die Ruhe nicht. Um drei Uhr bringt der Wärter sie in die Zelle zurück.
35   In Hans Scholls Zelle befindet sich ein junger Bauer namens Helmut F. „Seien Sie vorsichtig, wenn Sie zum Verhör gehen", meint Helmut. „Ich werde vorsichtig sein. Aber nicht ganz so, wie Sie denken", sagt Hans. In einer halben Stunde holt man ihn zum
40 Verhör. „Die Namen Ihrer Freunde?" fragt der

benutzen *use*

eingestehen *confess* / der Beweis *proof*

das Verhör *interrogation, hearing* / der Gang *hall* der Gefängniswärter *jailer*

sich bewegen *move*

blättern in *thumb through*

wiederholen *repeat*

das Blatt *handbill*

die Ruhe *composure*

Beamte kurz. „Vielleicht wird es Ihnen leicht gemacht." „Ich habe keine Freunde", antwortet Hans,
„ich habe alles selber gemacht, das Schreiben, das
Vervielfältigen, das Austragen." „Sie haben aber eine
Schwester." Hans schweigt. „Ich will es Ihnen leicht 5
machen. Wir wissen sowieso alles." Hans sagt:
„Warum fragen Sie mich aus, wenn Sie sowieso alles
wissen? Wie können Sie es mir leicht machen, wenn
Sie sowieso alles wissen?" „Die Namen Ihrer
Freunde—!" „Ich habe keine Freunde", erklärt er 10
zum zweiten Male, „ich bin für alles verantwortlich."
Nach sechs Stunden wird er in die Zelle zurück-
geführt.

Um sechs Uhr bringt man heiße Suppe und Brot
zum Abendessen. Ein Telefonruf: „Die beiden Scholls 15
dürfen nichts zu essen bekommen. Sie werden in
einer halben Stunde weiterverhört." Die Leute, die
das Essen austragen, sind selber politische Gefangene,
die wegen kleinerer ‚Verbrechen' im Gefängnis sitzen.
Trotz des Verbots bringen sie den Scholls die heiße 20
Suppe und das Brot.

Sophie erfährt von Else, daß Christoph Probst
auch Gefangener ist. Seine Frau liegt im Wochenbett.

Um halb sieben verhört man sie weiter. Dieses 25
Mal gesteht sie nach einer Stunde alles ein. „Na also",
sagt der Gestapo-Beamte freundlich. „Wie sind Sie
als deutsches Mädchen, Fräulein Scholl, dazugekommen, Sabotage gegen Ihr Vaterland zu treiben?
Mir ist es unverständlich", erklärt er und hält einen 30
Vortrag über den Nationalsozialismus, über den
Führer, über die deutsche Ehre. Sophie hört still zu.
„Ich will mit Ihnen sprechen wie ein Kamerad mit
einer Kameradin, Fräulein Scholl. Wenn Sie das alles
verstanden hätten", er preßt die Hand ans Herz, „so 35
hätten Sie nicht gemacht, was Sie gemacht haben!"
Sophies Antwort ist: „Ich würde alles genau noch
einmal so machen, denn nicht ich, sondern Sie haben
die falsche Anschauung." Die Augen des Mannes
verkleinern sich. Das Lächeln verfliegt. Ein scharfes 40

Licht blendet sie plötzlich. Das Verhör geht weiter bis
acht Uhr morgens. Sophie nimmt alle Schuld auf sich, die Schuld *guilt*
aber nennt keine Namen.

In derselben Nacht muß auch Hans zum zweiten
5 Mal zum Verhör. Immer wieder hämmert der Beamte:
„Die Namen Ihrer Freunde!" Immer wieder wiederholt Hans Scholl, ohne die Nerven zu verlieren: „Ich
habe alles selber gemacht. Ich bin für alles verantwortlich." Der Beamte versucht es mit hundert
10 Fragen.

„Wo waren Sie Mittwoch abend?"—„Zu
Hause."

„Wer war noch da?"—„Niemand."

„Waren Sie Dienstag in der Universität?"—
15 „Ja."

„Wer saß neben Ihnen im Kolleg?"—„Ich weiß das Kolleg *lecture*
es nicht."

„Kennen Sie Professor Huber?"—„Nein."

„Wer hat Ihnen dabei geholfen, die Flugblätter
20 zu schreiben?"—„Niemand."

„Wie viele Leute sind in Ihrer Organisation?"—
„Es gibt keine Organisation."

„Mit wem sind Sie in der Studentenkompanie
befreundet?"—„Mit niemand." befreundet sein mit *be the*
25 „Sehr viele Studenten kommen zu Ihnen aufs *friend of, know*
Zimmer!"—„Könnte sein."

„Wer sind diese Studenten?"—„Ich weiß es
nicht."

„Von wem bekommen Sie Post?"—„Von die Post *mail*
30 niemand."

„Heißen alle Ihre Freunde Niemand?"

Das Fragen und Antworten geht stundenlang stundenlang *for hours*
weiter. Der Refrain bleibt immer derselbe: „Ich weiß
es nicht. Ich habe keine Freunde. Ich korrespondiere
35 mit niemand. Ich bin für alles verantwortlich."
Freitag ist Verhör, Sonnabend und Sonntag ist
Verhör. Die ganze Nacht lang ist das Licht in der
Zelle an. Nach drei Tagen hat Hans Scholl keine
Namen genannt. Mit Sophie und mit Christoph
40 Probst hat die Gestapo auch kein Glück.

Freitag, den 19. Februar, bekommen die Eltern von einer Studentin, die mit den Geschwistern befreundet ist, die Nachricht, daß Hans und Sophie im Gefängnis sind. Am Wochenende sind aber keine Besuche im Gefängnis erlaubt. Erst Montag, den 22., 5 fahren die Eltern nach München. Am Bahnhof steht ein Student und wartet auf Herrn und Frau Scholl. „Es ist höchste Zeit. Der Prozeß hat schon begonnen", erklärt der wartende Student. „Werden sie sterben müssen?" fragt die Mutter. Der Student schweigt. 10

Sie eilen zum Justizsaal. Der Prozeß ist schon nahe dem Ende. Sophie sagt noch: „Was wir sagten und schrieben, denken ja so viele. Nur wagen sie nicht, es auszusprechen." Vor den Nazirichtern in roten Roben sitzen die Geschwister und Christoph 15 Probst still, ruhig und sehr einsam. Fünf Minuten später hören die Eltern das Todesurteil. Die Mutter verliert einen Augenblick die Kräfte und muß hinausgeführt werden. Der Vater ruft: „Es gibt noch eine andere Gerechtigkeit." 20

Nach Ende des Prozesses hat jeder Verurteilte Gelegenheit, noch ein Wort für sich zu sprechen. Sophie sagt nichts. Christoph Probst bittet um sein Leben, um seiner Kinder willen. Hans bittet um Christophs Leben, aber der Nazirichter namens 25 Freisler donnert: „Wenn Sie für sich selbst nichts zu sagen haben, so schweigen Sie!"

Noch in derselben Stunde bringt man die drei nach München-Stadelheim, wo am Nachmittag die Hinrichtung stattfinden soll. Dort schreiben sie ihre 30 letzten Briefe. Wie durch ein Wunder bekommen Herr und Frau Scholl die Erlaubnis, den Sohn und die Tochter noch einmal zu besuchen. Zwischen vier und fünf Uhr nachmittags am 22. Februar eilen sie zum Gefängnis in München-Stadelheim. Sie wissen 35 noch nicht, daß es die letzte Stunde ihrer Kinder ist.

Als erster kommt Hans zu ihnen. Seine Augen sehen groß und klar aus. Eltern und Sohn finden nur wenige Worte. Schweigend nehmen sie Abschied 40

von einander. „Ich fühle keinen Haß. Es ist alles
hinter mir", sagt Hans.

Als zweite kommt Sophie. Auf den Lippen und
in den Augen liegt ein Lächeln. „Nun wird dein
5 Zimmer immer leer stehen", sagt die Mutter. „Ach,
die paar Jahre, Mutter", antwortet sie und sagt noch,
nach einer kleinen Pause: „Sorgt Euch nicht um uns!
Es ist alles gut."

Christoph Probst kann niemand mehr sehen.
10 Seine Frau liegt im Wochenbett mit seinem dritten
Kind, seiner ersten Tochter. Sie erfährt von allem
erst später.

Einen Augenblick vor der Hinrichtung führen
einige Gefängniswärter die drei noch einmal zusam-
15 men, obgleich es verboten ist. „Wir wollten", so
schrieb einer der Wärter später, „daß sie noch einmal
zusammenkommen. Es waren nur ein paar Minuten,
aber es hat viel für sie bedeutet." Kurz nach fünf
Uhr fand die Hinrichtung statt; erst das Mädchen,
20 dann Christoph, dann Hans.

Trotzdem die Geschwister geschwiegen hatten,
folgte einige Wochen später ein zweiter Prozeß. Das
Resultat: drei weitere Todesurteile. Die Hinrichtung
Alexander Schmorells und Professor Hubers fand am
25 13. Juli, die Willi Grafs am 12. Oktober statt. Sie
waren bis ans Ende ebenso ruhig wie die Geschwister
Scholl und Christoph Probst.

Zwanzig Jahre zuvor hatte der Dichter Franz
Kafka einmal zu einem Freund gesagt: „Ruhiges
30 Stillhalten macht frei—selbst vor der Hinrichtung."

der Haß *hatred*

sich sorgen um *worry about*

trotzdem *even though*

das Urteil *sentence*

selbst *even*

VI

Berlin und
die Freie Universität
im Wandel der Jahre

13

ALTE UND NEUE
UNIVERSITÄT

Im großen Auditorium der Universität Berlin
saßen Hunderte von Studenten. Es war Mitte April
1948. In der letzten Reihe steckte ein langer, blonder
junger Mann die kalten Hände in die Tasche und sah

gelangweilt *bored*

gelangweilt auf den Professor. Neben ihm machte 5

schlank *slender* / zumachen
close

ein schlankes Mädchen mit großen braunen Augen
und langem braunen Haar die Augen zu.

die Lehre *teaching, doctrine*

„Die Lehre von Karl Marx hat Millionen und
Millionen Herzen der revolutionären Klassen für sich
gewonnen", sagte der Professor, der vor den Studen- 10
ten stand.

„Sagen Sie mir, wie Sie heißen, bevor Sie
einschlafen! Mein Name ist Walther von Nordheim",

flüstern *whisper*

flüsterte der blonde Student der braunhaarigen
Studentin ins Ohr. 15

„Hildegard Grüningen", flüsterte sie.
„Melodischer Name!"
Sie lächelte und machte die Augen wieder zu.
Der Professor sprach weiter. Sie hörten noch die

die Erziehung *education*

Worte: „Kommunistische Erziehung.—Kampf mit 20
bürgerlichen Traditionen.—Die Erziehung der Jugend, so schrieb Lenin, muß eine Erziehung in der

die Ethik *ethics*
der Werktätige *worker*

kommunistischen Ethik sein. Die kommunistische
Ethik dient dem Kampf der Werktätigen gegen die

die Ausbeutung *exploitation*

Ausbeutung." 25

176

DIE ALTE UNIVERSITÄT

Es ging weiter, aber sie hörten es nicht. Hildegard
Grüningen war müde, und Walther von Nordheim
interessierte sich nicht für Politik. Er dachte nach,
wie er bis Ende des Monats mit seinem Geld
5 auskommen konnte, während der Professor über
Werktätige, Ausbeutung und die kommunistische
Zukunft sprach.

Nach der Vorlesung standen die meisten Studenten langsam auf und gingen lautlos aus dem
10 Auditorium. Auf manchen Gesichtern sah man
Resignation, auf anderen Bitterkeit.

Nordheim und Grüningen gingen zusammen
hinaus und wanderten Unter den Linden entlang
und über die Sektorengrenze am Brandenburger

nachdenken *ponder*

auskommen *manage*

Tor, bis sie zu einem Park kamen. „Wie wird das weitergehen?" fragte er. „Die Amerikaner können sich in Berlin nicht halten."

„Die Amerikaner werden sich halten. Und für uns wird es besser werden." Sie betonte jedes Wort. 5 „Machen Sie sich keine Illusionen! Schlechter wird es werden."

Beide schwiegen.

Der politische Kampf um die Universität, die im Ostsektor lag, hatte 1945 gleich nach Ende des 10 Krieges begonnen. Eine Minorität von kommunistischen Professoren und Studenten gewannen immer mehr an Macht, Nichtkommunisten hatten es immer schwerer.

Eine „Studentische Arbeitsgemeinschaft" ver- 15 suchte, dem Marxismus entgegenzuarbeiten und baute eine starke Opposition auf. Als die führenden Leute der Arbeitsgemeinschaft verhaftet wurden, sagten sich manche: Was soll ich als einzelner Mensch tun? Ich will studieren und nicht einen täglichen 20 Kleinkrieg gegen politische Funktionäre führen. Andere aber meinten: Das Wichtigste ist heute der Kampf um die Universität. Unter diesen war Hildegard Grüningen.

Am Anfang des Gespräches mit Walther von 25 Nordheim sagte sie wenig. Er wiederholte, daß er sehr schwarz sehe: „Die Universität wird zur Parteischule, aber ich kann als einzelner Mensch dagegen nichts tun. Ich will mein Studium beenden und mit der Politik nichts zu tun haben." 30

„Vielleicht haben Sie mit der Politik nichts zu tun, aber die Politik mit Ihnen. Diktatoren lieben Menschen wie Sie. Gerade unter den Deutschen . . ."

„Gerade unter den Deutschen?" fragte er. 35

„Unpolitische Menschen gibt es überall in der Welt, aber Unpolitisch-Sein wurde das Ideal deutscher Dichter und Denker."

„Im neunzehnten Jahrhundert nannte man uns das Volk der Dichter und Denker", sagte er. 40

---

sich halten *hold on*

betonen *emphasize*
sich machen *have*

schweigen *be silent*

an Macht gewinnen *gain power*

die Arbeitsgemeinschaft *working group*
entgegenarbeiten *work against* / aufbauen *build up* / verhaften *arrest*
einzeln *single*

führen *wage*

das Gespräch *conversation*

schwarz sehen *see the dark side*

beenden *finish*

178

„Das Volk der klugen Politiker und weisen Staatsmänner hat uns noch niemand genannt. Mit Kunst, Literatur und Philosophie sollen wir uns beschäftigen, schrieb Schopenhauer—nicht mit Politik. Ähnliches finden Sie bei den Romantikern, bei Nietzsche und sogar in einem frühen Werk Thomas Manns. Sie wußten nicht, was Aristoteles schon vor zweitausend Jahren wußte: Der Mensch ist ein politisches Geschöpf. In der Geschichte der Musik und Kunst, der Literatur und Philosophie findet man deutsche Namen, die in der Welt bekannt sind. Und in der Politik? Hitler vielleicht?"

„Es gibt auch in Deutschland eine liberale politische Tradition", unterbrach er.

„Gehören Sie dazu?"

Als er nicht antwortete, meinte sie: „Schweigen ist auch eine Antwort. Um vier Uhr bin ich mit einigen nicht unpolitischen Freunden zusammen. Kommen Sie mit!"

Das weitere Zusammensein mit der lebhaften Hildegard war verlockend. Er ging mit. Um vier Uhr saßen sie in einem ungeheizten Café und tranken schlechten aber heißen Kaffee. Zwei Studenten, die auf Hildegard gewartet hatten, sprachen von der letzten Nummer des „Colloquium. Zeitschrift für

Ähnliches *similar (notions)*
sogar *even*

das Geschöpf *creature*

unterbrechen *interrupt*

das Schweigen *silence*

verlockend *tempting*

Colloquium = Gespräch

179

der Akademiker *scholar, student*

der Redakteur *editor*

der Knebel *gag*
der Richter *judge*

der Saal *large room*

die Versammlung *meeting*

erreichen *achieve*

erstaunen *astonish*

die Pflichtvorlesung *required class (lecture)*

schwer *only with difficulty*
sich erholen *recover*

mithelfen *help* / ins Leben rufen *create*

sich verabschieden *say good-bye*

der Anschlag *poster*

überfüllt *jammed*
montieren *set up*

junge Akademiker", das auf dem Tisch vor ihnen lag.

Das „Colloquium" war das Organ der Studenten für den Kampf gegen die Bolschewisierung der Universität. Drei Redakteure hatten die Universität 5 verlassen müssen.

Auf der ersten Seite der neuen Nummer sah man: Ein Mann mit einem Knebel im Mund; er steht vor einem Richter, der sagt: „Sie haben das Wort! Erklären Sie sich! Sie sind frei!" 10

„Am 23. kommen wir in einem Saal des Hotels Esplanade zusammen", sagte Hildegard.

Walther wollte wissen, was „wir" bedeutet.

„Wer sind wir? Wir sind hunderte von Berliner Studenten, die am 23. zu einer Protestversammlung 15 kommen. Vor einer Stunde sagten Sie mir, der einzelne Mensch kann nichts tun. Doch kann er!"

Walther meinte, daß man durch Protestversammlungen nichts erreichen könne. „Man wird Ihnen sagen, Sie müssen die Universität verlassen." 20

Ihre Antwort erstaunte ihn. „Vielleicht wollen wir die Universität verlassen. Vielleicht wollen wir an einer Universität studieren, ohne Pflichtvorlesungen über marxistisch interpretierte Geschichte hören zu *müssen.* Wenn ich Marxismus studiere, will ich 25 selber entscheiden, ob und wann."

Er konnte sich schwer von seinem Erstaunen erholen.

„Wenn Sie sich dafür interessieren, können Sie sogar mithelfen, solch eine Universität ins Leben zu 30 rufen."

Da er sich immer noch nicht erholt hatte, sagte er weder „ja" noch „nein" und verabschiedete sich in einem Flüsterton.

In den nächsten Tagen konnte man auf An- 35 schlägen lesen: „Studenten, die an der Versammlung teilnehmen, müssen die Universität verlassen."

Lange vor Beginn der Demonstration am 23. April war der Saal überfüllt. Da immer mehr Menschen kamen, montierte man Lautsprecher auf 40

der Straße. Ein Redner nach dem andern wurde von
über zweitausend Studenten durch Beifall unterbrochen, wenn von akademischer Unfreiheit gesprochen wurde. Als der letzte Redner sagte: „Wir brau-
5 chen im Westen Berlins eine neue Universität" und
jedes Wort betonte, klatschte auch Walther von Nordheim, der auf der rechten Seite der Straße stand.

 Tausende von Studenten zeichneten sich in den
nächsten Tagen in Listen ein. Der Wunsch nach
10 einer freien Universität war der Wunsch der meisten
Berliner Studenten.

 Die Probleme waren groß. Man brauchte viel
Geld, man brauchte eine Lizenz von den amerikanischen Besatzungsbehörden und Unterstützung
15 vom Berliner Parlament. Schon am 23. April hatte
ein Abgeordneter während der Protestversammlung
erklärt, daß er die Studenten unterstütze. Am 29.
stimmte das Parlament dafür. Zwei Wochen später
erklärte sich die amerikanische Besatzungsbehörde
20 zur Hilfe bereit. Zu gleicher Zeit konnte man in der
Ost-Berliner Presse lesen: „Die amerikanische Besatzungsbehörde hat kein Recht mehr, in Berlin zu
bleiben."

 Hildegard Grüningen und Walther von Nord-
25 heim sahen sich in den nächsten Wochen selten. Sie
hatte mit dem neuen Projekt so viel zu tun, daß sie
nur vier bis fünf Stunden die Nacht schlafen konnte.
Und er studierte und arbeitete abends in einer Fabrik,
um sich sein Studiengeld zu verdienen.

30 Am späten Nachmittag des 24. Juni kaufte er
sich eine Zeitung. Er blieb auf der Straße stehen, als
er die Überschrift las: „Berlin-Blockade. Eisenbahn-
und Autoverkehr von und nach Westdeutschland
kommt zum Stillstand."

35 „Das ist der Anfang vom Ende", dachte er. Nach
einigen Minuten entschloß er sich, in das Café zu
gehen, wo er vor zwei Monaten mit Hildegard
zusammen gewesen war.

 In der Tat saß sie mit ihren Freunden an einem
40 Tisch in der Ecke links. Es war sehr dunkel. Er

der Beifall *applause*

klatschen *clap*

sich einzeichnen *sign one's name*

die Besatzungsbehörde *occupation authority* / die Unterstützung *support* der Abgeordnete *deputy*

zur Hilfe bereit *ready to help*

die Fabrik *factory*

die Überschrift *headline* der Verkehr *traffic, communication*

sich entschließen *decide*

setzte sich zu ihnen und fragte: „Was sagen Sie nun? Berlin ist blockiert!"

„Es hat sich nichts geändert", sagte der einarmige und entschlossen aussehende junge Mensch, der neben Hildegard saß. 5

„Wer jetzt nicht für uns ist, ist gegen uns!", Hildegard sprach langsam und leise.

„Ich wollte Ihnen schon lange etwas erzählen." Walther holte Atem und schwieg verlegen. Fräulein Grüninger sah ihn gespannt an. „Vor Monaten 10 sprachen wir über politische und unpolitische Menschen. Mein Vater gehörte zur ersten Gruppe. Er war ein entschlossener Gegner Hitlers und kam in ein Konzentrationslager. Er brauchte nur ‚Ja' zu sagen. Er hat nicht ‚Ja' gesagt und ist im Lager 15 gestorben."

„Jetzt verstehe ich Sie besser", sagte Hildegard leise.

„Noch nicht ganz. Seit ich mir die Zeitung gekauft habe", er zeigte auf die Überschrift, „habe 20 ich mir vieles überlegt. Ich mache mit."

Alle waren still. Einer nach dem andern reichte ihm die Hand. Der einarmige Student sagte lächelnd: „Nur Mut, die Sache wird schon schiefgehen."

„Wir treffen uns wieder morgen um zehn", sagte 25 Hildegard.

„Ich bin pünktlich da", erklärte Walther.

DAHLEM-VILLA

Kurz nach Beginn der Blockade, die fast ein
Jahr dauern sollte, riefen die amerikanischen Generäle
Wedemayer und Clay die Luftbrücke ins Leben.
„Rosinenbomber" nannten die Berliner die ameri-
5 kanischen Flugzeuge, die ihnen die Lebensmittel
brachten. „Auch die beste Blockade ist schlecht",
erzählten sie sich. „Während uns die Russen
blockieren, ernähren uns aber die Amerikaner. Gott
sei Dank ist es nicht umgekehrt."
10 Die Berliner froren, aßen schlecht und saßen
abends meist im Dunkeln, weil es keinen Strom gab.
Nach der Arbeit gingen sie aber weiter ins Theater,
ins Konzert und ins Kino. Sie taten, als ob sich
nichts geändert hätte.
15 Nordheim war der erste im Café. Kurz vor zehn
kamen die anderen. Aufgeregt erzählte Hildegard
Grüningen, daß der Oberbürgermeister sie unterstütze, daß viele Professoren der alten zur neuen,
freien Universität kämen. Die amerikanische Be-
20 satzungsbehörde hatte zwei Millionen D-Mark und
einige Gebäude in Dahlem, einem Viertel im
amerikanischen Sektor, zur Verfügung gestellt. Man
brauchte Stühle, Tische, Bücher—und Personal. Vier
Stunden lang saßen sie in der Ecke des Cafés und
25 machten Pläne. Die Parole war: „Die Blockade
ändert nichts."
Es war ein warmer Sommertag, als acht Studenten
mit Hildegard und Walther in einer Villa in der
Boltzmannstraße, Berlin-Dahlem zusammenkamen.
30 Dort sollte das Sekretariat der neuen Universität
enstehen. Außer einem Telefon, das auf einem alten
Stuhl stand, war das Haus leer. Das Telefon
klingelte. Der einarmige Student ging an den
Apparat. „Wann das Semester beginnt, wollen Sie
35 wissen? Ende Oktober werden wir wohl anfangen",
antwortete er freundlich. Keiner lächelte, sie waren
so sicher.
Im Laufe des Nachmittags kam eine Studentin
mit einer Schreibmaschine, die sie im Rucksack
40 brachte. Andere kamen mit Tischen und Stühlen.

dauern *last* / ins Leben
rufen *start* / die Luft-
brücke *air lift* / die
Rosine *raisin*
die Lebensmittel *foodstuffs*

ernähren *feed*

umgekehrt *the other way
around*

der Strom *electricity*

aufgeregt *excitedly*
der Oberbürgermeister *lord
mayor*

D = Deutsche

zur Verfügung stellen *place
at (someone's) disposal*
das Personal *staff,
personnel*

das Sekretariat *registrar's
office*

klingeln *ring*

sicher, *sure, certain*

Am ersten Tag waren 120 Besucher gekommen, 40 Menschen hatten telefoniert. An der Tür war ein Pappschild: „Freie Universität. Sekretariat."

In den nächsten Monaten arbeiteten Hunderte von Studenten von früh bis in die späte Nacht. 5 Manche saßen am Telefon und gaben Auskunft oder liefen von einer Buchhandlung in die andere, um gebrauchte Bücher zu kaufen. Andere sprachen mit jungen Leuten, die im Wintersemester an der neuen Universität studieren wollten. Die meisten waren an 10 der Universität im Ostsektor, wollten aber an die freie Institution im Westen. Man konnte nicht alle zulassen, denn es gab nicht genug Gebäude und Säle, Bücher und Professoren. „Wo Villen sind, ist auch ein Weg", hieß aber ein Studentenwort. 15

Walther von Nordheim arbeitete täglich in Dahlem, bevor er zur Arbeit in die Fabrik ging. Die Worte des Berliner Parlaments wurden ihm zur Parole: „Wir wollen die Studenten nicht zu Objekten politischer Propaganda machen und verlangen die 20 Gründung einer Institution, an der freie wissenschaftliche Arbeit möglich ist."

Am 4. Dezember 1948 war es soweit. Bei der Eröffnungsfeier saßen Hildegard Grüningen und Walther von Nordheim in der ersten Reihe. Vor ihnen 25 war das Wappen der Universität; über dem schwarzen Bären mit der Fackel standen die lateinischen Worte: *Veritas, Justitia, Libertas.* Die Eröffnungsrede des Oberbürgermeisters endete mit den Worten: „Die Universität ist gegründet." 30

Es gab viele Menschen, die an die Freie Universität nicht glaubten. West-Berlin war eine Insel im roten Meer. Was für akademische Leistungen konnte man erwarten? Konnte sich die neue Universität überhaupt halten? Repräsentanten von nur zwei 35 deutschen Universitäten waren bei der Eröffnungsfeier.

Der Kampf um die Gründung war gewonnen, aber es gab noch schwierige Probleme, die zu lösen waren: Bücher und Bibliotheken, weitere Gebäude 40

---

das Pappschild *pasteboard sign*

die Auskunft *information*

zulassen *admit*

die Villen (*suburban*) *houses, villas*

verlangen *demand*

möglich *possible*
soweit sein *be ready*
die Eröffnungsfeier *opening ceremonies*
das Wappen *coat of arms*
die Fackel *torch*
Veritas, Justitia, Libertas (Lat.) *truth, justice, liberty*

die Insel *island*
die Leistung *achievement*

der Repräsentant *representative*

der Kampf um *struggle for*
lösen *solve*

und Laboratorien, weitere Professoren auf allen Gebieten. Die Probleme wurden gelöst. Als Präsident John F. Kennedy fünfzehn Jahre später der zehnte Ehrenbürger der FU wurde, studierten dort etwa 15 000 Studenten in 77 Gebäuden. Amerikanische Gelder, besonders die der Ford-Stiftung, hatten viel mitgeholfen.

der Ehrenbürger honorary citizen / FU = Freie Universität / die Stiftung foundation

Die deutsche Universität war dafür bekannt, daß sie intelligenten, zielsicheren jungen Menschen viel zu geben hat. Ratlose Studenten blieben hingegen ratlos. An der FU entstand schon im zweiten Semester ein „Studienhelfer-System". Die „Helfer" sind ältere Studenten, die kleine Gruppen von Studienanfängern in akademischen und persönlichen Fragen beraten.

zielsicher sure of one's aim

ratlos perplexed, at sea

beraten advise, counsel

Die deutsche Universität war dafür bekannt, daß sie Politik und politische Bildung nicht ernst nahm. An der FU wurde Politik ein Lehrfach wie Chemie und Physik, wie Literatur und Philosophie.

das Lehrfach field of study

Die Blockade Berlins endete fünf Monate nach der Gründung der FU. Die frühere Hauptstadt Deutschlands setzte ein Denkmal zur Erinnerung an die Luftbrücke. Am 24. Oktober 1950 übergab General Clay dem Oberbürgermeister eine Freiheitsglocke, Nachbildung der „Liberty Bell" von Philadelphia. Die Worte auf der Glocke lauten: „Möge diese Welt mit Gottes Hilfe eine Wiedergeburt der Freiheit erleben." Um zwölf Uhr läutet die Glocke jeden Tag im Schöneberger Rathaus.

ein Denkmal setzen put up a monument / zur Erinnerung an to commemorate / übergeben give to / die Nachbildung replica

die Wiedergeburt rebirth

läuten toll

War der Kampf um Berlin gewonnen? Einstweilig ja! War eine neue freie Universität entstanden, an der Studenten ohne politische Schwierigkeiten studieren konnten? Einstweilig ja!

einstweilig temporarily

14

FU—KRITISCHE JAHRE

Die Freie Universität Berlin war 1948 aus politischen Gründen entstanden. Jahrelang hat sie vielen Tausenden die Gelegenheit gegeben, zwanglos zu studieren. Bis zum Sommer 1961 kam sogar ein Drittel der Studentenschaft aus Ostberlin und anderen Gegenden der DDR. Am 13. August, dem schwarzen Sonntag, begann aber eine neue Epoche in der Geschichte Berlins.

Um zwei Uhr in der Frühe marschierte eine Division der Nationalen Volksarmee an die Sektorengrenze Ost-Berlins; um drei Uhr war Stacheldraht zwischen den zwei Teilen der Stadt. „Eine Phase der Nachkriegsgeschichte ist zu Ende", erklärte Bürgermeister Willy Brandt, „eine neue Phase hat für uns begonnen."

Mit dem Bau der Mauer wurde am 18. August begonnen. Im Herzen Berlins entstand das steingewordene Monument eines zweigeteilten Deutschland.

Die Länder des Westens erklärten, daß die Insel West-Berlin nicht allein steht. Als der Präsident der USA im Juni 1963 in Berlin war, erklärte er vor dem Schöneberger Rathaus: „Alle freien Menschen, wo immer sie leben mögen, sind Bürger dieser Stadt Berlin; und deshalb bin ich als freier Mann stolz darauf, sagen zu können: Ich bin ein Berliner!" Präsident John F. Kennedy ging noch weiter, indem

5

10

15

20

25

Marginal glosses:

zwanglos *without restraint* / die Studentenschaft *student body*

der Stacheldraht *barbed wire*

zu Ende sein *be over*

die Mauer *wall*
steingeworden *(of) stone*
zweigeteilt *divided (in two)*

wo immer *where ever*

deshalb *for that reason*

PRÄSIDENT KENNEDY IN BERLIN

er ausführte: „Vor zweitausend Jahren war der
stolzeste Satz, den ein Mensch sagen konnte, der: Ich
bin ein Bürger Roms; heute ist der stolzeste Satz, den
jemand in der freien Welt sagen kann: Ich bin ein
5 Berliner."
    Studenten aus dem Osten konnten nach dem
Sommersemester des Jahres 1961 nicht mehr kommen; aus dem Westen kamen um so mehr. Im Jahre
1965 schrieb der Rektor über die „stürmische
10 Entwicklung" der FU, über den Ansturm von
Studenten: „Fast zwei Jahrzehnte sind seit der
Gründung der Freien Universität verflossen. Sie
gehört heute zu den größten Universitäten des

ausführen *expand*

um so mehr *all the more*
stürmisch *turbulent*
der Ansturm *rush*

verfließen *pass*

FU — KRITISCHE JAHRE   **187**

FU, HENRY-FORD-BAU

die Fortschritte (pl.)
progress

das Mitbestimmungsrecht
voice in decision-making

AStA *general student*
(executive) committee

deutschen Sprach- und Kulturgebietes . . . Immer
neue Institute, Kliniken und Gebäude . . . Trotz aller
Fortschritte sieht sich die Freie Universität immer
noch oder schon wieder vor neuen schwierigen
Problemen." ₅

Die schwierigen Probleme entstanden aber nicht
nur aus der großen Zahl der Studenten, sondern auch
aus den Interessen und Wünschen der Studierenden.
Seit der Gründung der FU wollten politisch interessierte Studenten an der FU studieren, lieber als in ₁₀
Freiburg oder München, Bonn oder Mainz, Hamburg oder Köln. In Berlin hatten sie ein größeres
Mitbestimmungsrecht als an irgendeiner anderen
Universität der Bundesrepublik. An der FU traf
sich eine immer größer werdende Gruppe von Links- ₁₅
liberalen und Linksradikalen. Im Sommer 1965
gehörten vier von den neun Mitgliedern des
Allgemeinen Studentenausschusses (AStA)[1] linken
Organisationen an.

[1] Executive board representing the student body.

In demselben Jahr fand die erste Protestversammlung gegen die akademische Verwaltung
seit der Gründung der FU statt. Der AStA hatte
einen Journalisten, der die FU kritisiert hatte, eingeladen, einen Vortrag zu halten. Der Rektor wollte
ihm keinen Raum zur Verfügung stellen.

Die Konflikte zwischen linksliberalen oder linksradikalen Studenten und der akademischen Verwaltung steigerten sich. Anfang Juni 1967 kam es zur
Explosion. Am 2. Juni sollte der Schah von Persien
Berlin besuchen. Am 1. kamen etwa 2 500 Studenten
im Auditorium Maximum der FU zusammen. Haupt-
redner war der Exil-Perser und Schah-Gegner
Bahman Nirumand. Er klagte den Schah und dessen
Regierung des Mordes und der Unterdrückung des
persischen Volkes an, meinte, die sogenannte persische
Reformbewegung sei ein Schwindel und verlangte,
daß die Berliner Studenten am nächsten Tag an einer
Demonstration teilnehmen.

In der Tat kamen Tausende auf dem John-
F.-Kennedy-Platz vor dem Schöneberger Rathaus

(margin glosses)

die Verwaltung
administration

einen Vortrag halten *give a lecture*

sich steigern *intensify*
Persien *Iran*

anklagen *accuse of*
der Mord *murder* / die
  Unterdrückung
  oppression / persisch
  Iranian

zurufen *shout to*

der Anhänger *supporter*

-schlacht *battle*

das Erschießen *shooting*

namens *by the name of*

verletzt *wounded, hurt* / der Polizist *policeman* / das Krankenhaus *hospital*

zusammen und riefen dem Schah „Mörder, Mörder, Mörder" zu. Kämpfe zwischen persischen Schah-Gegnern und Schah-Anhängern[1] führten zu allgemeinen Straßenschlachten zwischen Studenten und Polizei. Der traurige Höhepunkt der blutigen Kämpfe 5 war das Erschießen eines politisch interessierten aber nicht linksradikalen Studenten namens Benno Ohnesorg. Der Schuß fiel vor dem Opernhaus, in dem der Schah eine Galavorstellung von Mozarts „Zauberflöte" hörte. Bevor die Oper zu Ende war, 10 mußten fünfzehn Krankenwagen vierundzwanzig verletzte Studenten und zwanzig verletzte Polizisten ins Krankenhaus bringen.

[1] Iranian students claimed that some were members of the Iranian Secret Police.

TRAUERFEIER FÜR BENNO OHNESORG

Die Kämpfe und Konflikte nahmen kein Ende.
Der Bürgermeister und der Polizeipräsident West-
Berlins traten im September zurück. Für das
Wintersemester kündigte der AStA die Gründung
5 einer „Gegenuniversität" an. Dies als Gegenuniversität zur Freien Universität, die selbst als
Gegenstück zur alten Universität gegründet worden
war! Das Gegenprogramm zu den offiziellen Vorlesungen und Seminaren sollte die FU politisieren und
10 den Klassenkampf fördern.[1]

Die linken Studentengruppen kündigten für den
1. November eine Gründungsversammlung an. Etwa
2 000 Studenten kamen zu der Versammlung. Fast
alle Redner des Nachmittags sprachen *für* die
15 Gründung der Gegenuniversität,[2] weil sie „den Klassenkampf fördern" wollten. Am späten Nachmittag
rief Jürgen Runge, Vorsitzender der Organisation
Ring Christlich-Demokratischer Studenten (RCDS):
„Hier soll also eine linksradikale, revolutionäre
20 Parteischule gegründet werden. Was hat das mit
Universität und Wissenschaft zu tun?" Jürgen Runge
wollte weitersprechen, aber man riß ihm das Mikrofon aus der Hand. Viele klatschten Beifall.

Unter den Studenten, die im Saal saßen, war
25 Klaus von Bergmann, Medizinstudent im ersten
Semester, ein Student wie viele tausend andere, nicht
Mitglied irgendeiner Studenten-Vereinigung. Er
klatschte nicht Beifall und der neben ihm sitzende
Student auch nicht. Klaus von Bergmann sagte zu
30 seinem Nachbar: „Man muß aufstehen und ein Wort
sagen, sonst glaubt man, daß alle FU-Studenten so
denken wie die Leute, die hier geredet haben."

Der Nachbar, auch Student im ersten Semester,
antwortete: „Tun Sie es! Ich habe noch nie da oben
35 gestanden. Ich kann es nicht."

„Ich auch nicht", meinte Klaus von Bergmann.
„Ich studiere weder Rhetorik noch Politik."

---

[1] One of the leading spokesmen was Wolfgang Lefèvre of the
SDS (Sozialistischer Deutscher Studentenbund).
[2] Later called „Kritische Universität".

Marginal glosses:
- zurücktreten *resign*
- ankündigen *announce*
- Gegen- *counter, anti*
- politisieren *make (completely) politically-minded*
- Beifall klatschen *applaud*
- da oben *up there*

Er konnte es nach einer halben Stunde aber doch.
Und es gelang ihm, ans Mikrofon zu kommen. Als
er aber begann: „Ich bin kein professioneller Politiker
und habe noch nie hier oben gestanden", brach eine
Lachsalve unter den Linksradikalen aus. Das laute 5
Klatschen der sonst schweigenden Zuhörer übertönte
aber das Lachen. Er konnte weitersprechen: „Stimmt
gegen die sogenannte Gegenuniversität! Stimmt gegen
den Tod der Wissenschaft! Wissenschaft soll nach
der Wahrheit suchen und darf keine politischen Ziele 10
haben!"

Es wurde gelacht und gezischt, es wurde Beifall
geklatscht. Als Klaus von Bergmann auf seinen Platz
zurückkam, war der Platz neben ihm leer.

Plötzlich stand der Nachbar, der verschwunden 15
schien, auch da oben und wurde als Eckard Düwal
vorgestellt. Er hatte sich an Klaus von Bergmann ein
Beispiel genommen und sprach von der Freiheit an
der FU und gegen den Mißbrauch der Freiheit. 20

Zwei politisch nichtaktive Menschen waren aktiv
geworden. Viele von denen, die im Saal saßen, auch
Anhänger des Sozialistischen Deutschen Studenten-
bundes (SDS) und der Gegenuniversität, wurden
nachdenklich. 25

Erst kurz vor acht Uhr abends sind die Leiter
der Versammlung bereit, abstimmen zu lassen über
die Frage, ob die Gegenuniversität gegründet werden
soll. Etwa die Hälfte der 2 000 Studenten ist dafür,
etwa die Hälfte ist dagegen. Es ist schwer zu sagen, 30
wer die Mehrheit gewonnen hat. Eigentlich müßte
man noch einmal abstimmen lassen. Die Leiter
sprachen aber von einer Bombendrohung, die man
vor Stunden bekommen hatte, erklärten, es sei keine
Zeit und die Mehrheit sei sowieso für die Gegenuni- 35
versität. Politisch unerfahrene Menschen wie Klaus
von Bergmann und Eckard Düwal wußten nicht, was
sie unternehmen könnten und verließen den Saal.
„Was machen wir?" fragt Düwal. „Ich weiß nicht",
antwortet Bergmann. „Kommen Sie morgen abend 40

die Salve *salvo*
übertönen *drown out*
stimmen *vote*

zischen *hiss*

der Mißbrauch *abuse*

nachdenklich werden *begin to reflect*

abstimmen lassen *put to a vote*

die Mehrheit *majority*

die Bombendrohung *bomb threat*

unerfahren *inexperienced*

in unser Institut, wo ich mich mit einigen Freunden
treffen werde."

Am nächsten Abend kamen siebzehn Studenten
zusammen. In fünf Wochen finden Konventswahlen
5 statt. Soll man eigene Kandidaten aufstellen? Die
siebzehn Studenten sind dafür. Eckard Düwal soll
Kandidat in der Philosophischen Fakultät[1] werden.
„Ich bin gerne Kandidat", erklärt er, „aber eins
muß ich Ihnen und auch mir klarmachen. Ich
10 betrachte die FU nicht als Utopie. Manche Professoren thronen immer noch, reden nach alter
autokratischer Art und lassen Studenten nicht zu
Worte kommen. Diskussionen gibt es bei ihnen nicht.
Reformen sind nötig. West-Berlin ist keine Utopie.
15 Die Straßenkämpfe habe ich nicht selber erlebt. Hat
es aber letzten Juni so viele Verletzte geben müssen?
Hat jeder Polizist so gehandelt, wie man in einer
human-demokratischen Gesellschaft handeln soll?
Haben der Bürgermeister und der Polizeipräsident so
20 gehandelt, wie sie hätten handeln sollen? Ich weiß es
nicht, aber der Bürgermeister von damals hat im
September gesagt: ‚Ich war am schwächsten, als ich
am härtesten war, in jener Nacht des 2. Juni, weil ich
dort objektiv das Falsche tat.' Wenn Studenten für
25 mich stimmen, so stimmen sie gegen den Mao-
Marxismus, aber auch nicht für das, was hier in
West-Berlin ist, sondern für das, was im Rahmen
unserer freien Gesellschaft möglich ist."

Einige sagten kein Wort, von anderen hörte man
30 die Worte „natürlich, selbstverständlich, ist doch
klar". Sie stimmten dafür, daß sie von nun an
zusammenarbeiten und einander unterstüzen wurden.
Nach zwei Wochen gründeten sie die Vereinigten
Arbeitsgemeinschaften der FU und nannten sich die
35 VAFU.

In allen Fakultäten fand man Kandidaten, die
bis zu den Wahlen einen bitteren Kampf führten.

der Konvent *student
parliament* / die Wahl
election / aufstellen *put up*

die Utopie *Utopia*

thronen *reign*

zu Worte kommen *get a
word in edgeways*

nötig *necessary*

handeln *act*

die Gesellschaft *society*

im Rahmen *within the
framework*

unterstützen *support*

die Gemeinschaft
association

führen *wage*

---

[1] „Philosophische Fakultät" corresponds to an American College
of Arts and Letters.

die Beteiligung *participation*	Ein Jahr zuvor war die Wahlbeteiligung aller Studenten 58%, dieses Mal war es 70%. In der Philosophischen Fakultät war die VAFU am schwächsten; nur Eckard Düwal wurde in den
wählen *elect, vote*	Konvent gewählt. In den anderen fünf Fakultäten 5 hatte die neue Opposition gegen die Linksradikalen großen Erfolg—und doch keinen. Von den VAFU-Leuten wurden 42 in den Konvent gewählt. Man
die knappe Mehrheit *bare majority*	brauchte aber 44. Der AStA hatte eine ganz knappe Mehrheit. Die Zeitungen West-Berlins schrieben von 10 einer „Fast-Sensation".

Von 1967 bis 1970 ging es von Protest zu Protest, von Demonstration zu Demonstration. Vorlesungen von Professoren, die mitgeholfen hatten,

stören *disrupt* — die FU zu gründen, wurden immer wieder gestört. 15 Die knappe Mehrheit der linken Studenten wurde weniger knapp, als die schweigende Mehrheit wieder politisch nichtaktiv wurde.

Am 11. April 1968 ging eine Nachricht wie ein

das Lauffeuer *wildfire* — Lauffeuer durch die ganze Freie Universität. Auf den 20 bekanntesten SDS-Studentenführer, Rudi Dutschke, hatte ein Mann geschossen. Dutschke wurde schwer verwundet. Der SDS machte die Zeitungen des

der Verlag *publishing house* — Springer-Verlags[1] und den Senat von Berlin dafür verantwortlich. Der SDS-Funktionär Wolfgang 25

das Attentat *attempted assassination* — Lefèvre sprach nach dem Attentat zu Tausenden von versammelten Studenten: „Jetzt ist die Stunde ge-

der Genosse *comrade* — kommen, Genossinnen und Genossen, die Stunde

die Entscheidung *decision* — des Kampfes und der Entscheidung. . . . Wir werden das Schöneberger Rathaus morgen besetzen. Die 30

der Mordschütze *assassin* — eigentlichen Mordschützen aber sitzen im Springer-Hochhaus. Dorthin werden wir jetzt gehen und unsere Kraft zeigen."

Hunderte von Steinen zerstörten die Fenster des

das Stockwerk *floor* — Springer-Hochhauses bis zum vierten von zehn 35

angrenzend *adjoining* — Stockwerken. Auf das Haus und auf angrenzende

---

[1] Axel Springer's papers account for about 80% of all those sold in Berlin. He is a powerful man who has consistently attacked not only leftist students but also those who demand relatively moderate reforms.

194

DEMONSTRATION AM 12. APRIL 1968

Hallen wurden Fackeln geworfen, während Sprech-
chöre „Mörder, Mörder, Mörder" riefen.

die Fackel *torch*

    Die Straßenkämpfe, die am nächsten Tag
zwischen Polizei und Studenten auf dem John-F.-
5 Kennedy Platz stattfanden, waren wilde Schlachten,
führten aber nicht zur Besetzung des Rathauses.

    Die Bewegung für eine Gegenuniversität war im
Sande verlaufen. Besetzt wurden aber kurz nach
Beginn des Sommersemesters 1968 das Ostasiatische
10 Seminar und das Germanistische Seminar. An beiden
Instituten wurde schon lange scharfe Kritik geübt.
Man sagte, daß sie die Studenten nicht für das Leben
und das Lehren vorbereiten—viele wollen Lehrer
werden—sondern für abstruse und wirklichkeits-
15 fremde Forschung. Die Kritik war zum Teil berechtigt,
meinte auch die schweigende Mehrheit, wenn sie mal
was sagte. Es waren aber nicht die Schweigenden,
sondern die Lauten, die die Seminare besetzten.

im Sande verlaufen *come to nothing*

das Seminar (here) *Department* / Kritik üben *criticize*

vorbereiten *prepare*

die Forschung *research* berechtigt *justified*

Das Germanistische Institut ist in dem alten Hauptgebäude der FU in der Boltzmannstraße. Auf dem Gebäude flatterte eine rote Fahne im Wind. Nach acht Tagen verließen die kommunistischen Studenten das Germanistische Institut, aber sofort 5 wurden weitere Pläne für die marxistische Politisierung entwickelt.

Im Sommer 1969 wurde an der FU die Rote Zelle Germanistik gegründet. Im April 1970 war ein Bericht für das „Gegenstudium" der Germanistik 10 fertig. In dem Bericht liest man die Worte: „Materialistisches Studium der Geschichte von Klassenkämpfen ... Studium der Geschichte der Arbeiterbewegung ... Behandlung der Literatur als Dokumente des Klassenkampfes, als Ausdruck von 15 Klassenbewußtsein, als Instrument des Klassenkampfes." Unter den Namen der Dozenten standen die Titel der neuen marxistischen Seminare.

Als die FU 1948 gegründet wurde, stand in der Verfassung, daß die Studenten in der Verwaltung 20 der Universität Mitspracherecht hätten. Als die Universität immer größer wurde, als immer mehr Institute gegründet und Studenten zugelassen wurden, entstand eine mächtige Bürokratie. Studentenorganisationen schufen eine Gegen-Bürokratie. Die 25 Mitglieder des AStA wurden Funktionäre, eine effektive Tätigkeit war ohne ein Büro, in dem Sekretäre und Sekretärinnen beschäftigt waren, nicht mehr denkbar. Obgleich manche Studenten zwölf bis vierzehn Semester lang an der Universität blieben, 30 führte die Diskontinuität der Studentenvertretung dazu, daß ihre Organisationen an Macht verloren. Reformen waren nötig, und die linken Gruppen waren wie immer die aktivsten.

Das Zusammenarbeiten von Verwaltung, Lehr- 35 kräften, Studenten und anderen Mitarbeitern führte 1969–1970 zu Umwandlungen. Schon 1948 hatten Studenten der FU viele Mitspracherechte; 1969–1970 bekamen sie durch ein neues Universitätsgesetz weit größere Rechte. Der neue akademische Senat bestand 40

---

flattern *flutter* / die Fahne *flag*

die Zelle *cell* / die Germanistik / *German Language and Literature*

die Behandlung *treatment*

das Bewußtsein *consciousness*

das Mitspracherecht *participation in decision-making* / zulassen *admit*

die Diskontinuität *discontinuity* / die Vertretung *representation*

die Lehrkräfte (pl.) *teaching personnel*

die Umwandlung *change*

das Gesetz *law*

bestehen aus *consist of*

196

aus acht Vertretern der Lehrkräfte, sechs Vertretern der Studenten, zwei Vertretern der anderen Mitarbeiter.[1]

der Vertreter *representative*

Neu war das sogenannte Konzil; unter den
5 Aufgaben des Konzils waren die Überwachung der allgemeinen Wahlen, die Wahl des Rektors und Änderungen der Satzung. Das Konzil besteht aus 1) achtzehn Vertretern der Lehrkräfte, 2) zwölf Vertretern der Studenten, 3) sechs Vertretern der
10 anderen Mitarbeiter.

das Konzil *council*
die Überwachung *supervision*

die Satzung *statute(s)*

Unter „Lehrkräften" verstand man nicht nur Ordinarien, wie das früher an deutschen Universitäten der Fall war. Da die Ordinarien oft selbstherrliche Autokraten waren, wollte man ihre Macht
15 brechen, indem man auch Assistenten zu den Lehrkräften zählte. Assistenten, Studenten und andere Mitarbeiter hatten nun die Mehrheit gewonnen. Auch hatten die linksradikalen Gruppen die Mehrheit gewonnen; Studenten gehörten den „Roten
20 Zellen" und Assistenten den „Sozialistischen Assistentenzellen" an. Die Zellen bildeten sich etwa Mitte 1970.

der Ordinarius *full professor*
selbstherrlich *tyrannical*

der Assistent *teaching assistant*

Am Anfang der siebziger Jahre entwickelte sich ein bitterer Kampf unter den linksradikalen Stu-
25 denten. Die eine große Gruppe nannte sich Maoisten, war vor allem in den Roten Zellen organisiert, und nannte sich von 1971 an der „Kommunistische Studentenverband" (KSV). Die zweite Gruppe war die „Sozialistische Einheitspartei West-Berlins" (SEW,
30 früher SED-W).[2] Sie nannte sich „Aktionsgemeinschaft von Demokraten und Sozialisten" (ADSen). Die zweite Gruppe war Ost-Berlin weit sympathischer als der KSV.

der Verband *association*

die Gemeinschaft *association*

Was hatte sich sonst geändert? Es gab weniger
35 Straßenkämpfe und Demonstrationen. Auch in den Hörsälen waren die Vorlesungsstörungen subtiler als früher. Die Presse und die Medien verloren ein

die Störung *disruption*
subtil *subtle*

---

1 „Andere Mitarbeiter" include janitors, cooks, and cleaning women.
2 The „SED" is the official party of the DDR.

Interesse an den Störungen an der FU, so daß das Bild einer ruhigen Universität entstehen konnte. Die linken Gruppen, der KSV und die ADSen, waren in den meisten Gremien stark vertreten. Sie warfen keine Tomaten und keine Eier, hatten keine langen 5 Haare, trugen frisch gewaschene weiße Hemden, aber sie argumentierten. Sitzungen dauerten oft länger als zwölf Stunden.

Manche frustrierte Demokraten—Studenten, Assistenten, Professoren—verließen die Universität. 10 Bedeutende Professoren gingen nach Westdeutschland. Ein Historiker, der einen Ruf an die Universität München angenommen hatte, protestierte in einem Brief gegen die „revolutionäre und pseudo-revolutionäre Indoktrination" an der FU. Die 15 Absichten des neuen Universitätsgesetzes von 1969–70 seien „mißbraucht und pervertiert worden". Der Historiker war für eine „Reform der Berliner Universitätsreform."

Manche verließen die FU, die meisten blieben 20 aber in Berlin. „Wir wollen nicht", sagte ein Sprecher derjenigen, die blieben, „daß unsere Söhne und Töchter uns einmal fragen, warum wir nicht standgehalten haben. Diese Frage haben wir nämlich *unseren* Vätern gestellt." 25

Es bildeten sich Studenten- und Professoren-Gruppen, die Widerstand leisteten. Sie hatten es nicht leicht, denn die schweigende Mehrheit hatte aus den Tagen Walther von Nordheims nichts gelernt. Sie waren passiv, ließen die Linksradikalen machen, was 30 sie wollten, bis sie dann und wann aus der Lethargie gerüttelt wurden.

Als ein Münchener Freund Klaus von Bergmann schrieb, er denke daran, an der FU zu studieren, da doch jetzt alles „ruhig" sei, schrieb Bergmann seinem 35 Freund, er solle in München bleiben.

„Nicht nur Du und die allgemeine Öffentlichkeit", schrieb er, „sondern auch der Senat West-Berlins in Schöneberg meint, an der FU sei ‚ja alles ruhig'. Die Universität ist deshalb heute schon 40

verloren; sie ist schon lange nicht mehr das, was die
Gründer vor Jahrzehnten als die ‚Freie Universität'
ins Leben gerufen haben. Es gibt nur zwei Gruppen,
die gegen diesen unglücklichen Kurs arbeiten. Einmal
ist es die ‚Notgemeinschaft für eine freie Universität',[1]
eine Gruppe von Professoren, und zum anderen sind
es Sozialdemokraten, meistens Lehrer, die versuchen,
die blinde Hochschulpolitik der Berliner Regierungs-
partei zu ändern. Die Sozialdemokraten werden
keinen Erfolg haben, weil allzuviele Vertreter des
revolutionären Kurses auch der SPD angehören. Ich
kann das alles beurteilen, weil ich ebenfalls, und zwar
als Funktionär, der SPD[2] angehöre. Man möchte
sagen, die Zukunft ist ungewiß. Da aber diejenigen,
die vom Wähler politische Verantwortung bekommen
haben, kaum zu einer Kursänderung bereit sind, ist
sie leider doch gewiß: Die FU wird die Kaderschmiede für Revolutionäre und feste Parteikom-
munisten werden."
    Um die Zeit, als Klaus von Bergmann seinem
Freund in München riet, nicht nach Berlin zu
kommen, traf sich Eckard Düwal mit Studenten, die
sich die „Freiheitliche Hochschulgruppe" nannten
(FHG). Die FHG hatte in den sechziger Jahren zu
allen politischen Fragen aktiv Stellung genommen.
Einige Jahre lang hörte man dann nichts von der
FHG, bis es Eckard Düwal in den siebziger Jahren
gelang, sie neu zu beleben. Unter den jüngsten
Studenten aus West-Berlin waren etwa zwanzig, die
politisch interessiert und aktiv waren. Ihr Ziel war,
das politische Interesse der Studenten überhaupt zu
erwecken.
    „‚Was geht das mich an?' höre ich von vielen,
wenn ich von Politik an der Universität spreche",
meinte Inge Keller, die im zweiten Semester Anglistik
studierte. „Mir ist es aber in der letzten Woche

ins Leben rufen *establish*
der Kurs *course, drift*
die Notgemeinschaft
  emergency association
zum anderen *secondly*

beurteilen *judge* / ebenfalls
  also

der Wähler *voter* / die
  Verantwortung
  responsibility / die
  Änderung *change* / die
  Kaderschmiede *training
  ground*

raten *advise*

freiheitlich *free, liberal*

neu beleben *revitalize*

erwecken *rouse, awaken*
was . . . an *what's that to me*

die Anglistik *English
  language and literature*

[1] The organization continues to work actively for „Freiheit von
    Forschung, Lehre und Lernen" and it combats the „Tendenz
    einer Politisierung der Wissenschaft".
[2] Sozialdemokratische Partei Deutschlands.

überzeugen *convince*

unbeachtet lassen *ignore*

überrumpeln *take unawares*

die Bewegung *movement*

noch jemand *someone else*

beseitigen *do away with*

erinnern *remind*

Dauer- *permanent*

geschickt *skillful*

überzeugt *convinced*

gelungen, zwei Leute zu überzeugen, daß man die systematische Tätigkeit der Linksradikalen nicht unbeachtet lassen darf."

„Inge hat ganz recht", sagte Renate Bauer, die neben ihr saß. „Wir werden eines Tages von den ADSen[1] und dem KSV[2] überrumpelt, wenn wir schweigen und indifferent bleiben. Ich beschäftige mich von nun an nicht nur mit Literatur, sondern auch mit Politik."

Hans Bülow, Student der politischen Wissenschaften, der auf der andern Seite neben Inge Keller saß, meinte: „Dieses Semester studiere ich den Marxismus-Leninismus, weil ich über eine mächtige Bewegung des zwanzigsten Jahrhunderts etwas lernen will. Ich will aber weiter frei entscheiden, was ich wann und wo studiere. Aus dem Grund hat mich Inge überzeugen können, an der Arbeit der FHG teilzunehmen."

„Seien Sie willkommen! Bringen Sie nächste Woche noch jemand mit", lächelte Eckard Düwal. „Die ADSen und der KSV wollen das politische System der Bundesrepublik beseitigen und eine sogenannte bessere Welt bauen. Ich bekomme aber keine Antwort auf die Frage, wie die bessere Welt aussehen soll. Man wird an die planlosen Rebellionen in der deutschen Geschichte erinnert. Vergessen wir aber nicht", Eckard Düwal sprach langsam, „daß wir an der FU einen politischen Dauerkonflikt haben. Relativ kleine, aber gut organisierte Gruppen von roten Assistenten und Studenten führen einen geschickten Kampf um die Macht. Sie wollen nicht nur die Studentenschaft kontrollieren, sie wollen die Universität kontrollieren. Wird es Ihnen gelingen? Ich bin überzeugt, daß es ihnen nicht gelingen wird."

[1] ADS Aktionsgemeinschaft von Demokraten und Sozialisten.
[2] KSV Kommunistischer Studentenverband.

IM WANDEL DER JAHRE

15

BERLIN IN DEN SIEBZIGER JAHREN

West-Berlin gehört zur BRD, ist aber von der DDR umgeben. Die Inselstadt hat seit dem Ende des zweiten Weltkrieges mehrere Metamorphosen durchgemacht.

5   Bis 1948 hatte Berlin Viermächtestatus. Der Sowjetsektor wurde mit der Blockade 1948–1949 Ost-Berlin und Hauptstadt der DDR. Die Sektoren des Westens wurden zur Inselstadt West-Berlin mit eigener Regierung.

10   Bis zum Sommer 1961 gingen etwa 500 000 Berliner täglich über die Grenze von West nach Ost, von Ost nach West. Viele, die von Ost-Berlin nach West-Berlin kamen, gingen nicht wieder zurück. Durchschnittlich 20 000 Menschen flohen in den 15 letzten Jahren bis 1961 monatlich in den Westen.

Mit dem Bau der Mauer im August 1961 begann wieder eine neue Epoche. Ein großes Problem war der Verkehr mit „Draußen", mit dem Gebiet der BRD. Da Kontrollen an allen Grenzübergängen statt- 20 fanden, war das Flugzeug das beliebteste Verkehrsmittel. Die Flugzeuge landeten—und landen heute noch—mitten *in* der Stadt; der Tempelhofer Flughafen ist der einzige Europas, der im Zentrum einer Stadt liegt. Der Landeplatz des Flughafens war einst 25 das Paradefeld der preußischen Könige, wo seit

umgeben *surround*
durchmachen *go through*

durchschnittlich *on the average*

-übergang *crossing*
beliebt *popular* / das Verkehrsmittel *means of transportation* / mitten in *in the middle of*

das Paradefeld *parade grounds*

Generationen die Paraden der Berliner Regimenter
stattfanden. In der zweiten Hälfte des zwanzigsten
Jahrhunderts hat man in Berlin aber wenig Sinn für
Militär.

Sinn haben für *have a taste for* / das Militär *(the) military*

Die Menschen können fliegen. Hingegen müssen 5
die Verbrauchsgüter zum großen Teil über die
Autobahn, auf dem Wasserweg und mit der Eisenbahn kommen. Die Lebensadern, die West-Berlin
mit der Bundesrepublik verbinden, bestehen aus drei
Luftkorridoren, zwei Wasserwegen, drei Autostraßen 10
und drei Eisenbahnlinien. West-Berlin, die größte
Industriestadt zwischen Moskau und London, ex-

die Verbrauchsgüter *consumer goods*

die Lebensader *lifeline*

IM WANDEL DER JAHRE

portiert Waren in fast alle Länder der Welt. Ein kleiner Teil des Exports geht in die Ostblockstaaten.

die Waren *goods, merchandise*

Die letzte Metamorphose West-Berlins fand im Jahre 1971 statt—zehn Jahre nach dem Bau der
5 Mauer. Die vier Mächte, die USA, die UdSSR, Großbritannien und Frankreich unterzeichneten das Berliner Viermächte-Abkommen. Das Abkommen war weder für den Westen noch für den Osten ein Triumph, aber alle gewannen davon.

unterzeichnen *sign*

das Abkommen *agreement*

10 Der Verkehr zwischen Berlin und der BRD geht nun schneller und ohne Grenzkontrollen. Die West-Berliner, die seit 1961 nicht nach Ost-Berlin durften

FLUGHAFEN TEMPELHOF

—mit einigen seltenen Ausnahmen—dürfen jetzt
wieder ihre Verwandten im Osten besuchen. Auch
als Touristen oder aus geschäftlichen Gründen dürfen
sie wieder in die DDR fahren.

Eine Zeitlang sprach man von der vergessenen 5
Stadt und der unsicheren Zukunft Berlins. Nachdem
Berlin 1971 wieder Viermächte-Status hatte, sah die
Zukunft weniger unsicher aus. Während in den
sechziger Jahren etwa eine halbe Million Besucher
jährlich nach Berlin kamen, waren es in den sieb- 10
ziger Jahren über eine Million. Unter den Besuchern
sind Hunderttausende von Amerikanern. Fast jeder
ist begeistert von der Berliner Luft und von dem
Geist der Menschen; man fühlt sich in der urban-
humanen Atmosphäre wohl. Der Amerikaner ist bei 15
dem Berliner ebenso beliebt wie der Berliner bei dem
Amerikaner.

Wird Berlin, das in der Mitte Europas liegt, zur
Brücke und zum Mittler zwischen Ost und West? In
der Tat kann Berlin eine große Kontaktstelle zwischen 20
den beiden Teilen Europas werden. Vielleicht
entwickelt es sich zum Modell für Möglichkeiten
der Koexistenz.

Der Bürgermeister West-Berlins meinte in den
siebziger Jahren: „Natürlich wissen wir, daß wir nicht 25
der Nabel der Welt sind—aber es würde uns
eigentlich nicht wundern, wenn wir es wären."

Im Schaufenster eines Berliner Geschäftes stehen
zwei typische Berliner Sätze: Unmögliches erledigen
wir sofort. Wunder dauern etwas länger. 30

---

geschäftlich *business*

eine Zeitlang *for a time*

begeistert von *enthusiastic
about* / urban *urbane*

der Mittler *mediator*

der Nabel *hub, center*
wundern *astonish*

erledigen *take care of, do*
dauern *take*

EXERCISES

I. Die deutsche Sprache

1. DEUTSCH UND DIE SPRACHEN DER WELT

A   1. Welche Sprachen kannten Sie, bevor Sie über die Sprachen der Welt lasen?
2. Welche Sprachen konnten Sie, bevor Sie begannen, Deutsch zu lernen?
3. In welchen Gebieten der Welt spricht man Deutsch?
4. In welchen Gebieten der Welt spricht man Englisch?
5. Warum ist es für Deutsche relativ leicht, Englisch zu lernen?
6. Was ist für Deutsche schwer, wenn sie Englisch lernen?
7. Was ist für Amerikaner schwer, wenn sie Deutsch lernen?
8. Was ist am Anfang leicht? Geben Sie Beispiele!

B   *The German compounds below consist of words related to words in English, although they may not appear in the right-hand column. Match up the German and English words.*[1]

1. das Gartenhaus *15*	*1. family friend*
2. der Spielplan *24*	*2. housekeeper*
3. der Hausfreund *1*	*3. household*
4. der Schulfreund *23*	*4. nurse, governess*
5. der Haushalt *3*	*5. school book*
6. der Küchengarten *17*	*6. womankind*
7. das Kindermädchen *4*	*7. broth*
8. die Schreibmaschine *14*	*8. (slice of) bread and butter*
9. goldbraun *25*	*9. ice-cold*
10. die Seefahrtschule *16*	*10. newly baked*
11. das Fischerboot *13*	*11. liverwurst*
12. die Leberwurst *11*	*12. pirate*
13. frischgebacken *10*	*13. fishing boat*
14. das Butterbrot *8*	*14. typewriter*
15. die Fleischsuppe *7*	*15. summer house*
16. der Seehund *20*	*16. merchant marine school*
17. der Haushalter *2*	*17. vegetable garden*

[1] Many exercises of this type will follow. They serve to expand as well review vocabulary.

18. das Mutterkind *2 /*	18. *slipper*
19. das Schulbuch *5*	19. *school age child*
20. eiskalt *9*	20. *seal*
21. die Frauenwelt *6*	21. *mother's pet*
22. der Hausschuh *18*	22. *head office*
23. das Mutterhaus *22*	23. *schoolmate*
24. der Seeräuber *12*	24. *repertoire, program*
25. das Schulkind *19*	25. *chestnut, auburn*

C THEMEN ZUR DISKUSSION ODER KOMPOSITION

1. Die deutsche Sprache und der deutsche Sprachraum.
2. Die englische Sprache und der englische Sprachraum.
3. Die Struktur der deutschen und der englischen Sprache.

2. WÖRTER UND LAUTE

A
1. Geben Sie zehn Beispiele für verwandte Wörter mit „z" im Deutschen und „t" im Englischen!
2. Geben Sie zehn Beispiele für verwandte Wörter mit „ss" (ß) im Deutschen und „t" im Englischen!
3. Geben Sie zehn Beispiele für verwandte Wörter mit „pf" im Deutschen und „p" im Englischen!
4. Geben Sie zehn Beispiele für verwandte Wörter mit „f" (ff) im Deutschen und „p" im Englischen!
5. Geben Sie zehn Beispiele für verwandte Wörter mit „ch" im Deutschen und „k" im Englischen!
6. Geben Sie zehn Beispiele für verwandte Wörter mit „t" im Deutschen und „d" im Englischen!
7. Geben Sie zehn Beispiele für verwandte Wörter mit „d" im Deutschen und „th" im Englischen!
8. Geben Sie zwanzig Beispiele für deutsche Wörter nichtgermanischen Ursprungs!

B *Each German word listed below exemplifies one or two consonant changes. The comparable English word may not have the original sound, particularly if it is of non-Germanic origin. Match up the German and English words.*

| 1. das Schulterblatt *14* | 1. *white bread* |
| 2. zweibettig *19* | 2. *twin brother* |

3. schweißgebadet
4. die Tropfpfanne 7
5. scharfsalzig ⁴
6. die Essenszeit
7. großherzig
8. der Fußknöchel
9. zweizüngig two tongued / two faced
10. die Backpfanne
11. der Totenschlaf
12. schweißtriefend
13. das Salzwasser
14. großschnauzig
15. die Backpflaume 20
16. zweistufig 18
17. zweiseitig two sided
18. der Besserwisser know it all
19. die Totgeburt
20. der Apfelsaft
21. der Zwillingsbruder
22. zweitägig two days
23. heißblütig hot blooded
24. die Heißwasserheizung
25. das Weißbrot

3. know-it-all
4. highly salted
5. lasting two days
6. boastful
7. drip pan
8. saltwater
9. hot water heater
10. apple juice
11. magnanimous
12. bathed in perspiration
13. two-sided, bilateral
14. shoulder blade
15. sleep of death, trance
16. stillbirth
17. double-faced, two-faced
18. two stage
19. with two beds
20. prune
21. mealtime
22. ankle bone
23. dripping with perspiration
24. hot-blooded
25. baking tin

C The words below underwent changes in meaning. To which English words are the German words etymologically related?

1. das Tier animal
2. das Blatt leaf
3. der Tisch table
4. der Zaun fence
5. das Zimmer room
6. die Eltern parents
7. riechen smell
8. der Vogel bird
9. der Hund dog
10. kurz short
11. sieden boil
12. das Tal valley
13. das Dickicht dense growth, tangle
14. der Zoll customs, tariff, duty

D THEMEN ZUR DISKUSSION ODER KOMPOSITION

1. Verwandte Wörter, die im Deutschen und im Englischen dasselbe bedeuten.
2. Deutsche Wörter, die man nicht mit dem verwandten Wort ins Englische übersetzt.
3. Wörter griechischen und lateinischen Ursprungs in der deutschen und der englischen Sprache.

3. ENGLISCH UND DEUTSCH

A
1. Geben Sie fünfzehn Beispiele für verwandte Wörter—,,Von den Haaren bis zur Fußsohle!"
2. Geben Sie zehn Beispiele für Verben, die man täglich gebraucht.
3. Geben Sie zehn Beispiele für deutsche Wörter, für die es im Englischen Ausdrücke germanischen und romanischen Ursprungs gibt!
4. Geben Sie zehn Beispiele für Wörter, die man im Deutschen aber nicht im Englischen zusammenschreibt!
5. Was muß man über die Stellung des Verbs im Deutschen wissen?
6. Was hatte Madame de Staël über die Stellung des Verbs zu sagen?

B *Each of the German compound words exemplifies one or more changes of sound, although the comparable English word may not reflect it. To which English word does each correspond?*

1. der Federball	*1. cookbook*
2. die Vielgötterei	*2. handcuffs*
3. der Kochkessel	*3. mouth wash*
4. die Wassermaschine	*4. hibernation*
5. das Hilfsschiff 8	*5. waterway*
6. das Milchglas	*6. hydraulic engine*
7. die Pflanzenwelt	*7. badminton*
8. das Mundwasser 3	*8. auxiliary ship*
9. die Herzdame	*9. naval artillery*
10. die Zwischenzeit	*10. frosted glass*
11. der Wasserball	*11. polytheism*
12. das Kochbuch	*12. pollution*
13. das Riechsalz	*13. aquatic animal*
14. das Zwischending	*14. smelling salt*
15. der Wassermesser	*15. water polo*

EXERCISES   **209**

16. die Schiffsartillerie	*16. cauldron*
17. die Handfesseln	*17. queen of hearts*
18. der Winterschlaf	*18. interim (time)*
19. der Pflanzenfresser	*19. flora*
20. das Wassertier	*20. Milky Way*
21. der Herzkrampf	*21. hydrometer*
22. die Verschmutzung	*22. hybrid, mixture*
23. die Wasserstraße	*23. spasm of the heart*
24. die Milchstraße	*24. aquatic sport*
25. der Wassersport	*25. vegetarian*

C THEMEN ZUR DISKUSSION ODER KOMPOSITION

1. Die Mischung der Sprachen und Kulturen; Germanisches und Romanisches im Englischen.
2. Wörter des täglichen Lebens in der deutschen Sprache.
3. Die Phantasie und das Lernen der deutschen Sprache.

II. Der deutsche Sprachraum: Kulturhistorischer Überblick

4. GERMANEN UND DEUTSCHE

A *Match words or phrases in the two columns and write a sentence about each grouping.*

EXAMPLE: Hochdeutsch ist die deutsche Schriftsprache von heute.

1. Die Schriftsprache	1. Meister Eckhart
2. Germanen	2. Die Kreuzzüge
3. Dienstag	3. Prag und Heidelberg
4. Donnerstag	4. Gott der Götter
5. Freitag	5. Gott des Donners
6. Wodan	6. Deutsche und Franzosen
7. Karl der Große 8	7. Polnisch-Deutsche Grenze
8. Aachen	8. der Karlspreis
9. Gute Europäer 6	9. Opern Richard Wagners
10. Der Ring des Nibelungen 9	10. Göttin der Liebe und der Ehe
11. Das Entstehen der Ritterorden	11. Himmelsgott
12. Oder-Neiße Linie 7	12. Hochdeutsch

13. Habsburger
14. Mystiker
15. Die ersten Universitäten

13. Angeln und Sachsen
14. Deutsch-Österreichische Kaiser
15. Grab Karls des Großen

B *The compound German words consist of words used in the text. Find the English meanings.*

1. der Teilhaber 7
2. der Sprachgebrauch 9
3. der Meerbusen 1
4. die Himmelschrift 22
5. das Liederbuch 17
6. friedemachend 18
7. nahekommen 23
8. der Kreislauf 10
9. das Bürgerrecht 2
10. der Ortsname 12
11. die Sprachgrenze 21
12. die Meeresflut 20
13. das Himmelfahrtskommando 19
14. der Kunstsinn 13
15. der Bürgerkrieg 11
16. der Operndichter 5
17. die Mitgliedskarte 25
18. die Kopfarbeit 16
19. der Liederdichter 4
20. naheliegen 24
21. der Kirchenbesucher 6
22. der Kunstflieger 14
23. der Friedensfürst 15
24. der Stadtbewohner 8
25. die Umwelteinflüsse 3

1. gulf, bay
2. civic rights
3. environmental factors
4. songwriter
5. libretto writer
6. churchgoer
7. participant, sharer
8. townsman
9. linguistic usage
10. rotation, circulation
11. civil war
12. place-name
13. artistic sense
14. stunt flier
15. Prince of Peace, Christ
16. brain work
17. songbook
18. pacifying
19. suicide squad
20. waves of the sea
21. linguistic frontier
22. sky writing
23. approach
24. suggest itself, be obvious
25. membership card

C THEMEN ZUR DISKUSSION ODER KOMPOSITION

1. Sind Deutsche Germanen? Sind Germanen Deutsche? Erklären Sie!
2. Deutsche Kultur und Kultur des Abendlandes! Was haben sie gemeinsam, und wo liegen die Unterschiede?
3. Karl der Große in der deutschen und der französischen Geschichte.
4. Die deutsche Kultur bis zur Reformation.

5. DAS REICH UND DER NATIONALISMUS

A *Match words or phrases in the two columns and write a sentence about each grouping.*

1. das Alte Testament 5	1. Napoleons Kriege
2. die Grundlage für die 15 Schriftsprache	2. Ende Napoleonischer Kriege
3. der Norden des Reiches 11	3. die Reformation
4. der Süden und das Rheinland 12	4. Griechisch
5. der Oratorium- und Opern- 9 komponist	5. Hebräisch
6. die musikalische Familie 8	6. Faust
7. der Wiener Kongreß 2	7. Lessing
8. der Beginn des Nationalismus	8. Bach
9. die 95 Thesen	9. Händel
10. das Neue Testament	10. die Armee
11. der Pakt mit dem Teufel	11. protestantisch
12. der preußische Militarismus	12. katholisch
13. das „Instrument der Politik"	13. Leibniz
14. die Philosophie des 13 Rationalismus	14. Friedrich Wilhelm I.
15. ein Drama religiöser Toleranz	15. Luthers Bibelübersetzung

B *Find the English meanings for the German words.*

1. der Geistesblitz 24	*1. leave behind*
2. das Stilgefühl 21	*2. stay in bed*
3. die Literaturzeitung 19	*3. Wonderland*
4. die Bewegungsfreiheit 25	*4. castles in the air*
5. die Hauptperson 18	*5. stroke of luck*
6. der Einheitspreis 16	*6. ray of hope*
7. die Mischfarbe 14	*7. ash blond*
8. der Hofdichter 11	*8. tourist season*
9. der Glaubensbruder 10	*9. travel agency*
10. lichtblond 7	*10. fellow believer*
11. der Glücksfall 5	*11. poet laureate, court poet*
12. liegenlassen 1	*12. initial letter*
13. die Geistesgeschichte 23	*13. mixer*
14. der Hauptunterschied 17	*14. combination color*
15. die Einheitsschule 16	*15. standardized elementary school*
16. der Anfangsbuchstabe 12	*16. fixed price*

17. das Reisebüro *9*	*17. main difference*
18. liegenbleiben *2*	*18. leading character*
19. die Märchenwelt *3*	*19. literary journal*
20. die Zukunftsmusik *4*	*20. history of literature*
21. geisteskrank *22*	*21. feeling for style*
22. die Mischmaschine */3*	*22. of unsound mind, insane*
23. der Lichtblick *6*	*23. intellectual history*
24. die Reisezeit *8*	*24. brain wave, flash of genius*
25. die Literaturgeschichte *20*	*25. freedom of movement*

C THEMEN ZUR DISKUSSION ODER KOMPOSITION

1. Die Reformation und die Geschichte des Deutschen Reiches.
2. Faust und die Faust-Legende.
3. Der Soldatenkönig Friedrich Wilhelm I. und sein Sohn Friedrich der Große.
4. Die Französische Revolution, Napoleon und die deutsche Geschichte.

6. DIE KULTUR UND DIE POLITIK

A *Match words in the two columns and write a sentence about each.*

1. Goethes Faust	1. Hermann Hesse
2. Märchen	2. Hesse und Thomas Mann
3. „Die Zauberflöte"	3. Bertold Brecht
4. Die Neunte Symphonie	4. X-Strahlen
5. „Das Buch der Lieder"	5. die Paulskirche in Frankfurt
6. die Philosophie der Geschichte	6. Karl Marx
7. der dialektische Materialismus	7. „Mein Kampf"
8. die experimentelle Chemie	8. Heinrich Heine
9. das erste deutsche Parlament	9. die Zwölf-Ton-Musik
10. der erste Kanzler des Reiches	10. die Brüder Grimm
11. Kritik am deutschen Reich	11. Thomas Mann
12. Wilhelm Röntgen	12. Mozart
13. die Relativitätstheorie	13. der Gemeinsame Markt
14. Arnold Schönberg	14. Friedrich Nietzsche
15. Episches Theater	15. Beethoven und Schiller
16. Kunst-Bürger-Konflikt	16. Otto von Bismarck
17. „Der Tod in Venedig"	17. Georg Wilhelm Hegel

18. „Steppenwolf" *Hesse*
19. die Europäische Wirt-
    schaftsgemeinschaft
20. Adolf Hitler

18. Albert Einstein
19. der suchende moderne
    Mensch
20. Julius Liebig

B *Find the English meanings for the German words.*

1. die Denkfreiheit *5*
2. die Denkkraft *6*
3. frühreif *17*
4. weltbekannt *12*
5. weltberühmt *13*
6. das Sorgenkind *14*
7. die Zauberkunst *16*
8. der Zaubergarten *15*
9. der Romanschriftsteller *21*
10. zufriedenstellen *22*
11. großjährig *20*
12. der Großstadtroman *23*
13. die Schöpferhand *19*
14. die Schöpferkraft *18*
15. weltbürgerlich *25*
16. das Elendsviertel *4*
17. weitgehend *3*
18. die Rednergabe *24*
19. im Ernstfall
20. das Festland *2*
21. heutzutage *1*
22. hierzulande *10*
23. der Wunderglaube *9*
24. sonnenklar *8*
25. das Glasauge *7*

1. nowadays
2. mainland
3. far-reaching
4. slum area
5. freedom of thought
6. brain power
7. glass eye
8. clear as daylight
9. belief in miracles
10. in this country
11. when things get serious
12. known everywhere
13. world renowned
14. problem child
15. enchanted garden
16. witchcraft, magic art
17. precocious
18. creative power
19. creative touch
20. of age
21. novelist
22. satisfy, give satisfaction
23. urban novel
24. oratorical gift, gift of gab
25. cosmopolitan

C THEMEN ZUR DISKUSSION ODER KOMPOSITION

1. Literatur, Musik und die Romantik.
2. Die deutsche Philosophie im neunzehnten Jahrhundert.
3. Das Deutschlandbild im Laufe der Jahrhunderte.
4. Deutsche Einheit und die Demokratie in Deutschland.
5. Bismarck, Wilhelm II., Preußen und das Deutsche Reich.
6. Die deutsche Literatur im zwanzigsten Jahrhundert.
7. Deutschland und die Politik seit 1945.

III. Eine Reise in der BRD und der DDR

7. VON HAMBURG NACH MÜNCHEN

Hamburg

A *Match words in the two columns and write a sentence about each grouping.*

1. die Lufthansa 2	1. das deutsche Theater
2. „Der Spiegel" 4	2. der Flughafen Hamburgs
3. „Die Zeit" 5	3. Mord- und Sex-Sensationen
4. Lessing 1	4. sozial-liberale Zeitschrift
5. Illustrierte Zeitschriften 3	5. Zeitung für „denkende" Menschen

B *Find the English meanings for the German words.*

1. der Hafenarbeiter	*1. semicircular*
2. das Flugwetter	*2. subtitle*
3. der Stadtbau	*3. longshoreman*
4. das Zeitungspapier 7	*4. national bank*
5. halbrund	*5. flying weather*
6. der Untertitel	*6. municipal building*
7. die Staatsbank	*7. old newspapers*

C THEMA ZUR DISKUSSION ODER KOMPOSITION

Hamburg als Hafenstadt und als internationale Stadt.

Bremen

A *Match words or phrases in the two columns and write a sentence about each grouping.*

1. Roland der Riese 5	1. braune Flaschen
2. der Rheinwein 1	2. die Subventionen
3. der Moselwein 4	3. alter Dom
4. der Marktplatz 6	4. grüne Flaschen
5. St. Petri 3	5. das Symbol
6. das Theater 2	6. das Herz der Stadt

B *Find the English meanings for the German words.*

1. mittagshell
2. der Schlüsselring *6*
3. das Faßbier *7*
4. der Weinberg *2*
5. flaschenreif *3*
6. die Lebensgeschichte *5*
7. der Mittagsschlaf *1*

1. *siesta*
2. *vineyard*
3. *matured in the bottle*
4. *bright as noonday*
5. *biography*
6. *key ring*
7. *draft beer, tap beer*

C Thema zur Diskussion oder Komposition

Was möchten Sie sehen und erleben, wenn Sie einige Tage in Bremen verbringen würden?

Münster

A *Match words or phrases in the two columns and write a sentence about each grouping.*

1. der Teutoburger Wald *4*
2. das Paulinum *6*
3. die Spezialität des Landes *5*
4. die Domuhr *1*
5. die Autobahn *2*

6. Der deutsche Frauenring *3*

1. der Lauf der Planeten
2. der Verkehr
3. die Frauenorganisation
4. Arminius .
5. Westfälischer Schinken und Pumpernickel
6. Deutsche Schule

B *Find the English meanings for the German words.*

1. die Verkehrsmittel *4*
2. langlebig *8*
3. die Sterbeglocke *7*
4. die Platzkarte *3*
5. das Kirchengebiet
6. der Kirchhof *1*
7. sterbenskrank *5*
8. der Kirchensitz *2*

1. *churchyard*
2. *pew*
3. *reserved seat ticket*
4. *means of transportation*
5. *critically ill*
6. *diocese*
7. *funeral bell*
8. *long-lived*

C Themen zur Diskussion oder Komposition

1. Das Auto und der Verkehr im Leben heute.
2. Ärzte, Arzneien und Kosten.

Düsseldorf

A *Match words or phrases in the two columns and write a sentence about each grouping.*

1. der Europarat 4
2. die Schweiz 5
3. Goethe, Beethoven, Heine 6
4. die Königsallee 2

5. Heinrich Heine 3
6. Einstein, Brecht und Thomas 1
   Mann

1. das Exil
2. schöne Straße
3. Freund von Karl Marx
4. Internationale Zusammenarbeit
5. die Isolationspolitik
6. gute Europäer

B *Find the English meanings for the German words.*

1. der Vereinigungsort 3
2. durchkommen 7
3. mitarbeiten 6
4. mitgehen 5
5. der Mitläufer 8
6. das Meisterstück 2
7. der Meisterkampf 1
8. der Straßenübergang 4

1. *championship bout*
2. *masterpiece*
3. *meeting place*
4. *pedestrian crossing*
5. *accompany*
6. *assist, collaborate*
7. *get through, pass*
8. *fellow traveler*

C THEMEN ZUR DISKUSSION ODER KOMPOSITION

1. Düsseldorf und internationale Zusammenarbeit.
2. Heinrich Heine.

Köln

A *Match words or phrases in the two columns and write a sentence about each grouping.*

1. der Doppelbau
2. München
3. Köln
4. die „Anbetung der Könige"

5. Konrad Adenauer

6. die „Unterwelt"
7. Deutsche Welle 5

1. die alten Römer
2. der Kanzler der BRD
3. die größte Universitätsstadt
4. die zweitgrößte Universitätsstadt
5. Programme in vielen
   Sprachen
6. das Gemälde
7. das Schauspielhaus und das
   Opernhaus

B *Find the English meanings for the German words.*

1. das Parkverbot 6
2. turmhoch
3. leichtgläubig 8
4. leichtlebig 5
5. der Lehrplan 7
6. unterirdisch 2
7. das Nachrichtenbüro 1
8. das Steinpflaster 3

1. *press agency*
2. *subterranean*
3. *stone pavement*
4. *far above*
5. *happy-go-lucky*
6. *No Parking!*
7. *curriculum*
8. *credulous*

C THEMA ZUR DISKUSSION ODER KOMPOSITION

Zweitausend Jahre Geschichte in Köln.

Bonn

A *Match words or phrases in the two columns and write a sentence about each grouping.*

5 1. Eroica

6 2. Beethoven

3 3. das Rheinische Landes-museum

4 4. das Tiermuseum

1 5. Von Bonn nach Mainz

2 6. die Universität Bonn

1. der schönste Teil des Rhein-landes
2. Über 1 000 Ausländer
3. Alexander König
4. die Anthropologie
5. Napoleon
6. die Geburtsstadt Bonn

B *Find the English meanings for the German words*

1. doppelreihig 2
2. der Doppelbruch 5
3. der Dorfbewohner 7
4. zusammenfrieren 6
5. zusammenhängen 8
6. die Tischkarte 1
7. das Schönschreiben 4
8. die Tierwelt 3

1. *place card*
2. *double breasted*
3. *animal kingdom*
4. *calligraphy*
5. *compound fracture*
6. *congeal*
7. *villager*
8. *be connected, cohere*

C THEMEN ZUR DISKUSSION ODER KOMPOSITION

1. Beethoven und Bonn.
2. Altes und Neues in Bonn.

Mainz

A *Match words or phrases in the two columns and write a sentence about each grouping.*

1. „Das goldene Mainz" 5
2. das Buch der Bücher 4
3. Gutenberg 3
4. das Zentrum der Buchdrucker- 1 kunst
5. die große Zeit von Mainz 4,3

1. Frankfurt
2. die Buchdruckerkunst
3. das Mittelalter
4. die Bibel
5. das Haupt des deutschen Christentums

B *Find the English meanings for the German words.*

1. das Wandgemälde 6
2. der Versuchsflug 4
3. eigenwillig 1
4. eigensinnig 2
5. der Zeitmesser 3
6. der Zeitsinn 5
7. das Handschreiben 7

1. *obstinate, stubborn*
2. *headstrong, stubborn*
3. *chronometer; metronome*
4. *test flight*
5. *sense of timing*
6. *fresco*
7. *autograph*

C THEMA ZUR DISKUSSION ODER KOMPOSITION

Bücher, Lesen und die Kultur der Menschen.

Frankfurt

A *Match words or phrases in the two columns and write a sentence about each grouping.*

1. die Frankfurter Messe 3
2. der Römer 4
3. das Schauspielhaus 5
4. ADAC 6
5. Apollo 1
6. Piktogramme 2

1. ein Restaurant im Flughafen
2. Sprache der Bilder
3. 600 Jahre alt
4. das Rathaus
5. eine Aufführung von *Faust*
6. der Allgemeine Deutsche Automobilclub

B *Find the English meanings for the German words.*

1. der Flugplan 5
2. die Herbstmesse 6

1. *motley, variegated*
2. *meeting of townspeople*

EXERCISES

219

3. verschiedenfarbig I
4. die Bürgerversammlung 2
5. die Bilderausstellung 3
6. die Messezeit 4

3. *exhibition of pictures*
4. *fair time*
5. *timetable (air)*
6. *autumn fair*

C THEMA ZUR DISKUSSION ODER KOMPOSITION

Frankfurt und der Flugverkehr.

Heidelberg

A *Match words or phrases in the two columns and write a sentence about each grouping.*

1. das Schloß 4
2. der Neckar 5
3. das romantische Heidelberg I
4. die Mensa 3
5. Ausländer 2

1. die Altstadt
2. 14 bis 15 Prozent
3. das Studentenrestaurant
4. eine schöne Ruine
5. der Fluß

B *Find the English meanings for the German words.*

1. der Seitenblick 4
2. der Fragesatz 5
3. der Landschaftsmaler 6
4. der Filmschauspieler I
5. die Seitenzahl 2
6. der Tränenstrom 3

1. *number of page(s)*
2. *moving picture actor*
3. *flood of tears*
4. *side glance*
5. *interrogative sentence*
6. *landscape painter*

C THEMA ZUR DISKUSSION ODER KOMPOSITION

Das Bild von Heidelberg und die Wirklichkeit in Heidelberg.

München

A *Match words or phrases in the two columns and write a sentence about each grouping.*

1. das Glockenspiel 3

1. die Kulturgeschichte Münchens

2. das Deutsche Museum 5
3. die Alte Pinakothek 6
4. die Neue Pinakothek 4
5. der Marienplatz 2

6. das Stadtmuseum 1

2. das Neue Rathaus
3. das Herz Münchens
4. neuere Gemälde
5. die Wissenschaft und die Technik
6. ältere Gemälde

B *Find the English meanings for the German words.*

1. der Schnellzug 5
2. das Schmutzwasser 7
3. das Stinktier 6
4. weißgrau 1
5. die Weißwäsche 2
6. breitschultrig 4
7. das Nummernschild 3

1. light grey
2. household linen
3. license plate
4. broad-shouldered
5. express (train)
6. skunk
7. sewage

C THEMEN ZUR DISKUSSION ODER KOMPOSITION

1. Feste, die man in München feiert.
2. Die Museen Münchens.

8. EINE KURZE REISE IN DER DDR

A *Match words or phrases in the two columns and write a sentence about each grouping.*

1. Berlin 9
2. SED 6
3. Wartburg 10

4. Weimar 8
5. Meißen 7
6. Karl-Marx-Stadt 4

7. KJS 3
8. Auerbachs Keller 2

9. Kultur- und Forschungs-zentrum 1
10. Martin-Luther-Universität 5

1. Dresden
2. die Faust-Legende
3. Kinder- und Jugendsport-schulen
4. Chemnitz
5. Halle
6. Sozialistische Einheitspartei Deutschlands
7. das Porzellan
8. die klassische deutsche Literatur
9. die Hauptstadt der DDR
10. Luther übersetzte die Bibel

B *Find the English meanings for the German words.*

1. das Brennholz 9
2. der Engpaß 3
3. altbekannt 8
4. die Alterserscheinung 7
5. die Altersstufe 6
6. der Wichtigtuer 2
7. das Mannschaftsrennen 10
8. der Satzbau 1
9. gleichaltrig 5
10. gleichbleibend 4

1. sentence structure
2. pompous ass
3. bottleneck
4. constant, invariable
5. of the same age
6. stage of life
7. symptom of old age
8. long-known
9. firewood
10. team race

C THEMEN ZUR DISKUSSION ODER KOMPOSITION

1. Was es in der DDR für Touristen zu sehen gibt.
2. Der Sport in der DDR.
3. Dresden und Meißen.

IV. Wien von gestern und heute

9. WIEN IN DER GESCHICHTE

Die Kaiserstadt

A *Match words or phrases in the two columns and write a sentence about each grouping.*

1. der Dreivierteltakt
2. der Heurige
3. Vindobona
4. Kriemhild und Attila
5. die Hunnen
6. der Schmelztiegel
7. die Universität Wien

1. Johann Strauß
2. alter Name für Wien
3. das Mekka der Wissenschaft
4. Wien im 17. Jahrhundert
5. der neue Wein
6. ein mongolisches Volk
7. Nibelungenlied

B *Find the English meanings for the German words.*

1. das Königreich
2. das Kaiserhaus

1. profitable
2. kingdom

3. der Gesprächsgegenstand	3. *conjugal bliss*
4. der Gebrauchsgegenstand	4. *do literary work*
5. schriftstellern	5. *adultery*
6. gewinnreich	6. *topic of conversation*
7. der Ehebruch	7. *imperial family*
8. das Eheglück	8. *commodity*

C THEMA ZUR DISKUSSION ODER KOMPOSITION

Wien von der Vindobona-Zeit bis zum 17. Jahrhundert.

Die Wiener und das Wienerische

A *Match words or phrases in the two columns and write a sentence about each grouping.*

1. der Prater	1. das Meisterwerk Fischer von Erlachs
2. Grillparzer	2. das bekannteste Bauwerk
3. der Stephansdom	3. der berühmte Park
4. das Barock	4. ein österreichischer Dichter
5. Schönbrunn	5. das Zeitalter der Gegenreformation
6. die Karlskirche	6. die Residenz der Habsburger

B *Find the English meanings for the German words.*

1. einflußreich	1. *sound change*
2. weichherzig	2. *difference of opinion*
3. der Lautwechsel	3. *phlegmatic, impassive*
4. die Meinungsverschiedenheit	4. *utterly strange*
5. wildfremd	5. *cream-colored*
6. schwerblütig	6. *influential*
7. gelbweiß	7. *tenderhearted*

C THEMA ZUR DISKUSSION ODER KOMPOSITION

1. Die historischen Bauten Wiens.
2. Leben und leben lassen.

Die musikalische Welt

A   *Match words or phrases in the two columns and write a sentence about each grouping.*

1. Christoph W. Gluck	1. Operetten
2. Joseph Haydn	2. der Shakespeare der Musik
3. Wolfgang Amadeus Mozart	3. der Schöpfer der klassischen Symphonie
4. Franz Schubert	4. das „Veilchen"
5. Johann Strauß	5. der Reformator der Oper
6. Goethe	6. das Lied als Kunstwerk

B   *Find the English meanings for the German words.*

1. der Ladendieb	*1. thoroughbred*
2. hochbejahrt	*2. put (a person) on*
3. (jemanden) hochnehmen	*3. special delivery letter*
4. obengesagt	*4. power of attorney*
5. der Lachkrampf	*5. aged, advanced in years*
6. das Vollblut	*6. fit of laughter*
7. die Vollmacht	*7. aforesaid*
8. der Eilbrief	*8. shoplifter*

C   THEMEN ZUR DISKUSSION ODER KOMPOSITION

1. Die großen Persönlichkeiten in der Musikgeschichte Wiens.
2. Beethoven, Bonn und Wien.
3. Das Kaffeehaus in Wien.

10.   WIEN—DIE ÖSTERREICHISCHE HAUPTSTADT

A   *Match words or phrases in the two columns and write a sentence about each grouping.*

1. die Doppelmonarchie	1. 1955
2. das Ende des Ersten Reiches	2. 1806
3. die Revolution	3. 1867
4. die Wissenschaft von der Seele	4. 1918
5. die Hauptstadt Österreichs	5. 1848
6. „Die Welt von gestern"	6. Stefan Zweig
7. das Ende der Besetzung	7. Sigmund Freud

B *Find the English meanings for the German words.*

1. vielgereist	*1. toys*
2. vielsprachig	*2. miniature*
3. der Spätsommer	*3. extraordinary*
4. die Spielsachen (*pl.*)	*4. spiritual adviser, clergyman*
5. der Selbstschreiber	*5. polyglot*
6. außerordentlich	*6. self-recording instrument*
7. der Seelsorger	*7. widely travelled*
8. das Kleinbild	*8. Indian summer*

C THEMEN ZUR DISKUSSION ODER KOMPOSITION

1. Sigmund Freud und die Psychoanalyse.
2. Das „Es", das „Ich" und das „Über-Ich".
3. Wien im zwanzigsten Jahrhundert.

V. Studenten gegen Hitler

11. DAS IDEAL UND DIE WIRKLICHKEIT

1. Wie alt waren Hans und Sophie, als Hitler an die Regierung kam?
2. In welche Organisation traten Bruder und Schwester ein?
3. Warum war der Vater unglücklich?
4. Aus welchem Grunde sollte Hans Scholl seine Volkslieder nicht mehr singen?
5. Was hatte Hans in Nürnberg erlebt?
6. Warum brachte man ihn ins Gefängnis, und was empfand er dort?
7. Was hatten die Schriften Schillers mit dem Erlebnis im Gefängnis zu tun?
8. Was hatte Schiller über „Staat" und über „Vaterland" geschrieben?
9. Was studierte Hans Scholl, wo und wie lange studierte er?
10. War Hans Soldat? Wo war er während des Krieges?
11. Was war die Geheime Staatspolizei, und warum machte sie „Besuche"?
12. Warum kamen die Freunde bei Hans Scholl zusammen?
13. War es eine konventionelle Geburtstagsfeier in seinem Zimmer?
14. Wer war Professor Huber, und was hatte er mit Hans und Sophie Scholl zu tun?

12. WIDERSTAND

A   1. Was stand in den Flugblättern?

2. Was hatten die Bücher auf Hans' Schreibtisch mit den Flugblättern zu tun?

3. Warum fuhren die Studenten mit vollen Koffern in andere Städte?

4. Warum trat eine längere Pause ein?

5. Was für Briefe schrieb Hans Scholl aus Rußland?

6. Was schrieben die Studenten in ihren Flugblättern nach der Schlacht von Stalingrad?

7. Was konnte man in der Ludwigstraße Münchens lesen?

8. Was hatten Ereignisse der Jahre 1813–1815 mit 1943 zu tun?

9. Was geschah am 17. und am 18. Februar?

10. Warum kam die Gestapo gerade am 18. Februar zur Universität München?

11. Was machte die Gestapo mit Hans und Sophie Scholl?

12. Beschreiben Sie Sophies Verhör!

13. Beschreiben Sie Hans' Verhör!

14. Wie geht es bei den Verhören weiter?

15. Beschreiben Sie die letzten Minuten im Justizsaal!

16. Sind die Eltern dabei und haben sie Gelegenheit, noch mit ihren Kindern zusammen zu sein?

17. Was wird aus den anderen Studenten, die am Widerstand teilgenommen haben?

18. Warum bringen wir hier die Worte Franz Kafkas?

B   THEMEN ZUR DISKUSSION ODER KOMPOSITION

1. Die Familie Scholl in den ersten Jahren, nachdem Hitler an die Regierung kam.

2. Die Werke Schillers und ihr Einfluß auf Hans Scholl.

3. Die Anfänge des Widerstandes! Warum überhaupt Widerstand?

4. Die Widerstandsbewegung als Ganzes gesehen.

5. Hans und Sophie Scholl als Gefangene.

VI. Berlin und die Freie Universität im Wandel der Jahre

13. ALTE UND NEUE UNIVERSITÄT

A   1. Worüber sprach der Professor, und was schienen die Studenten davon zu halten?

2. Wo liegen die Unterschiede zwischen den politischen Anschauungen Walther von Nordheims und Hildegard Grüningens.
3. Was halten Sie vom Unpolitisch-Sein?
4. Gab es unter den Deutschen bedeutende und kluge Politiker und Staatsmänner? Erklären Sie!
5. Warum sind die Freunde Hildegard Grüningens in dem Café zusammengekommen? Was wollen sie?
6. Soll es an Universitäten Pflichtvorlesungen geben? Was für Pflichtvorlesungen? Was meinen Sie?
7. Wer unterstützte die Studenten, die eine Freie Universität gründen wollten? Warum wurden sie unterstützt?
8. Was für eine Blockade begann im Juni 1948? Was bedeutete die Blockade für die Studenten—und für Berlin überhaupt?
9. Wie erklärte Walther von Nordheim seinen Entschluß, bei der Gründung einer Freien Universität mitzuhelfen?
10. Beschreiben Sie die bescheidenen Anfänge an der neuen Universität!
11. Was für weitere schwierige Probleme gab es, nachdem die Universität gegründet war?
12. Wie entwickelte sich die FU—bis zu der Zeit, als John F. Kennedy Berlin besuchte?
13. Was halten Sie von einem Studienhelfer-System?
14. Wie wichtig und wie zentral sind Ihrer Meinung nach Politik und politische Bildung an Universitäten—ob deutsche oder amerikanische?

B THEMEN ZUR DISKUSSION ODER KOMPOSITION

1. Die Situation an der Berliner Universität nach dem Weltkrieg.
2. Die Entwicklung der FU bis zum Besuch von Kennedy.

14. FU—KRITISCHE JAHRE

A 1. Warum könnte man von einer neuen Epoche in der Geschichte Berlins und der Freien Universität nach 1961 sprechen?
2. Was wollte Präsident Kennedy mit den Worten „Ich bin ein Berliner" den Berlinern und der Welt sagen?
3. Woraus entstanden in den sechziger Jahren „die schwierigen Probleme" an der Universität Berlin?
4. Aus welchem Grund fand die erste Protestversammlung gegen die Verwaltung der FU statt?

5. Was hatte der Schah von Persien mit Berlin und der Freien Universität zu tun?
6. Was ist eine „Gegenuniversität"? Warum wollte man in Berlin solch eine „Gegenuniversität" gründen?
7. Warum meinten Klaus von Bergmann und Eckard Düwal, daß sie nicht „da oben" stehen könnten?
8. Wie erklären Sie, daß zwei politisch nichtaktive Studenten aktiv wurden?
9. Warum kamen siebzehn Studenten vor den Konventswahlen zusammen? Was wollten sie?
10. Was meinte Düwal, als er erklärte, daß die FU keine Utopie sei?
11. Hatten die siebzehn Studenten bei den Wahlen einen großen Erfolg, einen kleinen Erfolg oder gar keinen Erfolg?
12. Was hatten die Linksradikalen gegen den Springer-Verlag? Was für ein Verlag ist das?
13. Was war die Kritik bei den Studenten des Germanistischen Seminars?
14. Beschreiben sie „Rote Zellen" und die Funktion der „Roten Zellen"!
15. Erklären Sie das Mitspracherecht an der Freien Universität!
16. Beschreiben Sie das Konzil und die Funktion des Konzils!
17. Warum meinte Klaus von Bergmann, daß die FU „verloren" sei?
18. Warum meint Eckard Düwal, daß Klaus von Bergmann unrecht hat?

B Themen zur Diskussion oder Komposition

1. Politisch-Sein und Unpolitisch-Sein in der Welt von heute.
2. Wieviel Mitspracherecht sollen Studenten an den Universitäten haben?

15. BERLIN IN DEN SIEBZIGER JAHREN

Thema zur Diskussion oder Komposition

Die Metamorphosen der Inselstadt West-Berlin und die Zukunft.

GERMAN-ENGLISH
VOCABULARY

Articles, numerals, personal pronouns, possessive adjectives and pronouns, days of the week, months of the year, the most obvious proper names and cognates, the pronunciation of which offers no difficulties, are not listed. For the rest, the vocabulary is complete. Indication of principal parts will aid in answering the questions. Accentuated vowels are underlined.

A dash (–) indicates repetition of the noun. The genitive singular and nominative plural of masculine and neuter nouns are indicated, but only the nominative plural of feminine nouns. If masculines or neuters are followed by only one form, no plural exists, or the plural form is uncommon. If feminine nouns are followed by no form, no plural exists, or the plural form is uncommon.

The principal parts of irregular and strong verbs are given in full; no principal parts are given for weak verbs. Separable prefixes are hyphenated.

The adverbial meaning of an adjective is not given unless it differs from the adjectival meaning.

Abbreviations

adj.	*adjective*	*lit.*	*literally*
adv.	*adverb*	*pl.*	*plural*
conj.	*conjunction*	*prep.*	*preposition*
Lat.	*Latin*	*subj.*	*subjunctive*

A

a *Viennese for:* **ein, eine**

Aachen Aachen, Aix-la-Chapelle *(city in Northwestern Germany)*

der **Abend, -s, -e** evening; **abends** in the evening

das **Abendessen, -s, -** supper

das **Abendland, -(e)s** Occident, West

abendländisch Western

aber but, however

der **Abgeordnete, -n, -n** deputy, representative

abhängig dependent

ab-holzen cut down trees

das **Abitur, -s** final secondary school examination; **das Abitur machen** to take this examination

ahnehmen, nahm ab, abgenommen, nimmt ab take off

das **Abnorme, -n,** abnormal

ab-reisen von leave

der **Absatz, -es, ˙-e** paragraph

der **Abschied, -(e)s, -e** leave, departure

ab-setzen depose

die **Absicht, -en** intention

absichtlich intentional

der **Absolutismus, -** absolutism

absolutistisch absolutistic

ab-stammen be derived from

ab-stellen put down

abstrakt abstract

ach ah, oh

die **Achse, -n** axis

achtzehnjährig eighteen-year old

der **Ackermann, -(e)s** plowman

Adenauer, Konrad (1876–1967) German chancellor (1949–1963)

administrativ administrative

das **Adreßbuch, -es, ˙-er** address book

ADSen = *Aktionsgemeinschaft von Demokraten und Sozialisten*

der **Affe, -n, -n** ape, monkey

das **Afrika, -s** Africa

der **Agitator, -s, Agitatoren** agitator

das **Ägypten, -s** Egypt

ähnlich similar

die **Akademie, -n** academy

der **Akademiker, -s, -** scholar, academician

akademisch academic

der **Akt, -es, -e** act

aktuell up-to-the-minute, timely

der **Akzent, -(e)s, -e** accent

akzeptieren accept

alarmieren alarm, alert

albanisch Albanian

der **Alkoholiker, -s, -** alcoholic

all all, everything; **alles** everything, all; **vor allem** above all

allegorisch allegorical

allein alone

allerdings of course, to be sure

allgemein general, common

alliiert allied

allmächtig almighty

allwissend omniscient, all-knowing

allzu too, all too

die **Alpen** *(pl.)* Alps

der **Alpenschnee, -s** Alpine snow

als when, as, than; **als ob** as though; **nichts anderes als** nothing but

also so, therefore, then, thus

alt old; **die Älteren** the older people

der **Altar, -s, ˙-e** altar

das **Alter, -s** age; **hohes Alter** great age; **altern** grow old

das **Altertum, -s, ˙-er** antiquity, relic

die **Altstadt** Old Town

am = an dem on the

die **Ambition, -en** ambition

das **Amerika, -s** America; **der Amerikaner, -s, -** American; **amerikanisch** American

amüsant amusing

an on, up, to, at

der **Analphabet, -en, -en** illiterate

die **Analyse, -n** analysis

analysieren analyze

die **Anatomie** anatomy

die **Anbetung** adoration

an-bieten, bot an, angeboten offer
an-brechen, brach an, angebrochen, bricht an begin
an-bringen, brachte an, angebracht put up
das Andenken (an), -s, - memory or reminder (of)
ander other
sich ändern change
Andernach *small town south of Bonn*
andererseits on the other hand
ander(e)s different, otherwise; nichts anderes wie nothing but
anderswo elsewhere
anderwärts elsewhere
aneinander-fügen join
die Anekdote, -n anecdote
der Anfang, -(e)s, ⸚e beginning; anfangs in the beginning
an-fangen, fing an, angefangen, fängt an begin, do
angebracht installed
an-gehen, ging an, angegangen concern; einen etwas angehen be of concern to one
an-gehören belong to
die Angeln *(pl.)* Angles
die Angelsachsen *(pl.)* Anglo-Saxons
angelsächsisch Anglo-Saxon
angenehm pleasant, agreeable
anglonormannisch Anglo-Norman
an-greifen, griff an, angegriffen attack
die Angst, ⸚e fear
an-haben, hatte an, angehabt have on
an-halten, hielt an, angehalten, hält an hold, stop
der Anhänger, -s, - supporter
an-kündigen announce
die Ankündigung, -en announcement
der Anmarsch, -es, ⸚e advance (of troops)
an-nehmen, nahm an, angenommen, nimmt an accept, assume, take on
anonym anonymous

an-regen excite, stimulate
ans = an das at the, to the
die Anschauung, -en view, attitude
der Anschlag, -(e)s, ⸚e placard, poster
sich an-schließen, schloß an, angeschlossen unite with anschließend adjoining
der Anschluß, -(ss)es union *(of Austria and Germany)*
(sich) an-sehen, sah an, angesehen, sieht an look at, regard
das Ansehen, -s respect
an-sprechen, sprach an, angesprochen, spricht an address, speak to
der Anspruch, -(e)s, ⸚e claim, title
die Anstrengung, -en exertion
der Anteil, -s, -e share
die Anthologie, -n anthology
der Anthropologe, -n, -n anthropologist
anthropozentrisch anthropocentric
antik ancient
die Antwort, -en answer
antworten answer
an-vertrauen confide, entrust to
an-wenden, wandte an, angewandt apply, use
die Anzahl number
an-ziehen, zog an, angezogen put on
der Apfel, -s, ⸚e apple
der Apfelbaum, -(e)s, ⸚e apple tree
der Apostel, -s, - apostle
der Apparat, -(e)s, -e telephone, apparatus
das Äquivalent, -s, -e equivalent
arabisch Arabian
die Arbeit, -en work
arbeiten work
der Arbeiter, -s, - worker; Arbeitersöhne workers' sons
das Arbeiterparadies, -es workers' paradise
der Arbeitsdienst, -(e)s labor service
die Arbeitslosigkeit unemployment
die Arche, -n ark

iv

architektonisch architectural
die Architektur architecture
der Aristokrat, -en, -en aristocrat
die Aristokratie aristocracy
die Arktis Arctic
arm poor
der Arm, -(e)s, -e arm
die Armee, -n army
armenisch Armenian
die Armut poverty
die Art, -en kind, sort
der Artikel, -s, - article
der Arzt, -es, ̈-e doctor, physician
asiatisch Asiatic
das Asien, -s Asia
assimilieren assimilate
der Assistent, -en, -en assistant
die Assoziation, -en association
AStA = Allgemeiner Studenten-
ausschuß General Student
Committee
der Atem, -s breath; außer Atem sein
be out of breath; atemlos
breathless
atheistisch atheistic
atmen breathe
die Atombombe, -n atom bomb
Attila (406?–453) king of the Huns
(433?–453)
die Attraktion, -en attraction
auch also, too, even, either; auch
wenn even though
auf on, in, upon, to, for; open
auf-bauen build up
die Auffassung, -en conception
die Aufführung, -en, performance
die Aufgabe, -n task, lesson
auf-geben, gab auf, aufgegeben,
gibt auf give up
auf-gehen, ging auf, ist aufge-
gangen open
aufgeschlagen opened
auf-horchen listen attentively
auf-hören stop
auf-klären clarify, clear up
auf-kommen, kam auf, ist aufge-
kommen come up

die Aufnahme, -n admission
sich auf-regen get excited
aufregend exciting
die Aufregung, -en excitement
der Aufruf, -es, -e appeal
aufs = auf das on the, to the
der Aufschwung, -s upswing, improvement
auf-stehen, stand auf, ist aufgestanden stand up, get up
sich auf-stellen post oneself
der Aufstieg, -(e)s, -e rise
auf-teilen divide
auf-treten, trat auf, ist aufge-
treten, tritt auf appear
auf-wachsen, wuchs auf, ist aufgewachsen, wächst auf grow up
das Auge, -s, -n eye; in die Augen
fallen strike one's eye
der Augenarzt, -es, ̈-e ophthalmologist
der Augenblick, -(e)s, -e moment
aus out, out of, from; made of
aus-arbeiten work out
die Ausbeutung, -en exploitation
aus-bilden train
die Ausbildung, -en development
aus-brechen, brach aus, ist ausge-
brochen, bricht aus break out
aus-brennen, brannte aus, ausge-
brannt burn out
sich aus-denken, dachte aus, ausge-
dacht imagine
der Ausdruck, -(e)s, ̈-e expression
aus-drücken express
sich auseinander-setzen come to an
understanding
auserwählen select
aus-fragen interrogate, question
der Ausgang, -(e)s, ̈-e exit, departure
aus-geben, gab aus, ausgegeben,
gibt aus spend (money)
ausgehend late
ausgeschlafen sober, refreshed
aus-kommen, kam aus, ist ausge-
kommen manage
das Ausland, -(e)s foreign countries
der Ausländer, -s, - foreigner, alien

ausländisch foreign
aus-legen distribute, put out
die Ausnahme, -n exception
aus-sagen express, say
aus-sehen, sah aus, ausgesehen, sieht aus look, appear
der Außenminister, -s, - Secretary of State, Foreign Minister
die Außenwelt external world
außer outside of, out of
außerhalb outside of
die Aussicht, -en view
aus-sprechen, sprach aus, ausgesprochen, spricht aus express, utter
das Aussteigen, -s getting off, getting out
aus-stellen exhibit
die Ausstellung, -en exhibition, show
aus-tauschen exchange
aus-tragen, trug aus, ausgetragen, trägt aus carry away, distribute
das Australien, -s Australia
ausverkauft sold out
aus-wandern emigrate
auswendig können know by heart
das Auto, -s, -s automobile, car
die Autobahn, -en highway, freeway
die Autokarte, -n road map
automatisch automatic
der Automatismus, - automatic thing
das Automobil, -s, -e automobile
die Autorität, -en authority
die Autostraße, -n highway

B

Bach, Johann Sebastian (1685–1750) *composer and organist*
backen, buk *or* backte, gebacken bake
der Backenbart, -(e)s, ⁻e whiskers
der Bäcker, -s, - baker
die Bäckerei, -en bakery
das Bad, -(e)s, ⁻er bath
Bad Godesberg *town south of Bonn*

die Bahn, -en railway, railroad
der Bahnhof, -(e)s, ⁻e station
die Bakteriologie bacteriology
bald soon
baltisch Baltic
der Band, -(e)s, ⁻e volume
die Bank, ⁻e bench
die Bank, -en bank
das Banner, -s, - banner
der Bär, -en, -en bear
der Barbar, -en, -en barbarian
barbarisch barbarian
barfuß barefoot
die Barkasse, -n harbor boat
barock baroque
der Bart, -(e)s, ⁻e beard
bärtig bearded
die Baskenmütze, -n beret
der Bau, -(e)s, Bauten construction, building
bauen build; sich bauen be built up
der Bauer, -s *or* -n, -n farmer, peasant; Bauernsöhne farmer's sons
die Baukunst architecture
der Baum, -(e)s, ⁻e tree
der Baumeister, -s, - architect
die Bauten *(pl.)* buildings
das Bauwerk, -(e)s, -e buildings, edifice
bayerisch Bavarian; das Bayern, -s Bavaria
beachtlich notable
der Beamte, -n, -n official
beantworten answer
der Becher, -s, - beaker, cup, goblet
bedeuten mean, signify; bedeutend significant, outstanding, important
die Bedeutung, -en meaning, significance
die Bedingung, -en condition
bedürfen, bedurfte, bedurft, bedarf require
beeinflussen influence
beenden finish, bring to a conclusion
der Befehl, -s, -e order, command;

der **Befehl zum Abtransport** orders to leave

sich **befinden, befand, befunden** be, be located

der **Befreiungskrieg, -(e)s, -e** war of liberation

befreundet sein mit be the friend of

begabt gifted

die **Begebenheit, -en** event

begegnen meet

begehren desire; **seiner so begehren** desire it so much

begeistert enthusiastic

die **Begeisterung, -en** enthusiasm

der **Beginn, -s** beginning

beginnen, begann, begonnen begin

begleiten accompany

der **Begriff, -(e)s, -e** concept, idea

der **Begründer, -s, -** founder

begrüßen welcome, greet

behandeln treat

bei by, at, on, with, at the house of, during, in the case of

beide both, two

der **Beifall, -s** applause; **Beifall klatschen** clap, applaud

beim = bei dem at the, with the

das **Bein, -(e)s, -e** leg

beinahe almost

das **Beispiel, -(e)s, -e** example; **zum Beispiel** for example

beißen, biß, gebissen bite; **beißend** biting, caustic

bei-wohnen attend

bekannt known, well-known, acquainted

der **Bekannte, -n, -n** acquaintance

bekommen, bekam, bekommen get, receive

belagern lay siege to; **die Belagerung, -en** siege

belesen well-read

das **Belgien, -s** Belgium

beliebt popular

bemerken notice

benennen name

benutzen use

das **Benzin, -s** gasoline

beraten, beriet, beraten, berät advise, counsel

berauscht intoxicated; **wie berauscht** as though intoxicated

bereit ready

der **Berg, -(e)s, -e** mountain

Berg, Alban (1885–1935) *composer*

der **Bericht, -(e)s, -e** report

berichten report, tell

der **Berliner, -s, -** inhabitant of Berlin

beruhen auf be founded on

berühmt famous

besagen mean, say

die **Besatzungsbehörde, -n** occupation authority

die **Besatzungsmacht, ⁻e** occupation power

beschädigen damage

sich **beschäftigen** occupy (oneself)

bescheiden modest

beschließen, beschloß, beschlossen conclude, close, decide

beschreiben, beschrieb, beschrieben describe

der **Beschützer, -s -** protector

besetzen occupy

die **Besetzung, -en** occupation

besiedeln settle

besingen, besang, besungen sing about

besonder especial, special; **besonders** especially

die **Besorgnis, -se** anxiety, apprehension

besprechen, besprach, besprochen, bespricht discuss

besser better

sich **bessern** improve

best best

bestehen, bestand, bestanden aus consist of

besteigen, bestieg, bestiegen climb

bestellen order, ask to come

bestimmt definite

der **Besuch, -(e)s, -e** visit, company, visitors

besuchen visit, attend; **die Besuchten** those visited

der **Besucher, -s, -** visitor

betonen emphasize

betrachten regard

betreiben, betrieb, betrieben carry on, pursue

betreten, betrat, betreten, betritt enter

betrügen, betrog, betrogen deceive, cheat

betrunken drunk

das **Bett, -es, -en** bed

betteln beg

die **Bevölkerung, -en** population

bevor before

bevor-stehen, stand bevor, bevorgestanden be imminent, be ahead (of one); **bevorstehend** imminent

sich **bewegen** move

die **Bewegung, -en** movement, motion

der **Beweis, -es, -e** proof

beweisen, bewies, bewiesen prove

der **Bewohner, -s, -** inhabitant

bewundern admire

die **Bezeichnung, -en** designation, name

die **Beziehung, -en** connection, relation, respect

der **Bezirk, -(e)s, -e** district

die **Bibel, -n** Bible

die **Bibliothek, -en** library

biegen, bog, gebogen bend

das **Bier, -(e)s, -e** beer

die **Bierstube, -n** taproom

bieten, bot, geboten offer

das **Bild, -(e)s, -er** picture, image

bilden form, constitute; **sich bilden** form

das **Bildnis, -ses, -se** picture, image

die **Bildung** education, culture

billig cheap

binden, band, gebunden tie, restrict

Bingen *small town on the left bank of the Rhine*

bis up to, until, as far as, to; **bis zu** to

der **Bischof, -s, ⁻e** bishop

Bismarck, Fürst Otto von (1815–1898) *first chancellor of the German Empire*

der **Biß, -(ss)es, -(ss)e** bite

bißchen bit, (a) little

bissig biting, sharp, cutting

bitten, bat, gebeten ask; **bitten um** ask for, plead for

bitter bitter

die **Bitterkeit** bitterness

bittersüß bittersweet

das **Blatt, -(e)s, ⁻er** handbill, paper, leaf

blättern (durch) thumb (through)

blau blue

blauäugig blue-eyed

bleiben, blieb, ist geblieben stay, remain; **Berlin bleibt doch Berlin** Berlin will always be Berlin

der **Bleikeller, -s** lead cellar

der **Bleistift, -(e)s, -e** pencil

blenden blind

der **Blick, -(e)s, -e** glance, look, view

blicken (auf) look (at)

der **Blitzkrieg, -(e)s, -e** lightning war

blockieren blockade

blond blond

blühen flourish, bloom

das **Blut, -(e)s** blood

die **Blüte, -n** blossom, flower

die **Blütezeit, -en** Golden Age

blutig bloody; **sich blutig verbrennen an** be seared for life

der **Boden, -s, ⁻** ground, floor

die **Bohne, -n** bean

das **Bollwerk, -(e)s, -e** bulwark

die **Bolschewisierung** Bolshevization·

der **Bolzen, -s, -** bolt

die **Bombe, -n** bomb

das **Boot, -(e)s, -e** boat

böse bad, evil, angry

Brahms, Johannes (1833–1897) *composer*

das **Brandenburger Tor** Brandenburg Gate

der **Brauch, -(e)s, ⸚e** custom
brauchen use, need

der **Brauer, -s, -** brewer

die **Brauerei, -en** brewery
braun brown

die **Braut, ⸚e** bride
brechen, brach, gebrochen, bricht break

die **Brechung, -en** breaking
breit broad, wide, drawling

die **Breite** breadth, width
brennen, brannte, gebrannt burn
Breuer, Josef (1842–1925) *physician and author*

der **Brief, -(e)s, -e** letter

die **Briefmarke, -n** postage stamp
bringen, brachte, gebracht bring, take, print
Britannien, -s Britain

die **Broschüre, -n** brochure

das **Brot, -(e)s, -e** bread

die **Brücke, -n** bridge; **alle Brücken hinter sich abbrechen** burn one's bridges behind one
Bruckner, Anton (1824–1896) *composer*

der **Bruder, -s, ⸚** brother

der **Bruderkrieg, -(e)s** *war between Austria and Prussia* (1866)

die **Brüderlichkeit** brotherliness, fraternity

der **Brunnen, -s, -** fountain

die **Brust, ⸚e** chest

die **Brut, -en** brood
brüten brood, hatch

das **Buch, -(e)s, ⸚er** book

die **Buchdruckerkunst** art of printing

der **Bücherwurm, -(e)s, ⸚er** bookworm

die **Buchhandlung, -en** bookstore

der **Buchstabe, -n, -n** letter

die **Bühne, -n** stage, theatre

das **Bukett, -s** bouquet, aroma

der **Bund, -(e)s, ⸚e** confederation

das **Bundeshauptdorf, -(e)s** capital village

das **Bundeshaus, -es** House of Representatives

die **Bundesrepublik** Federal Republic
Bunsen, Robert Wilhelm (1811–1899) *chemist*

der **Bunsenbrenner, -s, -** Bunsen burner

die **Burg, -en** castle

der **Bürger, -s, -** citizen
bürgerlich bourgeois
Burg Rheinfels *castle ruin above St. Goar on the Rhine*

das **Büro, -s, -s** office

der **Bursch (e), -en, -en** fellow

der **Busch, -es, ⸚e** bush

die **Butterblume, -n** buttercup, marigold

C

das **Café, -s, -s** café
CDU = Christlich Demokratische Union Christian Democratic Union

der **Charakter, -s, Charaktere** character, person
charakteristisch characteristic

die **Charlottenburger Chaussee** Charlottenburg Boulevard

der **Chauffeur, -s, -e** chauffer, driver
chauvinistisch chauvinistic

der **Chef, -s, -s** boss, head

die **Chemie** chemistry

der **Chemiker, -s,** chemist

der **Chor, -(e)s, ⸚e** choir, chorus

der **Chorknabe, -n- -n** choir boy

der **Christ, -en, -en** Christian

die **Christenheit** Christendom
christlich Christian

der **Christus** Christ; **Christi** of Christ
Clay, Lucius D. (1897–   ) *American army officer*

der **Club, -s, -s** club
Colloquium *a magazine published by students at the University of Berlin*

Confluentes *Roman name for Koblenz*

der

Cranach, Lucas (1472–1553) *painter*

D

da *(adv.)* there, then; *(conj.)* since; **da oben** up there

dabei at the same time; **dabei helfen** help with; **dabei sein** take part

dadurch through that, because of that; **dadurch, daß** because of the fact that

dafür for it, for that, instead

dagegen against it

daher therefore, hence, consequently, for that reason

dahin to that place, to that state

Dahlem *section of West Berlin*

damals at that time

die **Dame, -n** lady

damit with it; so that; thereby

der **Dämon, -s -en** demon

dämonisch demoniac, overpowering

dämpfen dampen, deaden

der **Dampfer, -s, -** steamer

danach after that, later

dänisch Danish

dankbar grateful

danken thank

dann then; **dann und wann** now and then

Dante Alighieri (1265–1321) *Italian poet*

daran of it, at it, to it, about it, on it

darauf on it; later, thereupon

daraus out of it, out of that

darüber about it

darunter below; under it, among them

daß that

die **Dauerhaftigkeit** permanence

dauern last

der **Daumen, -s, -** thumb

davon of it, of that, from it, about it

dazu besides

dazu-kommen, kam dazu, ist dazugekommen happen; **dazu kam** there was added; **dazu kam, daß** added to this was the fact that

dazwischen in between

decken cover, set

definitiv definite

der **Deich, -(e)s, -e** dike

die **Demitasse, -n** demitasse

der **Demokrat, -en, -en** democrat

die **Demokratie, -n** democracy

demokratisch democratic

die **Demokratisierung** democratization

demonstrieren demonstrate

denkbar conceivable

denken, dachte, gedacht think; **sich denken** imagine; **es gibt zu denken** it makes one think

der **Denker, -s, -** thinker, philosopher

die **Denkhilfe** help in thinking

das **Denkmal, -(e)s, ¨er** monument; **ein Denkmal setzen** put up a monument

denn for, because, since

derjenige, diejenige, dasjenige he, she, it, that, such

dermaßen so much

derselbe, dieselbe, dasselbe the same

deshalb therefore

deutlich distinct, clear

deutsch German; **auf deutsch** in German

das **Deutschland, -s** Germany

der **Deutschösterreicher, -s, -** German-Austrian **deutschösterreichisch** German-Austrian

deutschsprachig German-speaking

deutschsprechend German-speaking

die **Deutzer Brücke** *bridge over the Rhine at Cologne*
dezentralisiert decentralized
der **Dialekt, -s, -e** dialect
dialektisch dialectical
der **Dialog, -s, e** dialogue
der **Dichter, -s, -** poet, writer
die **Dichtung, -en** literature, literary work
dick thick, stout
der **Dieb, -(e)s, -e** thief
dienen serve
der **Dienst, -es, -e** service
Diesel, Rudolf (1858–1913) *engineer*
diesmal this time
der **Diktator, -s, Diktatoren** dictator
diktatorisch dictatorial
die **Diktatur, -en** dictatorship
diktieren dictate
der **Dilettant, -en, -en** dilettante
das **Ding, -(e)s, -e** thing
der **Diplomat, -en, -en** diplomat
der **Direktor, -s, Direktoren** director
die **Diskussion, -en** discussion
der **Diskussionsabend, -s, -e** evening devoted to discussion
das **Diskussionsorgan, -s, -e** voice (for discussion)
die **Distel, -n** thistle
die **D-Mark** = **Deutsche Mark** mark
doch however, but, yet, anyway, after all
das **Dokument, -(e)s, -e** document
dokumentieren prove (by documentation), show
der **Dom, -(e)s, -e** cathedral
die **Domstadt, -e** cathedral city
Donar *Germanic god*
die **Donau** Danube, Danubian
„**Don Juan**" *opera by Mozart*
der **Donner, -s** thunder
donnern thunder, road
die **Doppelmonarchie** Dual Monarchy
doppelt double, twice
die **Doppelsonne** dual sun
das **Dorf, -(e)s, -er** village

der **Dorn, -(e)s, -en** thorn
dort, dorthin there
der **Dozent, -en, -en** docent, lecturer
das **Drama, -s, Dramen** drama
der **Dramatiker, -s, -** dramatist
draußen outside, in the outside world
sich **drehen** turn
das **Drehrestaurant, -s, -s** revolving restaurant
die **Dreißiger Jahre** the thirties;
dreißigjährig thirty-year-old
der **Dreißigjährige Krieg, -(e)s** Thirty Years' War (1618–1648)
Dresden *city in East Germany*
drittens third
drohen threaten
Droste-Hülshoff, Annette von (1797–1848) *poetess*
drucken print
die **Druckerpresse, -n** printing press
dumm stupid, silly
dunkel dark, dim, obscure
das **Dunkel, -s** darkness
dünn thin, weak
durch through, by
durch-fahren, fuhr durch, ist durchgefahren, fährt durch drive through
durch-fallen, fiel durch, ist durchgefallen, fällt durch fail
der **Durchgang, -(e)s, -e** passing through, way through, gate
durchs = **durch das** through the
durchschnittlich on an average
durch-setzen succeed in
durch-streichen, strich durch, durchgestrichen cross out
durchsuchen search
sich **durch-wursteln** *Austrian for:* muddle one's way through
Dürer, Albrecht (1471–1528) *painter*
dürfen, durfte, gedurft, darf may, can, be permitted, be allowed
der **Durst, -es** thirst; **Durst haben nach** be thirsty for

die **Düssel** small river in the Ruhr area; **Düsseldorf** major city in the Ruhr area

das **Dutzend, -s, -e** dozen

E

ebenso just as, just so, equally; **ebenso wie** just as

das **Echo, -s, -s** echo

die **Ecke, -n** corner

Eckehard, Meister (1260?–1327?) *mystic*

die **Ehe, -n** marriage

ehe before

ehelich marital

die **Ehre** honor; **Ehre machen** reflect honor upon; **machen Sie sich eine Ehre daraus** regard it as a matter of honor

Ehrenbreitstein *fortress on the right bank of the Rhine*

Ehrlich, Paul (1854–1915) *bacteriologist*

das **Ei, -(e)s, -er** egg

die **Eiche, -n** oak

eigen own; **das eigene Volk** one's own country

eigentlich actual, real

eilen hasten, hurry

einander one another

ein-bringen, brachte ein, eingebracht bring in (money)

der **Eindruck, -(e)s, -̈e** impression

eindrucksvoll impressive

einfach simple

die **Einfachheit** simplicity

ein-fahren, fuhr ein, ist eingefahren, fährt ein arrive

ein-fallen, fiel ein, ist eingefallen, fällt ein (in) invade

der **Einfluß, -(ss)es, -̈(ss)e** influence

der **Eingang, -(e)s, -̈e** entrance, entering

die **Eingangshalle, -n** entrance hall

ein-gestehen, gestand ein, eingestanden confess

die **Einheit, -en** unit, unity, oneness, unification

einige several, some

einigen unite

die **Einigung, -en** unification

ein-kaufen shop; **einkaufen gehen** go shopping

ein-laden, lud ein, eingeladen, lädt ein invite

einmal once, sometime; **auf einmal** suddenly; **nicht einmal** not even; **noch einmal** once more, again

einmalig unique

einsam lonely, lonesome

ein-schlafen, schlief ein, ist eingeschlafen, schläft ein fall asleep

einseitig one-sided

der **Einspänner, -s, -** *black coffee with whipped cream (in Austria)*

einst once, at one time

einstweilig temporarily, for the time being

ein-treten, trat ein, ist eingetreten, tritt ein enter, set in; **eintreten in** join

sich **einverstanden erklären** declare oneself satisfied, agree

ein-wandern immigrate

der **Einwohner, -s, -** inhabitant

sich **ein-zeichnen** sign one's name

einzeln single, individual

der **Einzelne, -n, -n** individual

ein-ziehen, zog ein, ist eingezogen move in

einzig single, only, sole

das **Eis, -es** ice, ice cream

der **Eisbär, -en, -en** polar bear

eisblau icy blue

die **Eisenbahn, -en** railway, railroad, train

eisern iron

eisig icy

das **Eiswasser, -s** icy water

die **Elbe** Elbe (river)

der **Elch, -(e)s, -e** moose
elegant elegant, smart
elektrisch electric
das **Element, -s, -e** element
elend miserable, wretched
die **Elite, -n** elite
der **Ell(en)bogen, -s, -** elbow
die **Eltern** *(pl.)* parents
emeritieren retire (from a university)
empfangen, empfing, empfangen, empfängt receive
empfinden, empfand, empfunden feel
das **Ende, -s, -n** end; **ein Ende machen** put an end (to); **zu Ende gehen** come to an end; **zu Ende sein** be over
enden end
endlich finally
endlos endless
das **Endresultat, -s, -e** final result
die **Endung, -en** ending
eng narrow
das **Engagement, -s, -s** engagement, position
der **Engel, -s, -** angel
das **England, -s** England; **der Engländer, -s, -** Englishman
englisch English
entdecken discover
entflammen kindle
entgegen-arbeiten work against
entgegen-gehen, ging entgegen, ist entgegengegangen move toward
entgegen-sehen, sahentgegen, entgegengesehen, sieht entgegen await, look forward to
entlang along
sich **entscheiden, entschied, entschieden** decide
entscheidend decisive, critical, crucial
sich **entschließen, entschloß, entschlossen** decide
entschlossen resolute
der **Entschluß -(ss)es, ̈(ss)e** making

up of one's mind, decision; **zu einem Entschluß kommen** reach a decision
entsprechen, entsprach, entsprochen, entspricht correspond to
entstehen, entstand, entstanden originate, come into being, arise
die **Entstehung** rise, arising, establishment
entwickeln develop
die **Entwicklung, -en** development
die **Enzyklopädie, -n** encyclopedia
die **Epidemie, -n** epidemic
die **Episode, -n** episode
die **Epoche, -n** epoch
epochemachend epoch-making
das **Epos, -, Epen** the epic
erbauen build
erblicken see
die **Erde** earth, ground, floor, soil, world
das **Erdreich, -(e)s** world
das **Ereignis, -ses, -se** event
erfahren, erfuhr, erfahren, erfährt find out, learn, experience
die **Erfahrung, -en** experience
der **Erfinder, -s, -** inventor
die **Erfindung, -en** inventiveness, invention
der **Erfolg, -(e)s, -e** success
erfüllen fill, fulfill, accomplish, realize
die **Ergebenheit** devotion
erhaben noble, lofty
erhalten, erhielt, erhalten, erhält preserve, receive
erheben, erhob, erhoben raise
erhöhen raise
sich **erholen** recover
erinnern remind
sich **erinnern an** remember
die **Erinnerung, -en** reminiscence; **in Erinnerung an** in memory of
erklären explain, declare
die **Erklärung, -en** explanation, declaration; **eine Erklärung abgeben** furnish an explanation

erlauben allow, permit
die Erlaubnis, -se permission
erleben experience, witness
das Erlebnis, -ses, -se experience
erleichtern facilitate
ernähren feed
die Erneuerung renewal, strengthening
erneut new, fresh
ernst serious, earnest
der Ernst, -(e)s seriousness
erobern conquer
die Eroberung, -en conquest
eröffnen open
die Eröffnung, -en opening
die Eröffnungsfeier, -n opening ceremonies
die Eröffnungsrede, -n opening speech
erregen excite; sich erregen become excited
erreichen achieve, attain, reach
erretten save
errichten put up
der Ersatz, -es substitute
erscheinen, erschien, ist erschienen appear
die Erscheinung, -en phenomenon, appearance
erschlagen, erschlug, erschlagen, erschlägt slay
erschrocken startled, taken aback
erschüttern shake
erschweren make harder
ersehen, ersah, ersehen, ersieht see, observe
ersetzen replace
erspart bleiben be spared from
erst first, only, not until; zum erstenmal for the first time
das Erstaunen, -s astonishment
erstaunlich astonishing
erstaunt astonished
die Erstausgabe, -n first edition
erstens firstly, in the first place
erstklassig first-class, excellent
ertragen, ertrug, ertragen, erträgt bear

eruptiv eruptive
erwachen awaken, wake up
erwähnen mention
erwarten expect, await
erweitern expand
erzählen tell; die Erzählung, -en tale
der Erzbischof, -(e)s, ⁚e archbishop
die Erziehung education
erzwingen, erzwang, erzwungen bring about by force
der (das) Essay, -s, -s essay
essen, aß, gegessen, ißt eat
das Essen, -s food, meal
die Ethik ethics
die Ethnographie ethnography
etwa perhaps
etwas some, something, somewhat, anything; etwas anderes something else
Eugen (1663–1736) Eugene, *Prince of Savoy*
der Eunuch, -en, -en eunuch
das Europa, -s Europe; der Europäer -s, - European; europäisch European
der Europarat, -es Council of Europe
evangelisch Evangelical, Protestant
EWG = Europäische Wirtschaftsgemeinschaft
ewig eternal, everlasting
das Exil, -s, -e exile
die Existenz, -en existence, life
existieren exist
das Experiment, -(e)s, -e experiment
explosiv explosive
die Exstirpation extirpation, extermination

F

die Fabrik, -en factory
die Fabrikation, -en manufacture
die Fackel, -n torch
fahren, fuhr, (ist) gefahren, fährt ride, drive, travel

die **Fahrt, -en** trip, ride
das **Fahrtenbuch, -(e)s, ˸er** travel book, travel record
die **Fakultät, -en** school, faculty
der **Fall, -(e)s, ˸e** case; **auf jeden Fall** in any case
fallen, fiel, ist gefallen, fällt fall
falsch wrong, false
falten fold
die **Familie, -n** family
die **Farbe, -n** color
-farben colored
das **Faß, -(ss)es, ˸(ss)er** barrel, vat, tun
fassen hold
fast almost
die **Feder, -n** feather, pen
fehlen be missing, be lacking
die **Fehlleistung, -en** (subconsciously motivated) error
die **Feier, -n** ceremony, celebration
feiern celebrate
fein fine
der **Feind, -(e)s, -e** enemy; **sich zum Feind machen** make an enemy of
feindlich hostile
der **Feinschmecker, -s, -** gourmet
das **Feld, -(e)s, -er** field
der **Feldzug, -(e)s, ˸e** campaign
der **Fels, -en, -en; Felsen, -s, -** rock, cliff
das **Fenster, -s, -** window
die **Ferne** distance; **in der Ferne** a long way off
der **Fernsehapparat, -(e)s, -e** TV set
der **Fernsehsender, -s, -** television channel
fertig finished, ready
die **Fessel, -n** fetter, chain
fest firm
das **Fest, -(e)s, -e** festival, holiday
die **Festung, -en** fortress
der **Fetzen, -s, -** scrap
das **Feuer, -s, -** fire
FHG = Freiheitliche Hochschulgruppe

fieberhaft feverish
„**Figaro**" *"The Marriage of Figaro" (opera by Mozart)*
die **Figur, -en** figure, shape, form, person
der **Film, -s, -e** film, moving picture
der **Filz, -es, -e** felt
der **Filzhut, -(e)s, ˸e** felt hat
finanziell financial
das **Finanzwesen, -s** banking and finance
finden, fand, gefunden find; **sich finden** be found
der **Finger, -s, -** finger
der **Fingerhut, -(e)s, ˸e** thimble
die **Firma, Firmen** firm, company
der **Fisch, -es, -e** fish
Fischer von Erlach, Johann Bernhard (1656–1723) *architect*
flach flat, low
das **Flachland, -(e)s** plain, low country
flämisch Flemish
die **Flasche, -n** bottle
flattern flutter
die **Fledermaus, ˸e** bat
das **Fleisch, -es** meat, flesh
fleischfressend carnivorous
die **Flexion, -en** inflection
fliegen, flog, ist geflogen fly
der **Fliegeralarm, -s, -e** air raid alarm
fliehen, floh, ist geflohen flee
das **(der) Floß, -es, ˸e** float
die **Flöte, -n** flute
der **Fluch, -(e)s, ˸e** curse
die **Flucht, -en** flight, escape
flüchtig hasty
der **Flüchtling, -(e)s, -e** refugee
der **Flug, -(e)s, ˸e** flight; **wie im Fluge** like a flash
das **Flugblatt, -(e)s, ˸er** handbill
der **Flughafen, -s, ˸** airport
das **Flugzeug, -(e)s, -e** airplane
der **Fluß, -(ss)es, ˸(ss)e** river
flüstern whisper
die **Flut, -en** flood
folgen follow

	fordern demand	der	**Freiheitskämpfer, -s, -** fighter for
	fördern further, promote		freedom
die	**Forderung, -en** demand	die	**Freistunde, -n** leisure hour
die	**Form, -en** form, shape		**freiwillig** voluntary, spontaneous
	formulieren formulate, express		**fremd** foreign, strange
die	**Forschung, -en** research	der	**Fremde, -n, -n** foreigner, tourist
das	**Forschungsinstitut, -s, -e** research	das	**Fremdwort, -(e)s, ̈er** foreign
	institute		word
die	**Forschungsreise, -n** research and		**Freud, Sigmund** (1856–1939)
	exploration trip		*neurologist*
	fort away, gone	die	**Freude, -n** joy, pleasure
der	**Fortschritt, -(e)s, -e** progress	sich	**freuen** be glad
die	**Fracht** freight, cargo	der	**Freund, -(e)s, -e** friend; **die**
die	**Frage, -n** question		**Freundin, -nen** (woman) friend
	fragen ask, question		**freundlich** friendly
der	**Fragesatz, -es ̈e** interrogative	die	**Freundschaft, -en** friendship
	sentence	der	**Friede(n), -ns** peace
das	**Fragewort, -(e)s, ̈er** interrogative		**friedlich** peaceful
	fraglos unquestionable		**Friedrich I. von Hohenstaufen**
der	**Franke, -n, -n** Frank		(1123?–1190) Frederick Bar-
das	**Frankreich, -(e)s** France		barossa, *Holy Roman emperor*
	Franz II. (1768–1835) Francis II,		(1152–1190)
	last Holy Roman emperor		**Friedrich III.** (1415–1493)
	(1792–1806), *Francis I, emperor*		Frederick III, *Holy Roman*
	of Austria (1804–1835)		*emperor* (1440–1493)
	Franz Joseph (1830–1916) Francis		**Friedrich der Große** (1712–1786)
	Joseph I, *emperor of Austria*		Frederick the Great, *king of*
	(1848–1916)		*Prussia* (1740–1786)
der	**Franzose, -n, -n** Frenchman;		**Friedrich Wilhelm I.** (1688–1740)
	die Französin, -nen French-		Frederick William I, *king of*
	woman; **französisch** French		*Prussia* (1713–1740)
die	**Frau, -en** woman, wife		**Friedrich Wilhelm II.** (1744–1797)
der	**Frauenarzt, -es, ̈e** gynecologist		Frederick William II, *king of*
das	**Frauenherz, -ens, -en** woman's		*Prussia* (1786–1797)
	heart	die	**Friedrichstraße** *Frederick Street in*
die	**Frauenkirche** *famous church in*		*Berlin*
	Munich		**frieren, fror, gefroren** freeze, suffer
	frei free, unoccupied; **im Freien**		cold
	in the open		**friesisch** Frisian
der	**Freibrief, -s, -e** charter		**Frija** *Germanic goddess*
	freigebig openhanded, liberal,		**frisch** fresh
	generous	die	**Frische** freshness
die	**Freiheit, -en** freedom	der	**Friseur, -s, -e** barber, hairdresser
das	**Freiheitsdrama, -s, Freiheits-**		**froh** glad
	dramen drama of freedom	die	**Front, -en** front
der	**Freiheitskampf, -es, ̈e** struggle for	die	**Frucht, ̈e** fruit
	freedom		**früh** early, in the morning; **in der**

Frühe early in the morning; **früher** formerly

der **Frühling, -s, -e** spring

sich **fühlen** feel, have

führen lead, wage, have

der **Führer, -s, -** guide, leader; Hitler

die **Führung** leadership

die **Fülle** fullness, abundance

füllen fill

der **Fund, -(e)s, -e** finding

das **Fundament, -(e)s, -e** foundation

die **Funktion, -en** function

der **Funktionär, -s, -e** functionary, official

der **Funkturm, -s, -e** radio tower, *well-known landmark in Berlin*

für for

fürchten fear

der **Fürst, -en, -en** prince, ruler

der **Fuß, -es, ⁻e** foot; **mit Füßen treten** trample under foot

der **Fußball, -(e)s** soccer

der **Fußgänger, -s, -** pedestrian

das **Futter, -s** fodder, feed

G

die **Gabe, -n** offering, gift

gaffen gape, stare

galant gallant

der **Gang, -(e)s, ⁻e** corridor, hall, walk, course; **in Gang kommen** start

ganz quite, very, complete, entire; **ein ganzer Mann** a real man; **im ganzen** altogether

gar at all; quite, very

die **Garantie, -n** guarantee

die **Garnison, -en** garrison

der **Garten, -s, ⁻** garden

der **Gärtner, -s, -** gardener

der **Gast, -(e)s, ⁻e** guest

das **Gasthaus, -es, ⁻er** inn

das **Gebäude, -s, -** building

geben, gab, gegeben, gibt give;

es gibt there is, there are, there exists, there exist

das **Gebiet, -(e)s, -e** area, field, subject, region

gebildet educated, cultured

geboren born

der **Gebrauch, -(e)s, ⁻e** use

gebrauchen use

die **Geburt, -en** birth

gebürtig born, native

das **Geburtshaus, -es, ⁻er** birth house

der **Geburtstag, -(e)s, -e** birthday

der **Geburtstagskuchen, -s** birthday cake

die **Gedächtniskirche** memorial church

der **Gedanke, -ns, -n** thought, idea

die **Gedankenfreiheit** freedom of thought

gedeckt set

das **Gedicht, -es, -e** poem

geeinigt united, unified

die **Gefahr, -en** danger

gefallen, gefiel, gefallen, gefällt please; **sich alles gefallen lassen** put up with anything

die **Gefangene, -n** (woman) prisoner

der **Gefangenenwärter, -s, -** prison guard

das **Gefängnis, -ses, -se** prison

der **Gefängniswärter, -s, -** prison guard

das **Geflügel, -s** fowl

das **Gefühl, -s, -e** feeling

der **Gefühlsausbruch, -(e)s, ⁻e** emotional outburst

gegen against, toward, around

die **Gegend, -en** region, area, section

die **Gegenreformation** counter-reformation

der **Gegenstand, -(e)s, ⁻e** subject

das **Gegenstück, -(e)s, -e** counterpart, opposite

das **Gegenteil, -s, -e** opposite

sich **gegenüber-stehen, stand gegenüber, gegenübergestanden** face one another

der **Gegner, -s, -** opponent
die **Geheime Staatspolizei** secret (state) police
gehen, ging, ist gegangen go; **wie es ihm gehe** how he was
das **Gehirn, -s, -e** mind, brain
gehören belong
der **Geist, -es, -er** spirit, intellect, mind
geistig intellectual, spiritual
geistreich clever, witty
gelb yellow; **gelbgrau** yellowish-gray; **gelblich** yellowish
das **Geld, -(e)s** money
die **Gelegenheit, -en** opportunity, occasion
gelingen, gelang, ist gelungen succeed
gelten, galt, gegolten, gilt be considered, be worth, be valid, apply to
das **Gemälde, -s, -** painting
gemein in common
gemeinsam common, joint, in common
die **Gemeinschaft, -en** association
das **Gemüse, -s, -** vegetable
gemütlich congenial, easygoing
die **Gemütlichkeit** easygoing disposition, complacent amiability
genährt von fed by
genau exact
der **General, -s, -̈e** general
der **Generalstreik, -s, -s** general strike
die **Generation, -en** generation
das **Genie, -s, -s** genius
genießen, genoß, genossen enjoy
Genua Genoa
genug enough
genügend sufficient
geographisch geographic(al)
Georg III. (1738–1820) George III, *king of Great Britain and Ireland* (1760–1820)
das **Gepäck, -s** baggage, luggage
gerade just; straight
die **Gerechtigkeit** justice
gering slight

germanisch Germanic
gern gladly, like to
das **Geschäft, -(e)s, -e** shop, business
das **Geschäftshaus, -es, -̈er** office building, business building
die **Geschäftsstraße, -n** business street
geschehen, geschah, ist geschehen, geschieht happen; give
die **Geschichte, -n** history, story
die **Geschichtsphilosophie** philosophy of history
das **Geschöpf, -es, -e** creature
die **Geschwister** *(pl.)* brother and sister
die **Gesellschaft, -en** society
das **Gesetz, -es, -e** law
das **Gesicht, -(e)s, -er** face, appearance
gespannt eager, tense
das **Gespenst, -es, -er** ghost
das **Gespräch, -(e)s, -e** conversation
die **Gestalt, -en** form, shape
die **Gestapo = Geheime Staatspolizei** secret (state) police
gestern yesterday; **gestern abend** last night
die **Gestikulation, -en** gesticulation
gewährleisten guarantee
die **Gewalt** force, violence; **Gewalt anwenden** use force
gewinnen (an), gewann, gewonnen win, gain, gain in stature
gewiß certain
das **Gewissen, -s** conscience
sich **gewöhnen an** get used to
gewöhnlich usual, customary, ordinary
gießen, goß, gegossen cast, pour
der **Gipfel, -s, -** summit
die **Gitarre, -n** guitar
glänzend brilliant, glittering
glanzvoll brilliant
das **Glas, -es, -̈er** glas
der **Glaube** belief, faith
glauben believe
gleich like, equal, the same; immediately; **zu gleicher Zeit** at the same time

die gleichen, glich, geglichen resemble
Gleichgesinnte *(pl.)* kindred spirits
gleiten, glitt, ist geglitten glide
glitzern glitter, sparkle
global global

die Glocke, -n bell

das Glockenspiel, -(e)s, -e chime(s)

Gluck, Christoph Willibald (1714–1787) *composer*

das Glück, -(e)s luck, good fortune, happiness
glücklich happy

Goethe, Johann Wolfgang von (1749–1832) *poet*

das Goethehaus, -es *Goethe House*
golden golden

die „Goldene Legende" *"The Golden Legend," work by Longfellow*

der Goldfischteich, -(e)s, -e goldfish pond

der Gote, -n, -n Goth

die Gotik Gothic
gotisch Gothic

der Gott, -(e)s, ⁻er God; **Gott sei Dank** thank God

die Gottesgeißel, -n scourge of God

die Göttin, -nen goddess
grammatisch grammatical

das Gras, -es ⁻er grass
gratulieren congratulate
grau gray
grauhaarig gray-haired

die Grenze, -n boundary, border

der Grieche, -n, -n Greek

das Griechenland, -s Greece
griechisch Greek

Grillparzer, Franz (1791–1872) *playwright and poet*

Grimm, Jakob (1785–1863) *and* Grimm, Wilhelm (1786–1859) *philologists and mythologists*

groß big, great, large; **im großen und ganzen** by and large
großartig magnificent

das Großbauprojekt, -(e)s, -e large building project

das Großdeutschland, -s Greater Germany

die Großmutter, ⁻ grandmother

der Großsprecher, -s, - boaster, braggart

der Großvater, -s, ⁻ grandfather
grün green

der Grund, -(e)s, ⁻e reason; **aus diesem Grund(e)** for this reason
gründen found, establish

der Gründer, -s, - founder

die Grundlage, -n basis, foundation

die Gründung, -en founding, establishment

Grünewald, Matthias (?–1530) *painter*

grunzen grunt

die Gruppe, -n group

der Gruß, -es, ⁻e greeting
grüßen greet
gut good

das Gut, -(e)s, ⁻er possession(s), goods

Gutenberg, Johann (1400?–1468?) *inventor of printing*

die Gynäkologie gynecology

H

das Haar, -(e)s, -e hair
haben, hatte, gehabt, hat have

der Habicht, -(e)s, -e hawk

der Hafen, -s, ⁻ harbor

die Hafenrundfahrt, -en trip around the harbor

Hagen *enemy of Siegfried in the "Song of the Nibelungs"*

das Hakenkreuz, -es, -e swastika
halb half

die Hälfte, -n half
halten, hielt, gehalten, hält stop, hold; **sich halten** hold on, continue to exist; **halten für** consider (to be); **halten von** think of

die Haltung, -en attitude, principles, morale

der **Hammer, -s, ··** hammer
hämmern hammer

der **Hammerschlag, -(e)s, ··e** hammer-like blow

die **Hand, ··e** hand; **alle Hände voll zu tun haben** have one's hands full

das **Handbuch, -(e)s, ··er** handbook

der **Handel, -s** trade, commerce
Händel, Georg Friedrich (1685–1759) *composer*
handeln act

die **Handfeuerwaffe, -n** pistol, rifle, small arms

die **Handgranate, -n** hand grenade

die **Handlung, -en** plot, action

das **Handschreiben, -s, -** autograph (letter)

die **Handschrift, -en** manuscript

der **Handschuh, -(e)s, -e** glove
hängen, hing, gehangen (an) be attached to, be fond of

die **Hansestadt, ··e** Hanseatic city

die **Harfe, -n** harp

die **Harmonie** harmony
harmonisch harmonious
hart hard

die **Härte** hardness, harshness

der **Hase, -n, -n** hare, rabbit

die **Haselnuß, ··(ss)e** hazelnut

der **Haß, -(ss)es** hate, hatred
hassen hate

der **Haufen, -s, -** heap, pile

das **Haupt, -(e)s, ··er** head, chief, main
Hauptmann, Gerhart (1862–1946) *writer*

die **Hauptquelle, -n** main source
hauptsächlich chief, main

die **Hauptstadt, ··e** capital

das **Hauptzentrum, -s, -zentren** main center

das **Haus, -es, ··er** house; **nach Hause gehen** go home; **zu Hause** at home

das **Häuschen, -s, -** little house

die **Hausfrau, -en** housewife

der **Hausmeister, -s, -** janitor

der **Hausmusiklehrer, -s -** private music teacher

der **Hausspruch, -(e)s, ··e** saying, motto
Haydn, Franz Joseph (1732–1809) *composer*
Hebbel, Friedrich (1813–1863) *playwright and poet*
hebräisch Hebrew

das **Heer, -(e)s, -e** army
Hegel, Georg Wilhelm (1770–1831) *philosopher*
heilen cure, heal
heilig holy, sacred

der **Heilige, -n, -n** holy man, saint

das **Heim, -(e)s, -e** home

die **Heimat, -en** home, native country

die **Heimatliebe** love of one's homeland, patriotism

der **Heimatvertriebene, -n, -n** expellee
heim-fahren, fuhr heim, ist heimgefahren, fährt heim go home
heim-kommen, kam heim, ist heimgekommen come home

das **Heimweh, -s** homesickness; **Heimweh haben** be homesick
Heine, Heinrich (1797–1856) *poet*
heiraten marry
heiß hot
heißen, hieß, geheißen be, be called, be said; **es heiße** *(subj.)* so it was called that; **wie heißt** what is the name of
heizen heat
helfen, half, geholfen, hilft help

der **Helfer, -s, -** helper
her here; from; ago
heraus-bringen, brachte heraus, herausgebracht get out (of), publish
heraus-geben, gab heraus, hat herausgegeben, gibt heraus publish
heraus-steigen, stieg heraus, ist herausgestiegen climb out

der **Herbst, -(e)s, -e** fall, autumn
her-geben, gab her, hergegeben, gibt her give up

her-kommen, kam her, ist herge-
kommen come from
Hermann der Cherusker Arminius
the Cheruscan
die **Hermannsschlacht** battle of Arminius
hernieder-reißen, riß hernieder,
herniedergerissen tear down
der **Herr, -n, -en** man, gentleman, Mr.,
master; **aus aller Herren
Länder** from all countries
herrlich magnificent
die **Herrschaft** rule, domination
herrschen rule, reign
der **Herrscher, -s, -** ruler
das **Herrscherhaus, -es, ⸚er** ruling
house
die **Herrscherin, -nen** (woman) ruler
her-stellen produce, manufacture
herum-stehen, stand herum, herum-
gestanden stand around
herunter-kommen, kam herunter,
ist heruntergekommen come
down
hervor-heben, hob hervor, hervor-
gehoben emphasize
das **Herz, -ens, -en** heart; **am Herzen
liegen** have at heart
-herzig -hearted
herzlich hearty, from the heart,
cordial
Hesse, Hermann (1877–1962)
writer
der **Heurige, -n, -n** new wine, tavern
serving new wine
heute today
heutig present-day
hier here
hierher here
hierin herein, in this
Hildebrandt, Johann Lukas von
(1668–1745) *architect*
die **Hilfe, -n** help; **zur Hilfe bereit**
ready to help
hilflos helpless
der **Himmel, -s, -** sky, heaven
die **Himmelskönigin** Queen of Heaven

hinab-leeren drop down
hinauf-gehen, ging hinauf, ist
hinaufgegangen go up
hinauf-sehen, sah hinauf, hinauf-
gesehen, sieht hinauf look up
hinaus out
hinaus-führen take out
hinaus-gehen, ging hinaus, ist
hinausgegangen go out, go
beyond
sich hinein-denken, dachte hinein,
hineingedacht (in einen Menschen) put oneself in a person's
shoes
hingegen on the other hand
sich hin-legen lie down
die **Hinrichtung, -en** execution
hinter behind
hintereinander one behind the other
hinterlassen, hinterließ, hinterlassen, hinterläßt leave behind
hinüber over
Hiob Job
der **Historiker, -s, -** historian
historisch historical
Hitler, Adolf (1889–1945) *dictator
of Germany* (1933–1945)
die **Hitlerjugend** Hitler Youth
der **Hitlerjugendführer, -s, -** Hitler
Youth leader
die **Hitze** heat
hoch high
die **Hochbahn, -en** elevated train
das **Hochdeutsch, -en** High German
der **Hochdruck, -(e)s** high pressure
hochindustrialisiert highly in-
dustrialized
hochinteressant highly interesting
das **Hochland, -(e)s** highland
die **Hochschule, -n** university; **die
Technische Hochschule** School
of Engineering
höchst: **es ist höchste Zeit** there
is little time left
höchstens at most
die **Hochzeit, -en** wedding
der **Hof, -(e)s, ⸚e** court, courtyard

die **Hofburg** *imperial palace (in Vienna)*

hoffen hope; **hoffen auf** hope for

die **Hoffnung, -en** hope

der **Hofrat, -(e)s, ⸚e** councilor to the court

die **Hofsängerknaben** *(pl.)* boys' choir at court

die **Höhe, -n** height, altitude, elevation

der **Höhepunkt, -es, -e** climax, high point

Holbein, Hans der Jüngere (1497?–1543) Hans Holbein the Younger, *painter*

holen get, fetch

holländisch Dutch

die **Hölle** hell

der **Holzschnitt, -(e)s, -e** woodcut

hören hear

der **Hörsaal, -(e)s, Hörsäle** lecture room

das **Hörspiel, -(e)s, -e** radio drama

das **Hotel, -s, -s** hotel

die **Hüfte, -n** hip

Hugo, Victor Marie (1802–1885) *French writer*

human humane

der **Humor, -s** humor, sense of humor

humorvoll humorous, full of humor

der **Hund, -(e)s, -e** dog

zu Hunderten by the hundreds

der **Hunne, -n, -n** Hun

der **Hunnenkönig, -(e)s, -e** king of the Huns

hüpfen hop

der **Hut, -es, ⸚e** hat

die **Hygiene** hygiene

hypnotisiert hypnotized

die **Hysterie** hysteria

hysterisch hysterical

I

das **Ideal, -(e)s, -e** ideal; der **Idealismus** idealism

die **Idee, -n** idea

illusorisch illusory

die **Illustration, -en** illustration

im = in dem in the

immer always; **immer mehr** more and more; **immer noch** still; **immer noch nicht** not yet, not even now; **immer wieder** again and again

der **Immigrant, -en, -en** immigrant

der **Importagent, -en, -en** import agent

in in, into

indem while, as, in that

indes meanwhile

der **Indianer, -s, -** Indian

das **Indien, -s** India

individualistisch individualistic

individuell individual

indoeuropäisch Indo-European

das **Indonesien, -s** Indonesia

die **Industrie, -n** industry

das **Industriegebiet, -(e)s, -e** industrial area

inner inner, internal

innerdeutsch German domestic

innerhalb (von) within

innerlich inward, mental

innerst innermost

ins = in das into the

die **Inschrift, -en** inscription

das **Insekt, -s, -en** insect

die **Insel, -n** island

das **Instrument, -(e)s, -e** instrument

der **Instrumentalkomponist, -en, -en** instrumental composer

die **Instrumentalmusik** instrumental music

die **Instrumentierung, -en** instrumentation

die **Integration** integration

der **Intellektuelle, -n, -n** intellectual

intelligent intelligent

die **Intensität** intensity

interessant interesting

das **Interesse, -s, -n** interest

interessieren to interest; **sich interessieren für** be interested in

international international
interpretieren to interpret
intim intimate, close
die Intrige, -n intrigue
intrigieren plot
inzwischen meanwhile
irdisch earthly
irgendein any, some; irgendein anderer anyone else
irgendwie somehow
irgendwo anywhere, somewhere
Irland, -s Ireland
ironisch ironical
irre-führen mislead
die Isar tributary of the Danube in Bavaria
isländisch Icelandic
das Italien, -s Italy; der Italiener, -s, - Italian; italienisch Italian

J

ja yes, of course
die Jacke, -n jacket, coat
das Jahr, -(e)s, -e year; jahrelang for years
das Jahrhundert, -s, -e century
jährlich annual
das Jahrtausend, -s, -e millennium
das Jahrzehnt, -(e)s, -e decade
japanisch Japanese
je each, apiece; ever
jedenfalls at any rate
jeder every, each
jemand someone
jetzo = jetzt now
jetzt now
das Joch, -(e)s, -e yoke
der Journalist, -en, -en journalist
jubilieren jubilate, shout with joy
der Jude, -n, -n Jew
die Jugend youth
jugendlich youthful
das Jugoslawien, -s Yugoslavia
jung young; die Jüngeren the younger people

der Junge, -n, -n boy
die Jungenschaft, -en Boys' Club
der Jurastudent, -en, -en law student
der Justizsaal, -(e)s, Justizsäle courtroom

K

der Kabinenroller, -s, - motor scooter
der Kaffee, -s coffee
das Kaffeehaus, -es, ̈-er coffee house, café
die Kaffeeterrasse sidewalk café
Kafka, Franz (1883–1924) writer
der Kaiser, -s, - emperor; die Kaiserproklamation proclamation of the emperor
kaiserlich imperial
das Kaiserreich, -(e)s, -e empire
die Kaiserstadt, ̈-e imperial city
das Kalb, -(e)s, ̈-er calf
das Kalbfleisch, -es veal
kalt cold
die Kälte cold
der Kamerad, -en, -en friend, comrade; die Kameradin (woman) comrade, friend
die Kameradschaft comradeship, fellowship
die Kammermusik chamber music
der Kampf, -(e)s, ̈-e fight, struggle
kämpfen fight
der Kampfplatz, -es, ̈-e field of battle
die Kanarischen Inseln Canary Islands
die Känguruhschwanzsuppe kangaroo tail soup
die Kanne, -n can, pot
die Kantate, -n cantata
der Kantor, -s, Kantoren cantor, leader of church choir
der Kanzler, -s, - chancellor
der Kapellmeister, -s, - conductor
der Kapitalist, -en, -en capitalist
kapitalistisch capitalistic
das Kapitel, -s, - chapter
kapitulieren capitulate

der **Kapuziner, -s, -** *small cup of black coffee (in Austria)*

der **Kardinal, -s, Kardinäle** cardinal

Karl der Große (768–814) Charlemagne

die **Karlskirche** Charles Church in Vienna

die **Karte, -n** card, ticket

der **Käse, -s, -** cheese

katalanisch Catalan

katastrophal catastrophic

die **Kategorie, -n** category

der **kategorische Imperativ** categorical imperative

das **Katheder, -s, -** lecturing desk

katholisch Catholic

die **Katze, -n** cat

kaufen buy; **nicht zu kaufen sein** be unavailable (for purchase)

kaum hardly, scarcely

die **Kausalität** causality

der **Kavalier, -s, -e** cavalier, courtier

kein none, no, not any

keineswegs by no means

der **Keller, -s, -** cellar

der **Kellner, -s, -** waiter

der **Kelte, -n, -n** Celt

kennen, kannte, gekannt know

kennen-lernen become acquainted with, meet

die **Kenntnis, -se** knowledge

der **Kessel, -s, -** kettle, boiler

das (der) **Kilometer, -s, -** kilometer

das **Kind, -(e)s, -er** child

der **Kinderarzt, -es, ⁻e** pediatrician

das **Kinderfräulein, -s, -** nurse, governess

die **Kindergärtnerin, -nen** kindergarten teacher

die **Kinderjahre** *(pl.)* years of childhood

kinderleicht very easy

die **Kinderreime** *(pl.)* nursery rhymes

das **Kinderspiel, -(e)s, -e** child's play

der **Kinderwagen, -s, -** baby carriage

der **Kinderzahn, -(e)s, ⁻e** baby tooth

kindisch childish

kindlich filial, of a child

das **Kinn, -(e)s, -e** chin

das **Kino, -s, -s** moving picture theatre, movies

das **Kipfel, -s, -** crescent roll

die **Kirche, -n** church

Kirchhoff, Gustav Robert (1824–1887) *physicist*

kirchlich ecclesiastical

klagen complain

klar clear

die **Klarheit** clarity, clearness

sich **klar-machen** make clear to oneself, visualize

die **Klasse, -n** class

das **Klassenzimmer, -s, -** classroom

der **Klassiker, -s, -** classical author

klassisch classical

klatschen clap

das **Klavier, -s, -e** piano

das **Kleid, -(e)s, -er** dress, clothes

klein small, little

die **Kleinkinderschule, -n** nursery school

die **Kleinstadt, ⁻e** small town

der **Kleinwagen, -s** small car

Kleist, Heinrich von (1777–1811) *dramatist, poet and novelist*

klimpern play badly

klingeln ring

klingen, klang, geklungen sound

die **Klinik, -en** clinic

Klopstock, Friedrich Gottlieb (1724–1803) *poet*

der **Klub, -s, -s** club

klug clever, intelligent

der **Knabe, -n, -n** boy

knacken crack

knapp bare

der **Knebel, -s, -** gag

knien kneel

der **Knöchel, -s, -** knuckle

die **Koalition, -en** coalition

Koch, Robert (1843–1910) *physician and bacteriologist*

kochen cook

der **Koffer, -s, -** suitcase

die **Kohle, -n** coal
das **Kolleg, -s, -ien** lecture course
kollektivistisch collectivistic
Köln Cologne; **der Kölner Dom** Cathedral of Cologne
die **Kolonne, -n** column
komisch comical, strange, funny
das **Kommando, -s, -s** command
kommen, kam, ist gekommen come, go; **es kam anders** it turned out differently
der **Kommunismus** - Communism
der **Kommunist, -en, -en** Communist
kommunistisch Communistic
die **Komödie, -n** comedy
die **Kompanie, -n** company
das **Kompliment, -(e)s, -e** compliment, compliments
komponieren compose
der **Komponist, -en, -en** composer
die **Komposition, -en** composition
der **Kompromiß, -(ss)es, -(ss)e** compromise
der **Konflikt, -(e)s, -e** conflict
der **König, -s, -e** king
die **Königsallee** King's Boulevard
können, konnte, gekonnt, kann be able, can
der **Konsonant, -en, -en** consonant
die **Konstellation, -en** constellation
der **Konsul, -s, -n** consul
das **Konsulat, -(e)s, -e** consulate
der **Kontakt, -(e)s, -e** contact
der **Kontinent, -s, -e** continent
die **Kontrolle, -n** control, check
kontrollieren check, control
der **Konvent** student parliament
das **Konzentrationslager, -s, -** concentration camp
das **Konzert, -s, -e** concert
die **Konzertreise, -n** concert tour
der **Kopf, -(e)s, ̈-e** head
die **Kopfschmerzen** *(pl.)* headache
der **Körper, -s, -** body
körperlich physical
korrespondieren correspond
kosmopolitisch cosmopolitan

kostbar costly, precious
kosten cost; taste
die **Kraft, ̈-e** strength, power, energy, force, vigor; **die Mutter verliert die Kräfte** the mother's strength fails her
der **Krampf, -es, ̈-e** cramp, spasm
der **Kran, -(e)s, ̈-e** crane
krank sick
der **Krankenwagen, -s, -** ambulance
der **Krebs, -es, -e** crayfish; cancer
der **Kreis, -es, -e** circle
das **Kreuz, -es, -e** cross
der **Kreuzzug, -(e)s, ̈-e** crusade
der **Krieg, -(e)s, -e** war
das **Kriegsende, -s** war's end
der **Kriegshilfsdienst, -(e)s** auxiliary war service
die **Kriegsmaschine, -n** war machine
der **Kriegsschauplatz, -es, ̈-e** theatre of operations
Kriemhild *wife of Siegfried in the "Song of the Nibelungs"*
die **Kriminalpolizei** detective force
das **Kriterium, -s, Kriterien** criterion
die **Kritik** criticism, critique
der **Kritiker, -s, -** critic
kritisch critical
der **Kroate, -n, -n** Croat
die **Krone, -n** crown
krönen crown
die **Krönung, -en** coronation
KSV = Kommunistischer Studentenverband
die **Küche, -n** kitchen; cooking
der **Kuchen, -s, -** cake
der **Kuckuck, -s, -e** cuckoo
die **Kuh, ̈-e** cow
kühl cool
die **Kultur, -en** civilization, culture
kulturell cultural
das **Kultürgemisch, -es** mixture of cultures
der **Kulturmittelpunkt, -es, -e** cultural center
die **Kulturnation, -en** cultural nation
die **Kunst, ̈-e** art

der **Kunsthistoriker, -s, -** art historian
das **Kunsthistorische Institut** Institute
for the History of Arts
der **Künstler, -s, -** artist
die **Kunstsammlung, -en** art collection
das **Kunstwerk, -(e)s, -e** work of art;
zum Kunstwerk erheben refine
artistically
das **Kupfer, -s** copper
der **Kurfürstendamm, -s** *famous street
in Berlin*
kurieren cure
kurz short, brief; in short; **vor
kurzem** recently
küssen kiss

L

das **Labor, -s** laboratory, "lab"
lächeln smile
das **Lächeln, -s** smile
lachen laugh
lächerlich ridiculous
der **Laden, -s, ⁻** shop, store
das **Ladenmädchen, -s, -** shopgirl
die **Lage, -n** location, situation
das **Lager, -s, -** camp
der **Laie, -n, -n** layman
das **Land, -(e)s, ⁻er** land, country;
state
das **Landesmuseum, -s, -museen** state
museum
die **Landschaft, -en** landscape, scenery
die **Landstraße** country road, main
highway in the eastern part of
Vienna
lang(e) long; ...**lang** for...;
längere Zeit for some time;
schon lange for some time; **seit
langem** for a long time
langsam slow
die **Laryngologie** laryngology
lassen, ließ, gelassen, läßt let,
allow, permit; **was sich
machen läßt** what can be done;

es läßt sich gut leben one lives
well
das **Latein, -s** Latin; **lateinisch** Latin
der **Lauf, -(e)s, ⁻e** course
laufen, lief, ist gelaufen, läuft run,
walk
laut loud
der **Laut, -(e)s, -e** sound
lauten be, read, sound
läuten ring
lautlos without a sound, noiseless
der **Lautsprecher, -s, -** loudspeaker
leben live; **es lebe** long live
das **Leben, -s, -** life; **am Leben sein**
be alive; **ins Leben rufen** call
into existence, establish; **ums
Leben kommen** die
lebendig alive, living
die **Lebensgeschichte, -n** biography
das **Lebensjahr, -(e)s, -e** year of life
die **Lebensmittel** *(pl.)* food, pro-
visions
lebhaft lively, animated
die **Lebzeit, -en** lifetime
lecken lick
das **Leder, -s** leather
leer empty
sich **legen** lie down
die **Legion, -en** legion
Lehar, Franz (1870-1948) *composer*
der **Lehrbeauftragte, -n, -n** temporary
appointee (to teach)
die **Lehre, -n** teaching, doctrine
lehren teach
der **Lehrer, -s, -** teacher
das **Lehrfach, -(e)s, ⁻er** field of study
die **Lehrkräfte** *(pl.)* teaching personnel
der **Leib, -(e)s, -er** body
Leibniz, Gottfried Wilhelm (1646-
1716) *philosopher*
die **Leiche, -n** corpse
leicht light, easy
die **Leichtigkeit** ease, facility
der **Leichtsinn** flightiness
leiden, litt, gelitten suffer

	leider unfortunately	die	**Liste, -n** list
	Leipzig *city in East Germany*	der	**(das) Liter, -s, -** liter
	leise soft, gentle	die	**Literatur, -en** literature
	leisten do, accomplish	das	**Literaturwerk, -(e)s, -e** work of
die	**Leistung, -en** accomplishment		literature
der	**Leiter, -s, -** leader, head	die	**Lizenz, -en** license
	Leopold I. (1640–1705) *Holy*		**loben** praise
	Roman emperor (1658–1705)		**Lochner, Stephan** (?–1451) *painter*
die	**Lerche, -n** lark		**lokal** local
	lernen learn	der	**Lokalpatriotismus, -** local patriot-
das	**Lernen, -s** learning, study		ism
	lesen, las, gelesen, liest read,	der	**Lokalpoet, -en, -en** local poet
	lecture (at the university)	der	**Lokomotivenbau, -s** locomotive
	Lessing, Gotthold Ephraim (1729–		construction
	1781) *poet, critic and dramatist*		**Londoner** of London
	letzt last, latest, recent; **die**		**los: was ist los?** what is the matter?
	letzten Dinge the ultimate		what is going on?
	questions of life	das	**Los, -es, -e** prize
die	**Leute** *(pl.)* people		**lose** loose
	liberal liberal		**lösen** solve
	„**Libussa**" *play by Grillparzer*		**Ludwig I. von Bayern** (1786–1868)
das	**Licht, -(e)s, -er** light		Louis I of Bavaria, *king of*
	lieb dear, sweet		*Bavaria* (1825–1848)
die	**Liebe** love		**Ludwig XVI.** (1754–1793) Louis
	lieben love		XVI, *king of France* (1774–
	lieber *(adv.)* rather		1792)
die	**Lieblichkeit** charm, loveliness	die	**Ludwigstraße** Ludwig Street
das	**Lied, -(e)s, -er** song	die	**Luft** air, atmosphere
der	**Liederkomponist, -en, -en** com-	der	**Luftangriff, -(e)s, -e** air raid
	poser of songs	die	**Luftbrücke, -n** air bridge, air lift
die	**Liedermelodie, -n** song melody	die	**Lüge, -n** lie
	liefern deliver	die	**Lust** desire; **Lust haben** feel like
	liegen, lag, gelegen lie, be located,		**Luther, Martin** (1483–1546) *reli-*
	be situated		*gious reformer*
der	**Liegestuhl, -(e)s, ⸚e** deck chair,	das	**Luxushotel, -s, -s** luxury hotel
	garden chair	die	**Lyrik** lyric poetry
die	**Liga, -s** league	der	**Lyriker, -s, -** lyric poet
die	**Limonade, -n** lemonade, soft drink		**lyrisch** lyrical
die	**Linden: Unter den Linden** *famous*		
	street of Berlin		
die	**Linden-Universität** *the old univer-*		**M**
	sity of Berlin located at Unter		
	den Linden		**machen** make, do
	Linie: in erster Linie first of all	die	**Macht, ⸚e** power, might
	links left, to the left		**mächtig** powerful, mighty
	Linz city in Austria		**machtlos** powerless
die	**Lippe, -n** lip	das	**Mädchen, -s, -** girl

die **Madonna** madonna
die **Magie** magic
der **Magistrat, -(e)s, -e** magistrate, municipal council
Mahler, Gustav (1860–1911) *composer*
die **Mahlzeit, -en** meal
Mainz Mainz, Mayence
die **Majorität, -en** majority
das **Mal, -(e)s, -e** time
malen paint
der **Maler, -s, -** painter
malerisch picturesque
das **Malz, -es, -e** malt
man one
mancher some, many a
manchmal sometimes
der **Mann, -(e)s, ⁻er** man, husband
Mann, Thomas (1875–1955) *writer*
die **Männerliebe** man's love
männlich masculine
die **Mannschaft, -en** crew, team
der **Mantel, -s, ⁻** coat
das **Manuskript, -(e)s, -e** manuscript
das **Märchen, -s, -** fairy tale
Maria Theresia (1717–1780) Maria Theresa, *archduchess of Austria, wife of the Holy Roman emperor Francis I, queen of Hungary and Bohemia*
Marie Antoinette (1755–1793) *queen of France* (1774–1792)
der **Marienplatz, -es** *square in Munich*
der **Markt, -(e)s, ⁻e** market
der **Marktplatz, -es, ⁻e** market place
marschieren march
Marx, Karl (1818–1883) *economic-political philosopher*
der **Marxismus, -** Marxism
marxistisch Marxist, Marxian
die **Maschine, -n** machine
das **Maß, -es, -e** measure; **in gewissem Maße** to a certain extent
die **Massenbasis** basis with the masses
massenhaft wholesale
der **Materialismus, -** materilaism
materiell material

der **Mathematiker, -s, -** mathematician
die **Mauer, -n** wall
Maximilian I. (1459–1519) *Holy Roman emperor* (1493–1519)
mechanisch mechanical
der **Mechanismus, -, Mechanismen** mechanism
die **Meditation, -en** meditation
die **Medizin** medicine
der **Mediziner, -s, -** medical student, man in medicine
medizinisch medical
der **Medizinstudent, -en, -en** student of medicine
das **Meer, -(e)s, -e** sea
mehr more; **nicht mehr** no longer, not any more
mehrere several
die **Mehrheit, -en** majority
meinen mean, think, say; die **Meinung, -en** opinion
meist most, usually; **meistens** mostly, usually
der **Meister, -s, -** master, champion
das **Meisterwerk, -(e)s, -e** masterpiece
melancholisch melancholy
die **Melange, -n** coffee with cream
melodisch melodious
Mendelssohn, Felix (1809–1847) *composer*
die **Menge** quality, crowd, mass
die **Mensa, Mensen** mensa, students' restaurant, student union
der **Mensch, -en, -en** man, person, individual, human being
der **Menschenpresser, -s, -** cannibal
das **Menschenleben, -s, -** human life
die **Menschenrechte** *(pl.)* human rights
die **Menschheit** humanity
menschlich human, humane
die **Menschlichkeit** humaneness
die **Messe, -n** fair
die **Metallwaren** *(pl.)* hardware
das (der) **Meter, -s, -** meter
die **Methode, -n** method
die **Metropole, -n** metropolis

	Metternich, Fürst Klemens von (1773–1859) *Austrian statesman*	das	**Mittelalter, -s** Middle Ages
die	**Milch** milk		**mittelalterlich** medieval
	mildern mitigate, tone down	das	**Mitteldeutschland, -s** central Germany
	militärisch military	der	**Mittelpunkt, -(e)s, -e** center, focus
der	**Militarismus, -** militarism		**mitten in** in the middle of
der	**Militarist, -en, -en** militarist	die	**Mitternacht, ̈e** midnight
	militaristisch militaristic	der	**Mittler, -s, -** mediator, third party
die	**Millionenstadt, ̈e** city with more than a million people	der	**Mittlere Westen** Middle West
das	**Minnelied, -(e)s, -er** (medieval) love song		**mit-wirken** contribute towards
der	**Minnesang, -(e)s** medieval (German) love poetry	das	**Modell, -s, -e** model
die	**Minorität, -en** minority		**modern** modern
die	**Minute, -n** minute; **minutenlang** for minutes		**modernisiert** modernized
	mischen mix; **sich mischen** mingle, combine		**mögen, mochte, gemocht, mag** like, may
der	**Mischmasch, -es** hodgepodge		**möglich** possible
die	**Mischung, -en** mixture	die	**Möglichkeit, -en** possibility
der	**Mißbrauch, -(e)s, ̈e** abuse; **Mißbräuche verbannen** eliminate abuses	die	**Monarchie, -n** monarchy
	mißbrauchen abuse	der	**Monarchist, -en, -en** monarchist
die	**Mission, -en** mission	der	**Monat, -s, -e** month
	mißverstanden misunderstood		**monatlich** monthly
	mit with	der	**Mönch, -(e)s, -e** monk
der	**Mitarbeiter, -s, -** co-worker	der	**Mondschein, -s** moonlight
	mit-bringen, brachte mit, mitgebracht bring along	der	**Monolog, -(e)s, -e** monologue
	miteinander with one another, to one another	das	**Monopol, -s, -e** monopoly
	mit-fühlen feel for (others)		**Montesquieu, Charles de** (1689–1755) *French philosopher*
das	**Mitglied, -(e)s, -er** member		**montieren** set up
	mit-helfen, half mit, mitgeholfen, hilft mit help with, assist	das	**Monument, -(e)s, -e** monument
	mit-kommen, kam mit, ist mitgekommen come along		**monumental** monumental
	mit-machen take part in	der	**Mörder, -s, -** murderer
	mit-nehmen, nahm mit, mitgenommen, nimmt mit take along		**morgen** tomorrow
das	**Mitspracherecht** voice in decision-making, codetermination	der	**Morgen, -s, -** morning; **morgens** in the morning
die	**Mittagszeit, -en** noontime	das	**Morgenlicht, -(e)s** light of morning
die	**Mitte, -n** middle	die	**Mosel** *river in West Germany*
das	**Mittel, -s, -** means		**Motley, John Lothrop** (1814–1877) *American historian*
		das	**Motto, -s, -s** motto
			Mozart, Wolfgang Amadeus (1756–1791) *composer*
			müde tired
		die	**Müdigkeit** tiredness
		die	**Mumie, -n** mummy
			München Munich
		der	**Mund, -(e)s, -e, Münde** *or* **Münder**

mouth; **den Mund halten** keep one's mouth closed; **nicht auf den Mund gefallen sein** always have a ready comeback

die **Munition** ammunition

das **Münster, -s,** - cathedral
Münster *city in Westphalia*

die **Münze, -n** coin
murmeln murmur, mutter

das **Museum, -s, Museen** museum

die **Musik** music
musikalisch musical

das **Musikdrama, -s, -dramen** music drama, opera

der **Musiker, -s,** - musician, composer

die **Musikgeschichte** history of music

der **Musikkritiker, -s,** - music critic

der **Musiklehrer, -s,** - music teacher

das **Musikzentrum, -s,** - **zentren** center of music

müssen, mußte, gemußt, muß have to, must; **kein Mensch muß müssen** no one really has to do anything

die **Mutter, ⁻** mother

die **Mutterliebe** motherly love

die **Muttersprache, -n** mother tongue

die **Mysterien** mysteries

die **Mystik** mysticism

der **Mystiker, -s,** - mystic
mystisch mystic, mystical

die **Mythologie** mythology

N

na also well then
nach after, to, toward; according to

der **Nachbar, -s** *or* **-n, -n** neighbor
nachdem after
nach-denken, dachte nach, nachgedacht think, reflect, ponder

die **Nachkriegsjahre** *(pl.)* postwar years

der **Nachmittag, -(e)s, -e** afternoon; **nachmittags** in the afternoon

die **Nachricht, -en** report, news

nach-schlagen, schlug nach, nachgeschlagen, schlägt nach look up

das **Nachspiel, -(e)s, -e** epilogue, afterpiece, sequel
nächst next, nearest, closest, following; **für die nächste Zeit** for the immediate future

die **Nacht, ⁻e** night

der **Nacken, -s,** - neck
nah (e) near, close

der **Name, -ns, -n** name; **dem Namen nach** in name; **namens** by the name of, named
namhaft noted
nämlich namely, you see
Napoleon Buonaparte (1769–1821) *emperor of France* (1805–1814); **napoleonisch** Napoleonic
Napoleon III (1808–1873) *emperor of France* (1852–1871)
nasal nasal

die **Nase, -n** nose
„**Nathan der Weise**" *drama of religious tolerance by Lessing*

die **Nation, -en** nation
national national

der **Nationalheld, -en, -en** national hero

der **Nationalismus,** - nationalism
nationalistisch nationalistic

der **Nationalsozialismus,** - National Socialism; **der Nationalsozialist** National Socialist; **nationalsozialistisch** National Socialist
natürlich naturally

der **Nazi, -s, -s** Nazi

der **Neanderthal-Mensch, -en** Neanderthal man
Neapel Naples
neben next to, beside
nebeneinander next to one another

die **Neckarbrücke** bridge across the Neckar (river)
nehmen, nahm, genommen, nimmt take
nein no

nennen, nannte, genannt call, name

der Nerv, -(e)s, -en nerve

nervös nervous

neu new, more

der Neubau, -s, -ten new construction

der Neurologe, -n, -n neurologist; die Neurologie neurology

die Neurose, -n neurosis

Neuseeland New Zealand

die Neuzeit modern times; neuzeitlich modern

das Netz, -es, -e net, network

das „Nibelungenlied", -(e)s "Song of the Nibelungs"

nicht not

der Nichtarier, -s, - Non-Aryan (Nazi term for Jew or anyone with Jewish blood)

nichtdeutsch non-German

nichtgermanisch non-Germanic

nichts nothing, not anything; nicht als nothing but

nicken nod

ein Nickerchen machen take a little nap

nie never, at no time

nieder down

die Niederlage, -n defeat

die Niederlande (pl.) Netherlands

niemals never

niemand no one; niemand anders no one else

Nietzsche, Friedrich (1844–1900) philosopher

der Nihilismus, - nihilism

nimmer never

nirgends nowhere; nirgend anders nowhere else

der Nobelpreisträger, -s, - Nobel Prize winner

noch still, yet; immer noch still; noch ein one more, another; noch einmal once more; noch mehr more, even more; noch nicht not yet; noch nie never, never before; wer noch who else

nord north; der Norden, -s North

norddeutsch North German; das Norddeutschland, -s North Germany

nordfranzösisch Northern French

nördlich north

die Norm, -en work norm, output

normal normal

die Normannen (pl.) Normans

das Norwegen, -s Norway; norwegisch Norwegian

das Notenblatt, -(e)s, ⁻er sheet of music

nötig necessary

die Notiz, -en note

Novalis: Friedrich von Hardenberg poet (1772–1801)

die Novelle, -n short story

die Nummer, -n number, issue

nun now

nur only

Nürnberg Nuremberg

die Nuß, ⁻(ss)e nut

O

ob if, whether; als ob as though

oben above, at the top, up

ober upper

das Oberhaupt, -es, ⁻er head

der Oberbürgermeister, -s, - lord mayor

obgleich although

das Objekt, -s, -e object

das Obst, -es fruit

obwohl although

die Ode, -n ode

oder or

offen open

öffentlich public

offiziell official

der Offizier, -s, -e officer

öffnen open

oft often

ohne without

das   **Ohr, -(e)s, -en** ear
     ökonomisch economic
das   **Öl, -s, -e** oil
das   **Olympia-Stadion, -s** Olympic
     Stadium
der   **Omnibus, -ses, -se** bus
der   **Onkel, -s, -** uncle
die   **Oper, -n** opera
die   **Operette, -n** operetta
das   **Opernhaus, -es, ⁼er** opera house
der   **Opernkomponist, -en, -en** com-
     poser of operas
das   **Opfer, -s, -** sacrifice; **zum Opfer**
     bringen sacrifice for
der   **Optimismus, -** optimism;   **opti-**
     mistisch optimistic
     optisch optical
das   **Oratorium, -s, Oratorien** oratorio
das   **Orchester, -s, -** orchestra
der   **Orden, -s, -** order
     ordentlich regular, ordinary
das   **Organ, -s, -e** voice, mouthpiece
die   **Organisation, -en** organization
der   **Orient, -s** Orient
sich   **orientieren** survey, locate
der   **Originaltext, -es, -e** original text,
     original language
     ornamental ornamental
     „Orpheus und Eurydike" *opera by*
     Gluck
der   **Ort, -(e)s, -e** *or* ⁼er place, locality
die   **Orthographie** orthography
das   **Ostdeutschland, -(e)s** East Ger-
     many
der   **Osten, -s** East
das   **Österreich, -s -** Austria; **der**
     Österreicher, -s, - Austrian;
     österreichisch Austrian
     östlich eastern, east
die   **Ostpresse** Eastern press
der   **Ostsektor, -s** East sector
die   **Ostzone, -n** East zone

P

     paar (a) few, couple, pair

     Pacassi, Johann Baptist von
     (1758–1818) *architect*
das   **Päckchen, -s, -** small package
     packen pack
der   **Palast, -(e)s, ⁼e** palace
das   **Panorama, -s, -s** panorama
das   **Papier, -s** paper
das   **Pappschild, -(e)s, -er** pasteboard
     sign
der   **Papst, -es, ⁼e** pope
die   **Parade, -n** parade
der   **Paragraph, -en, -en** paragraph
     parallel parallel
der   **Park, -(e)s, -s** park
     parken park
der   **Parkplatz, -es, ⁼e** place to park,
     parking lot
das   **Parlament, -s, -e** parliament
der   **Parlamentarismus, -** parliamen-
     tarianism
die   **Parole, -n** watchword, motto
die   **Partei, -en** party (political)
die   **Parteiinstitution, -en** party institu-
     tion
die   **Parteischule, -n** party school
der   **Parteitag, -(e)s, -e** party day, party
     convention
die   **Pathologie** pathology
das   **Pathos, -** pathos
der   **Patriot, -en, -en** patriot; **patrio-**
     tisch patriotic; **der Patriotis-**
     mus patriotism
die   **Paulskirche** St. Paul's Church
die   **Pause, -n** pause, stoppage
die   **Pedanterie** pedantry; **in Pedan-**
     terie ertrunken drowning in
     pedantry
der   **Pelz, -es, -e** fur
die   **Periode, -n** period
     permanent permanent
     persönlich personal
der   **Pessimismus, -** pessimism
die   **Pest** plague, pestilence
das   **Pestdenkmal, -(e)s** monument of
     the plague
das   **Pestjahr, -(e)s, -e** year of the
     plague

die	**Pestleiche, -n** body of one who died of the plague		**Platz nehmen** sit down
die	**Peterskirche** Church of St. Peter		**plötzlich** suddenly
	Petrus St. Peter	die	**Poesie** poetry
der	**Pfad, -(e)s, -e** path	das	**Polen, -s** Poland
die	**Pfanne, -n** pan	die	**Politik** politics, policy; **der**
der	**Pfeffer, -s** pepper		**Politiker, -s, -** politician,
die	**Pfeife, -n** pipe		statesman; **politisch** political
der	**Pfennig, -s, -e** penny, pfennig	die	**Polizei** police
die	**Pflanze, -n** plant	die	**Post** mail
	pflanzen plant	die	**Postkarte, -n** postcard
die	**Pflanzenbutter** margarine	die	**Pracht** splendor
	pflanzenfressend herbivorous,		**Prag** Prague
	vegetarian		**praktisch** practical
das	**Pflaster, -s, -** plaster, pavement	der	**Prater** well-known park in Vienna
	pflastern pave	die	**Praxis** practice
die	**Pflaume, -n** plum		**predigen** preach
	pflegen be in the habit of	der	**Preis, -es, -e** price, prize
die	**Pflichtvorlesung, -en** lecture with compulsory attendance		**pressen** press
		das	**Preußen, -s** Prussia; **preußisch** Prussian
	pflücken pluck, pick	der	**Prinz, -en, -en** prince
	pflügen plough	das	**Problem, -s, -e** problem
der	**Pfosten, -s, -** post, pole		**problematisch** problematic
der	**Pfuhl, -(e)s, -e** pool, puddle	der	**Professor, -s, Professoren** pro-
das	**Pfund, -(e)s, -e** pound		fessor
das	**Phänomen, -s, -e** phenomenon	das	**Programm, -(e)s, -e** program
die	**Phantasie** imagination; phantasy		**progressiv** progressive
der	**Phantast, -en, -en** visionary	der	**Propagandaanschlag, -(e)s, ⸚e** propaganda placard
die	**Philologie** philology		
der	**Philosophenweg, -(e)s** Philoso- pher's Path *(in Heidelberg)*	der	**Prophet, -en, -en** prophet
		die	**Prosa** prose
der	**Philosoph, -en, -en** philosopher; **die Philosophie** philosophy; **philosophieren** philosophize	die	**Protektion** sponsorship, patron- age
		der	**Protest, -es, -e** protest
die	**Philosophische Fakultät** School of Letters, Arts and Sciences		**protestantisch** Protestant; **der Protestantismus** Protestantism
	photographieren photograph		**protestieren** protest
	photographisch photographic	die	**Protestversammlung, -en** protest meeting
der	**Physiker, -s, -** physicist		
die	**Physiologie** physiology	der	**Proviant, -s** supplies
	physisch physical	das	**Prozent, -s, -e** per cent
das	**Pianostück, -(e)s, -e** piano piece	der	**Prozeß, -(ss)es, -(ss)e** trial
der	**Plan, -s, ⸚e** plan		**psychisch** psychic
	Plattdeutsch Low German	die	**Psychoanalyse, -n** psychoanalysis
die	**Plattform, -en** platform	der	**Psychologe, -n, -n** psychologist; **die Psychologie** psychology; **psychologisch** psychological
der	**Platz, -es, ⸚e** place, room; square; **Platz machen** give way (to);		

der Pumpernickel, -s pumpernickel
der Punkt, -(e)s, -e point, spot
    pünktlich punctual

Q

das Quartett, -(e)s, -e quartet
die Quelle, -n spring, source

R

    radikal radical
der Radikalinski, -s, -s radical, hooligan
    radioaktiv radioactive
der Radiohörer, -s, - radio listener
der Rahmen, -s, - framework
die Rassel, -n rattle
    rasseln rattle
das Rassenkonglomerat, -(e)s, -e racial conglomerate
die Rassenmischung, -en mixing of races
    rassisch racial
das Rathaus, -es, ̈-er town hall
der Rationalist, -en, -en rationalist
der Ratskeller, -s, - town hall cellar restaurant
die Ratte, -n rat
der Rattenfänger von Hameln Pied Piper of Hamelin
    rauchen smoke
der Raum, -(e)s, ̈-e room, space
    raunzen Austrian for: gripe
    RCDS = Ring Christlich-Demokratischer Studenten
der Realismus, - realism; der Realist, -en, -en realist; realistisch realistic
    rechnen figure; rechnen auf count on
    recht right, real, quite, very; recht haben be right
das Recht, -(e)s, -e right; mit Recht justifiably

    rechtsradikal right-wing radical
die Rechtswissenschaftliche Fakultät School of Law
die Redefreiheit freedom of speech
    reden speak, talk
der Redner, -s, - speaker
der Reformator, -s, -en reformer
der Regen, -s rain
    regieren rule, govern
die Regierung, -en government; an die Regierung kommen come to power
das Regierungsgebäude, -s, - government building
das Regime, -s, -(s) regime
    regnen rain
    regnerisch rainy
der Reibelaut, -(e)s, -e fricative
    reich rich
das Reich, -(e)s, -e realm, empire
    reichen reach; die Hand reichen shake hands
die Reichen (pl.) the rich, wealthy
der Reichsführer, -s, - German (Nazi) head
der Reichtum, -s, ̈-er riches, wealth
    reif ripe, mature
die Reife ripeness, maturity
    reifen mature
die Reihe, -n rank, row; eine Reihe von a number of
    rein pure, clean
der Reis rice
die Reise, -n trip, journey; auf Reisen sein be traveling; eine Reise machen take a trip
der Reiseführer, -s, - travel guide
    reisen travel
    reißen, riß, gerissen tear, rip
    reiten, ritt, geritten ride
der Reiter, -s, - rider
die Reizbarkeit irritability
der Rektor, -s, Rektoren head of a German university
    relativ relative
das Relief, -s, -s relief
    religiös religious

die **Religiosität** religiousness
rennen, rannte, gerannt run
das **Repertoire, -s, -s** repertoire
der **Repräsentant, -en, -en** representative
repräsentieren represent
die **Republik, -en** republic
republikanisch republican
das **Requiem, -s, -s** requiem
die **Residenz, -en** residence, seat of the court
das **Residenzschloß, -(ss)es, ̈(ss)er** royal castle
resigniert resigned
der **Rest, -(e)s, -e** rest, remains, vestige
das **Restaurant, -s, -s** restaurant
das **Resultat, -s, -e** result
Reuter, Ernst (1889–1953) *lord mayor of West Berlin* (1948–1953)
die **Revolution, -en** revolution
revolutionär revolutionary
der **Revolver, -s, -** revolver
der **Rhein, -s** Rhine
der **Rheindampfer, -s, -** Rhine steamer
die **Rheinfahrt, -en** Rhine journey
das **„Rheingold"** *opera by Richard Wagner*
Rheinisch-Westfälisch Rhenish-Westphalian
das **Rheinland, -(e)s** Rhineland
die **Rheinlandschaft** Rhine landscape, Rhine scenery
Rhein-Main-Flughafen *international airport on the outskirts of Frankfurt*
die **„Rheinpilger"** *"The Pilgrims of the Rhine" (work by Bulwer-Lytton)*
die **Rheinprovinz, -en** Rhine province
das **Rheinufer, -s, -** bank of the Rhine
der **Rheinwein, -s, -e** Rhine wine
der **Richter, -s, -** judge
richtig right, correct, real
die **Richtung, -en** direction, in the direction of
riechen, roch, gerochen smell, reek

Rilke, Rainer Maria (1875–1926) *poet*
riskieren risk, dare
der **Ritter, -s, -** knight
ritterlich knightly
die **Robe, -n** robe
das **Rode-Land** land made arable
Roland der Riese Roland the giant
Rolandseck *a castle on the left bank of the Rhine*
die **Rolle, -n** role, part
das **Rollen, -s** rumble
der **Rollschuh, -(e)s, -e** roller skate
Rom Rome
der **Roman, -s, -e** novel
romanisch Romance, romanesque
der **Romantiker, -s, -** Romantic, Romanticist
romantisch Romantic
der **Römer, -s** *town hall in Frankfurt*
der **Römer, -s, -** Roman; **römisch** Roman
Röntgen, Wilhelm Konrad (1845–1923) *physicist*
die **Rose, -n** rose
der **Rosenbusch, -es, ̈e** rose bush
rot red
der **Rücken, -s, -** back
der **Rucksack, -(e)s, ̈e** knapsack
rückwärts backward(s)
Rüdesheim small town, center of Rhine wine industry
Rudolf von Habsburg (1218–1291) *Holy Roman emperor* (1273–1291)
der **Ruf, -(e)s, -e** reputation
rufen, rief, gerufen call; **ins Leben rufen** call into existence, establish
die **Ruhe** rest, peace, calm
ruhen rest
ruhig quiet, calm, peaceful
rühmen praise
das **Ruhrgebiet, -(e)s** Ruhr territory
die **Ruine, -n** ruin
der **Rumäne, -n, -n** Romanian
der **Rumpf, -(e)s, ̈e** rump

rund round

die **Runde** rounds; **die Runde machen durch** make the rounds of

die **Rundfahrt, -en** tour

die **Runen** runes, runic letters

der **Russe, -n, -n** Russian; **russisch** Russian; **Rußland** Russia

S

der **Saal, -(e)s, Säle** lecture room

das **Saarland, -(e)s** Saar

die **Sache, -n** affair, matter, thing, cause

die **Sachertorte** *a famous cake made originally at the Hotel Sacher in Vienna*

das **Sachsen, -s** Saxony

die **Sachsen** (pl.) Saxons

der **Saft, -es, ̈e** juice

die **Sage, -n** legend

sagen say, tell

die **Sahne** cream

der **Salat, -(e)s, -e** salad

Salzburg *city in Austria*

sammeln collect

die **Sammlung, -en** collection

der **Sand, -(e)s** sand

sandig sandy

sanft gentle, easy

der **Sänger, -s, -** singer

die **Sängerknaben** (pl.) boys' choir

der **Sanitäter, -s, -** member of the ambulance corps

die **Satire, -n** satire

der **Sattel, -s, -** saddle

der **Satz, -es, ̈e** sentence, thesis

die **Säule, -n** column, pillar

die **Säure** tartness

der **Schädel, -s, -** skull

der **Schaden, -s, ̈** damage

schaffen, schuf, geschaffen create

scharf sharp, biting, strong

die **Schärfe** sharpness

schärfen sharpen

der **Schatten, -s, -** shadow, shade

schätzen value, esteem

der **Schauplatz, -es, ̈e** setting, scene

das **Schauspiel, -(e)s, -e** play, drama

der **Schauspieler, -s, -** actor

das **Schauspielhaus, -es, ̈er** playhouse, theatre

scheinen, schien, geschienen appear, seem

schicken send

das **Schicksal, -s, -e** fate, destiny

schießen, schoß, geschossen shoot

das **Schiff, -(e)s, -e** ship

der **Schiffbruch, -(e)s, ̈** shipwreck

der **Schiffsverkehr, -s** shipping traffic

das **Schild, -(e)s, -er** sign, plate

Schiller, Friedrich von (1759–1805) poet

schimpfen (auf) grumble (about)

der **Schinken, -s, -** ham

die **Schlacht, -en** battle

schlafen, schlief, geschlafen, schläft sleep

schlaflos sleepless

schlagen, schlug, geschlagen, schlägt defeat, hit, strike, nail

der **Schlager, -s, -** popular hit

das **Schlagobers, -** *Austrian for:* whipped cream

die **Schlagsahne** whipped cream

die **Schlamperei** indifferent carelessness, slackness

schlank slender

schlecht bad, poor

schließen, schloß, geschlossen close, conclude; **Freundschaft schließen** make friends

der **Schlitten, -s, -** sled, sleigh

der **Schlittenpreis, -es, -e** price of a sled

das **Schloß, -(ss)es, ̈(ss)er** castle

die **Schloßruine, -n** castle ruin

schlüpfen slip, slide

schlüpfrig slippery, obscene

schlürfen slurp, sip, swig

der **Schlüssel, -s, -** key

die **Schlüsselstellung, -en** key position

schmecken taste

schmelzen, schmolz, ist geschmol-
zen, schmilzt smelt, melt

der Schmelztiegel, -s, - melting pot

der Schmerz, -es, -en pain, ache
schmerzen ache, hurt

der Schmied, -(e)s, -e (black)smith

der Schmutz, -es dirt, filth, smut
schmutzig dirty, filthy

der Schnaps, -es, ⁻e *any strong alcoholic beverage*

die Schnauze, -n snout, mouth

der Schnee, -s snow
schnell quick, rapid, fast

das Schnitzel, -s, - veal cutlet

die Schokolade chocolate
schon already; all right; **schon
lange** for a long time
schön beautiful, nice, fine
Schönberg, Arnold (1874–1951)
composer
Schönbrunn *castle in Vienna*
Schöneberg *section of Berlin*

die Schönheit, -en beauty
Schopenhauer, Arthur 1788–1860)
philosopher

der Schöpfer, -s, - creator, originator
schöpferisch creative

das Schottland, -s Scotland

der Schrecken, -s, - horror
schreiben, schrieb, geschrieben
write

das Schreiben, -s, - writing

die Schreibmaschine, -n typewriter

das Schreibmaterial, -s, Schreib-
materialien stationery, pencil
and paper

das Schreibpapier, -s writing paper,
stationery

der Schreibtisch, -es, -e desk

die Schrift, -en writing, work

die Schriftsprache written language

der Schriftsteller, -s, - writer

der Schritt, -(e)s, -e step; **auf Schritt
und Tritt** at every step
Schubert, Franz (1797–1828) *composer*

die Schuld guilt

die Schule, -n school

der Schüler, -s, - student, pupil

die Schulklasse, -n school class

die Schulter, -n shoulder
Schumann, Robert (1810–1856)
composer
Schuschnigg, Kurt von (1897–)
statesman and professor

der Schuß, -(ss)es, ⁻(ss)e shot

der Schusterjunge, -n, -n shoemaker's
apprentice
schütteln shake

der Schutz, -es protection

der Schutzpatron, -s, -e patron saint

der Schwanengesang, -(e)s swan song
schwarz black

das Schweden, -s Sweden; **schwe-
disch** Swedish
schweigen, schwieg, geschwiegen
be silent
schweigsam reserved, silent

das Schwein, -(e)s, -e swine, pig, hog

das Schweinefleisch, -es pork

der Schweiß, -es sweat, perspiration

die Schweiz Switzerland; **der**
Schweizer, -s, - Swiss
schwer hard, difficult, heavy

das Schwert, -es, -er sword

die Schwester, -n sister
schwierig difficult, hard

die Schwierigkeit, -en difficulty
schwimmen, schwamm, geschwom-
men swim

der Schwimmer, -s, - swimmer

der Schwindel, -s swindle, fraud
schwitzen sweat, perspire
SDS = Sozialistischer Deutscher
Studentenbund

die sechziger Jahre the sixties

der Seehafen, -s, ⁻ seaport

die Seele, -n soul, psyche, mind
sehen, sah, gesehen, sieht see;
sehen auf look at, watch
sehr very, much, very much

die Seife, -n soap
sein be
seit since; for

die   Seite, -n page, side
der   Sekretär, -s, -e secretary
das   Sekretariat, -s, -e registrar's office
der   Sektionschef, -s, -s department head
der   Sektor, -s, Sektoren sector
die   Sektorengrenze, -n sector boundary
die   Sekunde, -n second
selber self
selbst self; even
die   Selbstbehauptung self-assertion
das   Selbstbildnis, -ses, -se self-portrait
selbständig independent
selbstlos selfless, unselfish
selbstverständlich self-evident, obvious
selten rare; seldom
seltsam strange
das   Semester, -s, - semester
das   Seminar, -s, -e seminar
der   Senat, -(e)s, -e Senate
der   Senator, -s, Senatoren senator
die   Sendung, -en program
die   Sensation, -en sensation
sensationell sensational
sentimental sentimental
der   Sepp'l, -s a student inn in Heidelberg
der   Serbe, -n, -n Serb; das Serbien, -s Serbia
die   Serumtherapie serum therapy
sich   setzen sit down
sexuell sexual
sibirisch Siberian
die   Sichel, -n sickle
sicher sure, certain
sichtbar visible
siedeln settle
sieden seethe, boil
der   Siedler, -s, - settler
die   Siedlung, -en settlement
der   Sieg, -(e)s, -e victory
das   Siegel, -s, - seal
Siegfried hero of the "Song of the Nibelungs"
siegreich victorious

Siemens, Werner von (1816–1892) engineer
die   Siemenswerke Siemens Works (factory in Berlin)
„Sinfonia Eroica" third symphony by Beethoven
singen, sang, gesungen sing
sinken, sank, ist gesunken sink, fall
der   Sinn, -(e)s, -e sense, meaning, mind; in den Sinn kommen come to mind
die   Situation, -en situation
die   Sitzarbeit sedentary work
sitzen, saß, gesessen sit; spend (time)
der   Sitzkrieg, -(e)s sit-down war (term used in 1939–1940)
der   Sitzplatz, -es, ⸚e seat
die   Sitzung, -en meeting, conference
skeptisch skeptical
der   Sklave, -n, -n slave
die   Sklaverei slavery
der   Slawe, -n, - Slav; slawisch Slavic
slowakisch Slovakian
slowenisch Slovenian
so so, then; so ein such a
sobald as soon as
so daß so that
soeben just
sofort immediately
das   Sofortprogramm, -(e)s, -e crash program
sogar even, as a matter of fact
sogenannt so-called
der   Sohn, -(e)s, ⸚e son
sokratisch Socratic
solange as long as
solch such
der   Soldat, -en, -en soldier
sollen, sollte, gesollt, soll be to, be supposed to, shall, should, ought; was sollen wir hier? what are we doing here?
der   Sommer, -s, - summer
der   Sommertag, -(e)s, -e summer day
die   Sonate, -n sonata
sondern but, rather

die **Sondernummer, -n** special issue
die **Sonne, -n** sun
der **Sonnenschein, -s** sunshine
die **Sonnenuhr, -en** sundial
die **Sonnenwende, -n** solstice
der **Sonntagnachmittag, -(e)s, -e** Sunday afternoon
sonst otherwise, for the rest
die **Sorge, -n** worry
sorgen für see to it
sich **sorgen (um)** worry (about)
die **Sorte, -n** kind
souverän sovereign
die **Souveränität** sovereignty
soweit so far; **es war soweit** the time had come
sowie as well as
sowieso anyway
sowjetisch Soviet
das **Sowjetrußland, -s** Soviet Russia
sozialdemokratisch Social Democrat
die **Sozialisierung** socialization
der **Sozialismus, -** socialism
der **Soziologe, -n, -n** sociologist
die **Soziologie** sociology
die **Spaltung, -en** split, schism, division
das **Spanien, -s** Spain; **der Spanier, -s, -** Spaniard; **spanisch** Spanish
spartanisch Spartan
spät late
der **Spaten, -s, -** spade
der **Spaziergang, -(e)s, ⸚e** walk
der **Speer, -s, -e** spear
die **Speiche, -n** spoke
die **Speisekarte, -n** menu
der **Speisewagen, -s, -** dining car
die **Spektroanalyse** spectroanalysis
die **Spezialität, -en** speciality
der **Spielball, -(e)s, ⸚e** plaything, toy
spielen play
die **Spitzhacke, -n** pickax
der **Sport, -(e)s** sport, athletics
der **Sportklub, -s, -s** athletic club
der **Sportler, -s, -** athlete

der **Sportwagen, -s, -** sport car
spotten jeer at, ridicule
die **Sprache, -n** language
die **Sprachfamilie, -n** language family
die **Sprachgeschichte, -n** history of language
-sprachig speaking
sprachlich linguistic
die **Sprachmischung, -en** mixing of languages
der **Sprachraum, -(e)s, ⸚e** language area
die **Sprachwissenschaft** philology, linguistics
sprechen, sprach, gesprochen, spricht speak, talk
der **Spruch, -s, ⸚e** saying
spuken (durch) haunt; **in den Köpfen spuken** haunt the heads of
spüren feel, sense
die **SS = Schutzstaffel** *literally:* protective echelon *(the SS were used originally for the protection of National Socialist speakers)*
der **Staat, -(e)s, -en** state, nation
der **Staatenbund, -(e)s, ⸚e** federation of states
die **Staatsoper** State Opera
der **Stachus, -** *square in Munich*
die **Stadt, ⸚e** city
die **Stadtbahn, -en** city railway
die **Stadtfreiheit** freedom of the city
städtisch city, urban
der **Stahl, -(e)s** steel
Stalin, Joseph (1879–1953) *dictator of Russia* (1924–1953)
der **Stamm, -(e)s, ⸚e** race, family
stammen come (from), be derived
stampfen stamp
der **Stand, -(e)s, ⸚e** stand; race, family
vom Stande of position; **der tiefste Stand** the lowest point
stark strong, heavy
die **Statistik, -en** statistics
statt instead of
die **Stätte, -n** place, locale

statt-finden, fand statt, statt-
gefunden take place
staunen be amazed; in die Höhe
staunen stare aloft with amaze-
ment
stecken stick, put

der „Alte Steffl" St. Stephen's
Cathedral *in Vienna*
stehen, stand, gestanden stand, be,
be written; wie steht es mit?
how about?
stehen-bleiben stop

der Stein, -(e)s, -e stone
steinalt very old
steinern of stone

die Stelle, -n place, position
stellen place, put; Fragen stellen
ask questions

die Stellung, -en position

der Stephansdom, -(e)s St. Stephen's
Cathedral

die Stephanskirche St. Stephen's
Cathedral

das Sterbebett, -(e)s, -en deathbed
sterben, starb, ist gestorben,
stirbt die

der Stern, -(e)s, -e star
stets (for)ever

St. Germain *(Treaty of)* St. Germain (1919)

St. Goar *small town on the right
bank of the Rhine*

die Stiftskirche collegiate church
die Stiftung, -en foundation
der Stil, -(e)s, -e style
still quiet, still
das Stillhalten, -s holding still
der Stillstand, -(e)s standstill
die Stimme, -n voice
stimmen vote
die Stimmung, -en mood, atmosphere
der Stimmwechsel, -s, - change of
voice
das Stipendium, -s, Stipendien stipend,
grant, fellowship
der Stock, -(e)s, ⸚e floor
-stöckig -story

der Stoff, -(e)s, -e theme, material
stoisch Stoic
stolz proud
der Stolz, -es pride
der Storch, -(e)s, ⸚e stork
die Störung, -en disruption, dis-
turbance
der Strahl, -(e)s, -en ray
der Strand, -(e)s, ⸚e beach, seashore
die Straße, -n street
die Straßenbahn, -en streetcar
der Straßenkampf, ⸚e street fighting
Strauß, Johann (1825–1899) *composer*
Strauß, Richard (1864–1949) *composer*
streben strive
der Streifen, -s, - stripe, strip
der Streit, -(e)s, -e dispute; der
Streit um dispute about
der Strom, -(e)s, ⸚e current, electricity,
stream; in Strömen regnen
pour; strömend pouring,
streaming
die Struktur, -en structure
das Stück, -(e)s, -e piece, part, play
der Student, -en, -en student; die
Studentin,-nen (woman) student
das Studentenheim, -s, -e student
home
das Studenteninformationsbüro, -s, -s
student information office
das Studentenleben, -s student life
das Studentenlokal, -s, -e student inn
die Studentenschaft student body
die Studentenversammlung, -en student meeting
studentisch of students
der Studienanfänger, -s, - beginning
student, freshman
die Studiengebühr, -en student fee
das Studiengeld, -(e)s, -er tuition,
money to study
der Studienhelfer, -s, - (academic)
tutor and advisor
das Studienhelfer-System, -s, -e tutori-
al and advisory system

	stud**ie**ren study	die	**Tätigkeit, -en** activity
das	**Studium, -s, Studien** study, studies		**taub** deaf
die	**Stufe, -n** step	das	**Tauwetter, -s** thaw
der	**Stuhl, -(e)s, ⁼e** chair	die	**Technik** technology
	stumm mute, dumb		**technisch** technical; **Technische**
die	**Stunde, -n** hour, class; **stunden-**		Hochschule School of Engineer-
	lang for hours		ing
der	**Sturm, -(e)s, ⁼e** storm	der	**Tee, -s, -s** tea
der	**Sturmgott, -(e)s** storm god	die	**Teeschale, -n** teacup
	stürmisch stormy, violent	die	**Teetasse, -n** teacup
die	**Sturmtruppen** *(pl.)* Storm Troops	der	**Teich, -(e)s, -e** pond
die	**Subvention, -en** subsidy	der	**Teil, -(e)s, -e** part; **zum Teil** in
	suchen seek, look for		part; **zum großen Teil** in large
	süddeutsch South German		part
der	**Süden, -s** South		**teil-nehmen, nahm teil, teilgenom-**
	südlich south		**men, nimmt teil** participate, take
der	**Südturm, -s, ⁼e** South tower		part
der	**Sünder, -s, -** sinner	der	**Teilnehmer, -s, -** participant
die	**Suppe, -n** soup		**teils** partly
	süß sweet		**teilweise** partly
das	**Symb**ol**, -s, -e** symbol	das	**Telefon, -s, -e** telephone; **tele-**
	symbol**isch** symbolic		**fon**ie**ren** telephone, call up;
	symbolis**ie**ren symbolize		**telefonisch** by telephone
die	**Symphon**ie**, -n** symphony	der	**Telefonruf, -(e)s, -e** telephone call
das	**Syst**em**, -s, -e** system	das	**Temperam**ent**, -(e)s, -e** tempera-
	systemat**isch** systematic		ment
		der	**Terror**is**t, -en, -en** terrorist
	T		**teuer** expensive
		der	**Teufel, -s, -** devil
die	**Tabelle, -n** table, list	der	**Teutoburger Wald** Teutoburg
die	**Tafel, -n** tablet, slab		Forest
der	**Tag, -(e)s, -e** day; **alle Tage**	der	**Text, -(e)s, -e** text, literary docu-
	every day; **tagaus tagein** day		ment
	in, day out	das	**Theater, -s, -** theatre
das	**Tagebuch, -(e)s, ⁼er** diary	die	**Theatroman**ie theatre mania
das	**Tageslicht, -(e)s** daylight	das	**Thema, -s, Themen** subject,
	täglich daily		theme; **zum Thema machen**
	Taine, Hippolyte (1828–1893)		choose as a subject
	French philosopher and critic	die	**Theor**ie**, -n** theory
das	**Tal**ent**, -(e)s, -e** talent		**theoz**en**trisch** theocentric
die	**Tante, -n** aunt	die	**These, -n** thesis
	tanzen dance	die	**Thomaskirche** church of St.
die	**Tasche, -n** pocket		Thomas
die	**Tasse, -n** cup		**Thor** *Germanic god*
die	**Tat, -en** action, deed; **in der Tat**	der	**Thron, -(e)s, -e** throne
	indeed		**thronen** be enthroned
	tätig active	das	**Thüringen, -s** Thuringia

	tief deep, low
	tiefgehend profound
das	**Tier, -(e)s, -e** animal
der	**Tierarzt, -es, ⸚e** veterinarian
der	**Tiergarten, -s** *famous park in Berlin*
	Tirol Tyrol
der	**Tisch, -es, -e** table
der	**Titania-Palast, -(e)s** *a moving picture theatre in Berlin*
der	**Titel, -s, -** title
das	**Titelblatt, -(e)s, ⸚er** title page
	Tius *Germanic god*
die	**Tochter, ⸚** daughter, child
der	**Tod, -(e)s** death; **den Tod finden** meet one's death
das	**Todesurteil, -(e)s, -e** death sentence
	tolerant tolerant; **die Toleranz** tolerance
die	**Tomate, -n** tomato
der	**Ton, -(e)s, ⸚e** tone
die	**Tonne, -n** ton
das	**Tor, -(e)s, -e** gate
	tot dead
	total total
die	**Totengrube, -n** mass grave
der	**Totentanz, -es, ⸚e** dance of death
der	**Tourist, -en, -en** tourist
	tragen, trug, getragen, trägt carry, wear, bear
der	**Träger, -s, -** representative, supporter
	tragisch tragic
die	**Tragödie, -n** tragedy
die	**Träne, -n** tear
	trauen trust; **seinen Augen nicht trauen** not believe one's eyes
die	**Trauerfeier** funeral rite(s)
der	**Traum, -(e)s, ⸚e** dream
	träumen dream
	traurig sad, depressing
(sich)	**treffen, traf, getroffen, trifft** meet, hit
	treiben, trieb, getrieben drive; carry on
sich	**trennen von** divorce oneself from
die	**Trennung, -en** separation

die	**Treppe, -n** stair, staircase
	treten, trat, ist getreten, tritt step, enter, come
	treu loyal, true, faithful
die	**Treue** loyalty
der	**Trieb, -(e)s, -e** impulse, bent
	triefen, troff *or* **triefte, getroffen** *or* **getrieft** drip, drop
	Trier Trier, Treves
	trillern trill, warble, twitter
	trinken, trank, getrunken drink
der	**Trinker, -s, -** drinker
der	**Trinkkultus** cult of drinking
der	**Triumph, -(e)s, -e** triumph
	trocken dry
der	**Tropfen, -s, -** drop
	trotz in spite of
	trotzdem even though
	trübe gloomy
die	**Truppe, -n** troupe, troop
der	**Tscheche, -n, -n** Czech; **die Tschechoslowakei** Czechoslovakia
der	**Tuberkelbazillus, -, -bazillen** tubercle bacillus
	Tübingen *university town in Southwestern Germany*
	tüchtig efficient
die	**Tugend, -en** virtue
	tun, tat, getan do; **so tun** act as if, seem so; **einen Schritt tun** take a step
die	**Tür, -en** door
der	**Türke, -n, -n** Turk; **türkisch** Turkish
der	**Turm, -(e)s, ⸚e** tower
	typisch typical
der	**Tyrann, -en, -en** tyrant

U

	über over, about, concerning
	überall everywhere
der	**Überblick, -(e)s, -e** survey
	überfüllt very crowded, jammed
der	**Übergang, -(e)s, ⸚e** crossing, transition

überhaupt at all, altogether, in general

über-laufen, lief über, ist übergelaufen, läuft über run over

sich **überlegen** think about, ponder

übernachten stay over night

übernehmen, übernahm, übernommen, übernimmt take over, undertake

überrennen, überrannte, überrannt overrun

der **Überrest, -es, -e** relics, rest, remainder

die **Überschrift, -en** headline

übersetzen translate

die **Übersetzung, -en** translation

überwinden, überwand, überwunden overcome, surmount

überzeugen convince

übrig remaining, other; **das übrige Leben** the rest of life

übrigens incidentally, by the way

das **Ufer, -s, -** bank, shore

die **Uhr, -en** watch, clock; o'clock

ukrainisch Ukrainian

Ulm *city in Southwestern Germany*

das **Ultimatum, -s, Ultimaten** ultimatum

um around, at, about; **um . . . willen** for the sake of; **um . . . zu** in order to

die **Umerziehung** re-education

die **Umgangssprache, -n** colloquial language

umgeben, umgab, umgeben, umgibt surround

die **Umgebung** surrounding(s)

die **Umgegend, -en** environment, neighborhood

umgekehrt the other way around, opposite

umliegend surrounding

der **Umweg, -(e)s, -e** detour

die **Umwelt** environment

der **Umweltschutz, -es** protection of the environment

unabhängig independent

die **Unabhängigkeit** independence

unbedeutend insignificant

unbestimmbar indefinable

und and; **und so weiter** and so forth

unendlich unending

die **Unfreiheit** lack of freedom, tyranny

der **Ungar, -n, -n** Hungarian; **ungarisch** Hungarian; **das Ungarn, -s** Hungary

ungeheizt unheated

ungeheuer enormous

ungeistig unintellectual, not spiritual

das **Unglück,** unhappiness

unglücklich unhappy

unharmonisch unharmonious

die **Uniform, -en** uniform

uniformiert uniformed, in uniform

uninteressant uninteresting

die **Union, -en** union

das **Universalepos, -, Universalepen** universal epic, all-embracing epic

die **Universität, -en** university

die **Universitätsklinik, -en** university clinic

der **Universitätsraum, -(e)s, ⸚e** university room

unklar not clear

unmöglich impossible

unpolitisch unpolitical; **Unpolitisch-Sein** being unpolitical

unsicher uncertain

der **Unsinn, -s** nonsense

unsterblich immortal

unten below; **ganz unten** at the bottom

unter *(prep.)* under, among; *(adj.)* lower

unterbrechen, unterbrach, unterbrochen, unterbricht interrupt

die **Unterbrechung, -en** interruption

der **Untergang, -(e)s, ⸚e** going down, decline, settling

	unter-gehen, ging unter, ist unter-gegangen perish, set
die	**Untergrundbahn, -en** subway (train)
der	**Untergrundbahnhof, -(e)s, ⁝e** subway station
die	**Unterhaltung, -en** conversation
	unterirdisch underground
das	**Untermenschentum, -s** subhuman regime
	unterminieren undermine
	unternehmen, unternahm, unternommen, unternimmt undertake, do
	unternehmungslustig adventurous, enterprising
der	**Unterschied, -s, -e** difference
die	**Unterschrift, -en** inscription
	unterstehen, unterstand, unterstanden be under the control of
	unterstützen support
	untertan subject to
	unverständlich incomprehensible
	unverwundet not wounded, unharmed
	unwichtig unimportant
	unwissenschaftlich unscientific
	ur- original
die	**Ursprache, -n** original language
der	**Ursprung, -(e)s, ⁝e** origin
	ursprünglich original
	usw. = und so weiter and so forth

V

	VAFU = Vereinigte Arbeitsgemeinschaft der Freien Universität
	vage vague
der	**Vandale, -n, -n** Vandal
der	**Vater, -s, ⁝** father
das	**Vaterland, -(e)s, ⁝er** fatherland, native land
	vaterländisch patriotic
	väterlich fatherly, paternal
das	**Veilchen, -s, -** violet

der	**Venusberg, -(e)s** Venus Mountain
sich	**verabschieden** take leave, say goodbye
(sich)	**verändern** change, modify
die	**Veränderung, -en** change, modification
	veranstalten arrange
	verantwortlich responsible
das	**Verb(um), -s, Verben** verb
der	**Verband, -(e)s, ⁝e** association
	verbannen eliminate, banish
	verbieten, verbot, verboten forbid
	verbinden, verband, verbunden bind, connect, join, associate
das	**Verbot, -(e)s, -e** prohibition
	verbrauchen use, consume
das	**Verbrechen, -s, -** crime
der	**Verbrecher, -s, -** criminal
sich	**verbreiten** spread
sich	**verbrennen, verbrannte, verbrannt** burn oneself
	verbringen, verbrachte, verbracht spend (time)
	verdeutschen translate into German, Germanize
	verdienen earn, deserve, make money
der	**Verein, -s, -e** club, union
(sich)	**vereinigen** unify, unite
der	**Vereinigung, -en** union, unification
der	**Verfasser, -s, -** author
die	**Verfassung, -en** constitution
die	**Verfeinerung, -en** refinement
	verfliegen, verflog, ist verflogen vanish
	zur Verfügung stellen place (at someone's) disposal
die	**Vergangenheit** past
	vergehen, verging, ist vergangen go by, pass
	vergessen, vergaß, vergessen, vergißt forget
	vergeßlich forgetful
das	**Vergißmeinnicht, -(e)s** forget-me-not
der	**Vergleich, -(e)s, -e** comparison

	vergleichen, verglich, verglichen compare			**verstummen** become silent
		der	**Versuch, -(e)s, -e** attempt, trial
	verhaßt hated, odious		**versuchen** try
	verheiratet married		**verteilen** distribute, divide up
	verhindern prevent		**vertiefen** deepen, increase
das	**Verhör, -s, -e** interrogation, hearing		**vertonen** set to music
		der	**Vertrag, -(e)s, ⁻e** treaty
	verhören interrogate		**vertreiben, vertrieb, vertrieben** expel
	verkaufen sell		
der	**Verkehr, -s** traffic, communication	die	**Vertreibung, -en** expulsion
sich	**verkleinern** become smaller	der	**Vertreter, -s, -** representative
	verkürzen shorten, abridge	die	**Vertretung, -en** representation
	verlangen demand; **verlangen nach** desire, long for		**verurteilen** sentence, condemn
		der	**Verurteilte, -n, -n** condemned person
	verlängern prolong		**vervielfältigen** mimeograph, reproduce
	verlassen, verließ, verlassen, verläßt leave		
		die	**Vervielfältigung** mimeographing
	verleihen, verlieh, verliehen grant, confer	der	**Vervielfältigungs-Apparat, -(e)s, -e** mimeograph machine
	verletzen wound, hurt		**verwachsen, verwuchs, ist verwachsen, verwächst** become intertwined
	verletzt wounded, hurt		
der	**Verletzte, -n, -n** wounded		
sich	**verlieben in** fall in love with		**verwalten** administer; **die Verwaltung** administration
	verlieren, verlor, verloren lose		
sich	**vermischen** mix, interbreed	die	**Verwandlung, -en** change, transformation
die	**Vermischung** mixing, intermingling		
		der	**Verwandte, -n, -n** relative; **die nächsten Verwandten** the closest relatives
	vernachlässigen neglect		
der	**Vers, -es, -e** verse		
(sich)	**versammeln** gather, assemble		**verwirklichen** realize
die	**Versammlung, -en** meeting	die	**Verwirklichung** realization
der	**Versammlungstag, -(e)s, -e** day of the meeting		**verwunden** wound, injure
			viel much; **viele** many
	verschieden different		**vielleicht** perhaps
	verschmelzen, verschmolz, verschmolzen, verschmilzt fuse, blend		**vielseitig** many-sided
			vielsprachig polylingual
		das	**Viertel, -s, -** section
die	**Verschmutzung** pollution		**vierzehnjährig** fourteen-year-old
	verschwinden, verschwand, ist verschwunden disappear, vanish	die	**Violine, -n** violin
		das	**Violinquartett, -(e)s, -e** violin quartet
	versetzen place (change the place of)		
		der	**Virtuosengesang, -(e)s, ⁻e** singing by virtuosos
	verständlich understandable, comprehensible		
		die	**Visitenkarte, -n** calling card
	verstaubt antiquated		**vital** vital, alive
	verstehen, verstand, verstanden understand	die	**Vitalität** vitality

der **Vok<u>a</u>l, -(e)s, -e** sound, vowel
das **Volk, -(e)s, ⁻er** people, nation
das **Völkergemisch, -es** mixture of peoples
die **Volksabstimmung, -en** plebiscite
die **Volksarm<u>ee</u>, -n** people's army
das **Volkslied, -(e)s, -er** folksong
voll(er) full, full of; **voll und ganz** completely
vollenden finish, complete, perfect
völlig complete, full
vom = von dem from the, of the
von of, from, in, by
voneinander from each other
vor before, in front of, ago; **vor allem** above all
vorbei-fahren, fuhr vorbei, ist vorbeigefahren, fährt vorbei go by, ride by
vorbei-kommen, kam vorbei, ist vorbeigekommen (an) pass, go by
der **Vordergrund, -(e)s, ⁻e** foreground
vor-finden, fand vor, vorgefunden find
vorgeschichtlich prehistorical
der **Vorhang, -(e)s, ⁻e** curtain
vor-kommen, kam vor, ist vorgekommen seem to
der **Vorläufer, -s, -** forerunner
vor-lesen, las vor, vorgelesen, liest vor read (aloud)
die **Vorlesung, -en** (university) lecture
Vorliebe haben für have a special liking for
der **Vormittag, -(e)s, -e** morning
der **Vorname, -ns, -n** first name
vorsichtig cautious, careful
der **Vorsitzende, -n, -n** chairman, president
das **Vorspiel, -(e)s, -e** prelude, introductory piece
die **Vorstadt, ⁻e** suburb
vor-stellen picture
die **Vorstellung, -en** performance; idea; conception
der **Vortrag, -(e)s, ⁻e** lecture; **einen**

Vortrag halten give a lecture
vor-trompeten trumpet forth
vorüber past, over with
der **Vorübergehende, -n, -n** passer-by
vorwärts forward
vorwärts-kommen, kam vorwärts, ist vorwärtsgekommen advance, make headway
vor-werfen, warf vor, vorgeworfen, wirft vor reproach

W

wachen be awake
das **Wachs, -es, -e** wax
wachsen, wuchs, ist gewachsen, wächst grow
die **Waffe, -n** weapon
wagen dare
der **Wagen, -s, ·** car, wagon
die **Wahl, -en** election
wählen choose, elect
wahr true
währen last
während *(prep.)* during; *(conj.)* while
die **Wahrheitsliebe** love of truth
wahrscheinlich probably
das **Wahrzeichen, -s, -** landmark
der **Wald, -(e)s, ⁻er** woods, forest
die **Walnuß, ⁻(ss)e** walnut
Walther von der Vogelweide (1170?–1230) *poet*
der **Walzer, -s, -** waltz
die **Wand, ⁻e** wall
der **Wandel, -s** change, changing course; **sich wandeln** change
wandern wander, walk, migrate
die **Wanderung, -en** hike, excursion, wandering
die **Wandlung, -en** change
die **Wange, -n** cheek
wann when
das **Wappen, -s, -** coat of arms
die **Ware, -n** ware, merchandise
warm warm

warnen warn
die **Warnung, -en** warning
warten wait; **warten auf** wait for
der **Wärter, -s, -** guard
warum why; **warum wohl** I wonder why
die **Warze, -n** wart, nipple, teat
was what; **was für (ein)** what kind of
das **Wasser, -s** water
wässerig watery
waten wade
wechseln change
Wedemeyer, Albert C. (1897–) *American army offiicer*
weder ... noch neither ... nor
weg gone, away
der **Weg, -(e)s, -e** way, path, road; **auf dem besten Weg dahin sein** be well along the way
weg-bringen, brachte weg, weggebracht remove
wegen because of, on account of
weg-legen put away
sich **wehren** put up resistance
die **Wehrmacht** German army
weiblich feminine
weich soft, mellow
die **Weihnacht** *or* **das Weihnachten, -s** Christmas
weil because
die **Weile** while, time
der **Wein, -s, -e** wine
der **Weinberg, -(e)s, -e** vineyard
das **Weinfaß, -(ss)es, -(ss)er** wine keg
die **Weinkarte, -n** wine list
der **Weinkeller, -s** wine cellar
der **Weinreisende, -n, -n** wine salesman
die **Weise, -n** manner, way
die **Weisheit** wisdom
weiß white
weit far, wide, long; **so weit kommen** come to such a point
weiter further, farther, on; additional, another; **und so weiter** and so forth
die **Weite** width, breadth

weiter-fahren, fuhr weiter, ist weitergefahren, fährt weiter travel on
weiter-fliegen, flog weiter, ist weitergeflogen fly on
weiter-gehen, ging weiter, ist weitergegangen continue, proceed, go further
das **Weiterlaufen, -s** prolongation; **das Weiterlaufen der Kriegsmaschine** prolongation of the war
weiter-lesen, las weiter, weitergelesen, liest weiter, read on
weiter-schreiben, schrieb weiter, weitergeschrieben write on, continue to write
weiter-sprechen, sprach weiter, weitergesprochen, spricht weiter speak on, continue to speak
weiter-studieren study on, continue to study
weiter-verhören interrogate further
das **Weizenfeld, -(e)s, -er** wheat field
welch which, what
die **Welt, -en** the world
die **Weltanschauung, -en** philosophy of life
das **Weltbürgertum, -(e)s** world citizenship
der **Weltflughafen, -s, ⸚** international airport
der **Weltkongreß, -(ss)es, -(ss)e** international convention
der **Weltkrieg, -(e)s, -e** World War
weltlich worldly, secular, profane
die **Weltliteratur** world literature
die **Weltmacht, ⸚e** world power
weltmännisch well-bred, cosmopolitan
das **Weltreich, -(e)s, -e** world empire
die **Weltstadt, ⸚e** metropolis
der **Weltteil, -(e)s, -e** continent, part of the world
wenden, wandte, gewandt turn; **keinen Blick wenden von** keep one's eyes steadily on
die **Wendung, -en** form of expression

	wenig little; **wenige** few; **weniger** less		**wild** wild
	wenn when, if, whenever		**Wilhelm II.** (1859–1941) *emperor of Germany* (1888–1918)
	wer who, whoever	der	**Wille(n), -ns** will
	werden, wurde, ist geworden, wird become, turn out, be		**willen : um ... willen** for the sake of
das	**Werden, -s** growth, becoming		**willens** willing
	werfen, warf, geworfen, wirft throw, cast	der	**Wind, -(e)s, -e** wind
die	**Werft, -en** wharf		**winkelig** twisting
das	**Werk, -(e)s, -e** work	der	**Winter, -s, -** winter
der	**Werkstudent, -en, -en** student working on the side		**wirken** effect, work
			wirklich real
der	**Werktätige, -n, -n** worker	die	**Wirklichkeit, -en** reality
der	**Wert, -(e)s, -e** value	die	**Wirkung, -en** effect, impression produced, influence
	wert worth, worth it		
das	**Westeuropa, -s** Western Europe; **westeuropäisch** Western European	die	**Wirtschaft** economics, economic affairs
			wirtschaftlich economic
das	**Westfalen, -s** Westphalia; **westfälisch** Westphalian; **der Westfälische Frieden** Peace of Westphalia (1648)	die	**Wirtschaftsgemeinschaft** economic union
			wischen wipe
			wissen, wußte, gewußt, weiß know
		die	**Wissenschaft, -en** science, scholarship
	westgermanisch West Germanic		
	westlich western, west	der	**Wissenschaftler, -s, -** scientist, scholar
die	**Westmächte** *(pl.)* Western Powers		
das	**Wetter, -s** weather		**wissenschaftlich** scientific
	wichtig important, necessary	das	**Wittelsbacher Palais** Wittelsbach Palace *in Munich*
der	**Widerstand, -(e)s, -̈e** resistance		
die	**Widerstandsbewegung, -en** resistance movement	die	**Witwe, -n** widow
		der	**Witz, -es, -e** wit, joke
	wie how, as, like, as though; **wie immer auch** however		**witzig** witty, funny
			wo where
	wieder again	die	**Woche, -n** week; **wochenlang** for weeks
	wieder-her-stellen restore, repair		
die	**Wiederherstellung, -en** restoration	das	**Wochenbett, -(e)s, -en** childbed
	wiederholen repeat	das	**Wochenende, -s, -n** weekend
	wieder-kommen, kam wieder, ist wiedergekommen come back	der	**Wochentag, -(e)s, -e** week day
			Wodan *Germanic god*
das	**Wiedersehen, -s, -** reunion		**wodurch** through what, because of what
	wiegen, wog, gewogen weigh		
	Wien Vienna; **Wiener** Viennese; **der Wiener Kongreß** Congress of Vienna (1814–1815); **wienerisch** Viennese		**wofür** for which, for what
			wogegen against which
			woher from where
			wohl probably, well, good, indeed
		der	**Wohlstand, -(e)s** prosperity
die	**Wiese, -n** meadow	das	**Wohnhochhaus, -es, -̈er** tall apartment house
	wieso how, why		

der **Wohnort, -(e)s, -e** place of residence

die **Wohnung, -en** apartment, dwelling, lodging

Wolf, Hugo (1860–1903) *composer*

wollen, wollte, gewollt, will want, wish, intend to

worauf on which, for what

das **Wort, -(e)s, ̈er** *or* **-e** word; **viele Worte über etwas machen** talk very much about something

das **Wörterbuch, -(e)s, ̈er** dictionary

wortreich wordy, verbose, fluent

der **Wortschatz, -es** vocabulary

das **Wortspiel, -(e)s, -e** play upon words, pun

worüber about which, about what

wovon of what, about what

wozu for what reason, why

das **Wunder, -s, -** wonder, miracle

wunderbar wonderful

das **Wunderkind, -(e)s, -er** young prodigy

der **Wunsch, -es, ̈e** wish, desire

wünschen wish, like to

die **Wurst, ̈e** sausage

wurzeln be rooted

die **Wüste, -** desert

Z

die **Zahl, -en** number

zahlen pay

zählen count; have; number

zahllos countless, innumerable

zahlreich numerous

zahm tame

zähmen tame

der **Zahn, -(e)s, ̈e** tooth

der **Zahnarzt, -es, ̈e** dentist

zahnlos toothless

die **Zange, -n** tongs, pliers

der **Zapfen, -s, -** tap, plug

der **Zauber, -s** magic, spell

die **„Zauberflöte"** *"Magic Flute" (opera by Mozart)*

die **Zehe, -n** toe

die **Zeichnung, -en** drawing

zeigen show, point

die **Zeile, -n** line

die **Zeit, -en** time; **zu der Zeit** at the time; **in der letzten Zeit** recently

das **Zeitalter, -s, -** age, epoch

zeitlich in regard to time

die **Zeitschrift, -en** magazine, journal

die **Zeitung, -en** newspaper

die **Zelle, -n** cell

die **Zellentür, -en** cell door

zentral central

das **Zentrum, -s, Zentren** center

zerbombt badly damaged by bombs

zerbrechen, zerbrach, ist zerbrochen, zerbricht break to pieces, be shattered

zerfallen, zerfiel, ist zerfallen, zerfällt fall apart

zerknittert crumpled

zerreißen, zerriß, zerrissen tear into pieces, dismember

zerstören destroy

die **Zerstörung, -en** destruction

zertrümmern shatter

ziehen, zog, gezogen move, draw, pull

das **Ziel, -(e)s, -e** aim, goal

die **Zigarette, -n** cigarette

das **Zimmer, -s, -** room

das **Zinn, -s** tin

zitieren cite, quote

die **Zivilisation, -en** civilization

zivilisiert civilized

der **Zivilist, -en, -en** civilian

der **Zoll, -(e)s, ̈e** toll, customs duty

der **Zollverein, -s, -e** customs union

die **Zone, -n** zone

der **Zoologe, -n, -n** zoologist; **die Zoologie** zoology; **zoologisch** zoological

zu to, toward, at, for, in; closed, locked; too

zu-bereiten prepare

das **Zuchthaus, -es, ⁻er** penitentiary
der **Zucker, -s** sugar
zuerst at first
der **Zufall, -(e)s, ⁻e** concidence
zufrieden satisfied, content
der **Zug, -(e)s, ⁻e** train, feature
zugunsten for the benefit of
zu-hören listen
die **Zuhörer** *(pl.)* audience, listeners
die **Zukunft** future
zu-lassen, ließ zu, zugelassen, läßt zu admit
zum = zu dem to the, for the
zu-machen close
zunächst at first; **zunächst einmal** for the time being
die **Zunge, -n** tongue
zur = zu der to the
zurück back
zurück-bringen, brachte zurück, zurückgebracht bring back, take back
zurück-dürfen, durfte zurück, zurückgedurft, darf zurück be allowed (to go) back
zurück-führen trace back to, take back, go back
zurück-gehen, ging zurück, ist zurückgegangen go back
zurück-kehren return
zurück-kommen, kam zurück, ist zurückgekommen come back, return
zurück-reichen go back
zurück-treten, trat zurück, ist zurückgetreten, tritt zurück resign
zu-sagen accept
zusammen together

die **Zusammenarbeit** cooperation, working together
zusammen-fallen, fiel zusammen, ist zusammengefallen, fällt zusammen coincide
zusammen-führen bring together
zusammen-hängen, hing zusammen, zusammengehangen be connected
zusammen-kommen, kam zusammen, ist zusammengekommen pile up, get together, convene
zusammen-laufen, lief zusammen, ist zusammengelaufen, läuft zusammen come together
zusammen-setzen compound
sich **zusammen-tun, tat zusammen, zusammengetan** get together, join ranks
zustande-kommen, kam zustande, ist zustandegekommen come into being, come about
zuvor before
sich **zu-wenden, wandte zu, zugewandt** turn to
zuviel too much
zwanzig twenty; **in den zwanziger Jahren** in the twenties
zwar to be sure, indeed, of course
der **Zweck, -(e)s, -e** end, goal, purpose
der **Zweifel, -s, -** doubt
der **Zweig, -(e)s, -e** twig, branch
zweigeteilt having two parts, divided in two
zweitens in the second place
das **Zwielicht, -(e)s** twilight
zwingen, zwang, gezwungen force
zwischen between, among
zwitschern twitter, chirp

1